Peter Kern

Dorfansicht mit Nazis

Für meine Geschwister
Werner†, Franz-Josef† und Marianne

Got into a fight, yeah, yeah
The Beach Boys, Sloop John B

Peter Kern

Dorfansicht mit Nazis

HENTRICH & HENTRICH

Gefördert vom Bezirksverband Pfalz

Die Deutsche Nationalbibliothek verzeichnet diese Publikation
in der Deutschen Nationalbibliografie; detaillierte Daten sind im Internet über
https://portal.dnb.de/ abrufbar.

Inh. Dr. Nora Pester
Capa-Haus
Jahnallee 61
04177 Leipzig
info@hentrichhentrich.de
http://www.hentrichhentrich.de

Lektorat: Malte Gerken
Umschlag und Gestaltung: Gudrun Hommers
Druck: Winterwork, Borsdorf

1. Auflage 2024

Printed in Germany
ISBN 978-3-95565-647-8

Inhalt

Danke

Peter Conrad ist zu danken, dem Historiker der Juden unseres gemeinsamen Dorfs. Ihre Lebensgeschichten hält er fest; es sind Biografien der Deportation und Ermordung. Er forscht als Privatmann mit knappen Zeitressourcen, nicht als Angehöriger der akademischen Zunft. Was er in jahrelanger Arbeit recherchiert hat, durfte der Autor verwenden. Was der Autor nicht verwenden durfte, geht auf ein Versprechen zurück, das der Chronist dem mittlerweile hochbetagten Mann gab, der dem Verbrechen entkommen ist und unerkannt bleiben will. Der in sein Heimatdorf zurückgekehrte letzte Vertreter der örtlichen Judengemeinde wird die Erinnerung an die Dorfnazis nicht los, die ihn als Kind verfolgt hatten und deren Wiederkehr der Greis immer noch fürchtet.

Zum Dank verpflichtet bin ich auch dem kritischen Leser der ersten Entwürfe, Dieter Maier. Wolfgang Bock ermunterte mich, diese Erinnerungen aufzuschreiben, Valentin Hammerschmidt half, Vergessenes wieder hervorzukramen.

Das Versteck

„Ab in de *Kaschee*“, die Kinder sollten zu Bett gehen, Vater hatte zu Ende erzählt. Sein Kaschee stand unter der Dachschräge, sein Gitterbett. Das Gitter war hoch genug, um das Herausfallen zu verhüten, aber niedrig genug, um es leicht zu überklettern. War das Licht aus und das Kind geängstigt, überstieg es die Gitterstäbe und wanderte hinüber zum Bruder. Das Bett des Bruders unter dem Dach, die Oma schnarchend im Nachbarzimmer, der das Kind umfassende Arm, das war die Zuflucht. Der große Bruder hinten, es vorne, so ließ sich gut schlafen.

War der Bruder zum Schlafen nicht aufgelegt, kam der *Budzebär*. Der sprach mit tiefer Stimme: „Isch bin de Budzebär.“ Das Kind flehte den Bruder an, er möge sich zu erkennen geben und ihm versichern, er sei es bloß, der den Bären spiele. Aber das böse Tier wiederholte nur seinen Satz und gab sich erst zufrieden, wenn das Kind, das längst im Bett schon stand, laut das Weinen anfing. Dann war das Spiel vorbei, und der Bruder machte sich noch ein wenig lustig über den ängstlichen Kleinen, bevor beide einschliefen.

Einmal wachte das Kind auf und wollte sich der Nähe seines Bettnachbarn versichern. Das war ihm eine Gewohnheit, und so tastete es nach dem Gesicht des Bruders. Es wollte die Wange streicheln und langte in ein Gesicht voller Bartstoppeln. So lag also der *Budzebär* leibhaftig neben ihm. Das Schreien weckte den Vater. Der hatte des Bruders Platz eingenommen, denn der war fiebrig, und die Mutter wollte das kranke Kind im elterlichen Schlafzimmer neben sich wissen. Vati kam hoch in die Dachstube, einmal „de Kaschee“ mit seinem Jüngsten, dem *Jaköbl*, teilend.

Das Kind entwuchs seinem Gitterbett, die Dachstuben waren geräumt und an die Fremden vermietet, da wurden die Betten knapp. Die Großmutter zog mit in die darunter liegende Wohnung ein, und so fehlte dem Kind das eigene Kaschee. Mal schlief es in der Ritze zwischen den Eltern, mal in Omas Zimmer, wo das zweite, nach Opas Tod verwaiste Bett stand. Opas Bett war frei, wenn die Schwester nach den Ferien wieder im Internat bei den Ursulinen lebte und der Bruder bei Leuten, die die Eltern „Patres“ nannte. Sobald die Ferien kamen, war das Kind diese Schlafstatt wieder los. Gar nicht mochte es auf der aufgeklappten Wohnzimmercouch mit ihrer Kuhle liegen. Die ließ sich durch kein zusammengerolltes Bettlaken ausgleichen, wie die Ritze im Elternbett; denn dazu war sie nicht tief genug. Der Mond schien ins Zimmer, und im Garten wohnten die Nachteule und „de Budzebär“.

Verschwindibusi

Was das Kind für den Vater einnahm, das war das Lied vom Butterfass und vom *Rubbertswiller Peter.* Allein derselbe Name! Und Rubbertswiller lag um die Ecke! Das Kind hätte dem Bachverlauf nur folgen müssen; die Rodalb floss rein in das Dorf und wieder hinaus. Woher sie kam, da war Rubbertswiller, wohin sie floß, da lag *Parißs*:

„De Rubbertswiller Peter, der rabbelt mit sei'm Geld
unn saht, des kann net jeder.
Stolz wie e Graf, unn wann er kenner is,
dann setzt er sich ins Butterfaß unn fahret no Pariß, riß, riß."

Den Refrain sang das Kind natürlich mit. Mit dem stolzen Grafen fing es an. Und der Schluss war das Beste am ganzen Lied. *Pariß* war der Ort, wo es auf der Rodalb vielleicht einmal hinfahren konnte. Nach der Biebermühle, dem Schwimmbad, ging der Bach links ab. Dort ging das „Fahret no Pariß" also weiter.

Der Vati war immer lustig. Selbst das Lied von den Raben machte auf seinem Schoß keine Angst: *Fällder in de Graawe, fressene die Rawe.* Das Kind wusste, wo die Raben hausten. Hinter dem Krankenhaus, den stracken Berg hoch, da hörte der gepflasterte Weg auf und fing der Waldweg an. Hier war die Grube mit dem Eisengitter und unter dem Gitter das Regenwasser. Dort, tief unten, mussten die Raben sein. Das Kind traute sich nicht, über das Gitter zu laufen. Im Herbst waren die Streben vom Laub ganz bedeckt, und es wusste nicht, wo der Waldweg aufhörte und das Grubenloch anfing. Am besten einen weiten Bogen machen.

Der Graben im Lied und die Grube im Wald. Dazu kam noch die Grube von Omas Bibel. Den Joseph hatten die neidischen Brüder dort hineingeworfen. Nun saß er weinend im Loch und war seinen schönen Umhang los. Ein braunes Gewand mit einer Goldborte und einem großen, roten Fleck. Ein Kind muss sich vorsehen vor den wilden Tieren des Waldes.

Der Wald bot auch Plätze, die dem Kind sehr gefielen. Einer lag hinter Haucks Gaststätte Zum Pfälzerwald. Der mit hohen Birken bestandene

Garten ging in den Kiefernwald über. Erst der Biergarten mit seinem Rasen, dann der mit den Nadelhölzchen bedeckte Sandboden. In Rufweite der von den Vätern besetzten Bänke ging es rein in die Höhle des Felsens. Die Kinder durchliefen rasch das Dunkel und kamen auf der hinteren Seite der Höhle wieder heraus. Das machte hungrig und durstig. Vom Vater gab's Geld für Bluna und Bratwurst. Die Bluna nahm der Herr Hauck aus einer mit Eisstangen und Bierflaschen gefüllten Truhe, aus der das Wasser troff. Das Kind und der Bruder nahmen gegenüber dem Vater Platz. Der Sepp war schon groß, und der Vater nannte ihn groß und stark.

Glücklicherweise war der Sepp schon stark. Der Vater sank seitlich von der Bank. Der Sepp musste ihm aufhelfen. Der Vater stützte sich auf die Schulter des großen Bruders, richtete sich auf und die beiden schleppten sich gegeneinander gelehnt die abschüssige Haustelstraße hinunter, am alten Arbeitslager vorbei, nach Hause. Der Doktor Jordan kam, ein Mann mit weißem Kittel, der schnell sprach, eine Brille mit dicken Gläsern trug und wie der Bach hieß, in dem Jesus getauft wurde. Die Schwindsucht war wieder da. Bald danach war der Vater verschwunden. Verschwinden und Schwindsucht. Und ein neues Wort war zu lernen. Was ist ein Sanatorium?

Bimbos, Amerikaner

Den Amerikaner in der Bäckerei Meckes gab es zweimal, den hellen mit Zuckerguss, den dunkeln mit Schokolade bestrichen. Es war zu wählen, das war schwer. Wofür das Zehnpfennigstück in der Hand hergeben? Das Kind wählte nach Jahreszeit. Solange es frühmorgens hell war, nahm es den mit dem weißen Boden, war es morgens noch dunkel, nahm es den schokoladenen. Frau Meckes nahm die Tüte, steckte das Gebäck hinein und faltete zweimal den Tütenrand. War das Kind erst wieder draußen, schob es den Amerikaner hoch, biss hinein und ließ ihn in die Tüte zurückgleiten. Der Amerikaner war *lug* gebacken, sagte Mutter; dem Kind schmeckte er nach Zitrone.

Dann kam das Kind durcheinander. Es hatte geschneit, alles war weiß, und es hätte mit seinem Schlitten zur Kinderschule hinunterrodeln können. Welchen Amerikaner sollte es kaufen? Und in der Auslage gab es plötzlich noch Lebkuchen für einen Zehner. Wie eine flachgedrückte Puppe sah der rote Nikolaus aus. Das Abziehbild war dem Lebkuchen aufgeklebt. Der große Mann mit dem langen, weißen Bart, dem Sack in der einen und der Rute in der anderen Hand. So eine hohe Mütze hatte Pfarrer Ackermann im Hochamt am Sonntag auf. Das Bild mit dem Nikolaus war sorgfältig vom Lebkuchen abzulösen, sonst kaute das Kind auf Papier.

Durch die Hauptstraße im Unterdorf fuhren die Laster. Auf den Pritschen der Ladefläche saßen die *Amis*. Ihre Gesichter waren unter dem Helm nur schattenhaft zu sehen. Der Stahlhelm war mit einem Netz überzogen und wie die Uniform und der dröhnende Lastwagen dunkelgrün. Der große, weiße Stern auf der Wagentür fiel dem Kind mächtig ins Auge. Mit den Dorfkindern stand es am Straßenrand und bettelte um Kaugummis. Die *Amis* warfen streichholzschachtelgroße Päckchen zu. Ein schwarzer Mann beugte sich vor, und was er auf den Gehweg warf, klang nach Metall. Eine Münze kullerte vor die Füße; das silberne Geldstück mit der knienden Frau, die das Bäumchen aus der Erde zieht, darunter der Schatz, der jetzt den Weg in die Hand des Kindes fand.

Es wollte schon immer mal einen richtigen *Bimbo* sehen. Das Wort hatte das Kind stets verwirrt und jetzt steigerte der Fünfziger diese Verwirrung noch. Der schwarze Mann war also gar nicht böse, und dass seine Geschwister ihn *Bimbo* hießen, war auch nicht böse gemeint? Jedes Kind hatte doch einen *Uznamen*. An seinen konnte es sich nicht recht gewöhnen. Die Mutter stellte die Geschwister zur Rede; der Große, der Sepp, sei dem Kleinen der Teufel, der *Deichhinger*. Der Sepp und die Marianne beteuerten, sie machten bloß Spaß, und der heulende *Bimbo* verstünde keinen. Waren die Kinder wieder unter sich, bekam der Kleine, die Petze, etwas zu hören. Die Petze so arg wie der *Bimbo*.

Auf der abschüssigen Wiese des Nachbarn standen hinter dem Zaun die kaputten Automobile. Die Kinder zogen sich am Hoftor hoch, legten sich oben flach hin und ließen sich runtergleiten. Der Sepp setzte sich hinter das Steuer und löste die Handbremse. Die Kinder schoben, die Hände an Motorhaube und Kotflügeln, den einen Halbkreis drehenden Wagen an den Start. Sobald die Wiese in Front lag, alle nach hinten zum Anschieben! Fing der Wagen zu rollen an, rasch in die Türen rein, zuknallen und Selingers Grundstück runter. Bevor der Zaun kommt: Bremse treten, Handbremse ziehen. Nun das Auto den Hang wieder hochdrücken. Jetzt müssen alle helfen. Komm, *Bimbo*, schieben! Die Fahrt beginnt von vorne, wieder und wieder. Erst wenn die Glocken von Sankt Josef den *Engel des Herrn* läuteten, war das Spiel vorbei. Die Oma rief vom Balkon aus zum Abendbrot.

Loch im Haus

Ich bin e echter Pälzer Bu,
de stärkscht vun unsre Gass,
hai, wer die Pälzer Buwe kennt,
des is e edli Rass'
Kurt Dehn, der K. D. der Pfalz

Die Kinder des Dorfs kannten drei Feste im Jahr, eins schöner als das andere: Kirmes, Karneval und Silvester.

Zur *Kerwe* war die Bahnhofstraße nicht wiederzuerkennen, hatten die Verkaufsstände und die Fahrgeschäfte sie doch zugestellt. Nur roch es wie immer. Der Geruch kam aus dem Lederwerk, wo der Bach, die Rodalb, drunter durchmusste. Das Kind mochte den säuerlichen Geruch, der sich mit dem Rauch der auf Abfahrt wartenden und schnaufenden Lokomotive vermengte. Das Schuhemachen fing mit dem Gerben an, wusste das Kind. Aber an der Kirmes, am Feiertag, wurden keine gemacht, um zwölf Uhr mittags tutete keine Sirene; alle Fabriken standen still.

Es gab *Kerwegeld.* Das konnte schonmal ein Fünfziger sein. Vielleicht gaben die Tante *Angnes* und der Onkel Emil noch jeder zehn Pfennige dazu. Einmal marschierte das Kind gar mit einer Mark los; es hatte für die Kerwe gespart. Was macht man mit einer ganzen Mark? Die „Reitschul" mit dem Pony, das, an der langen Leine geführt, über gestreutem Sägemehl seine Kreise dreht. Oder der Schießstand. Auf die fortlaufenden Hasen zu schießen, traute sich das Kind nicht zu; es hätte drei umlegen müssen, um die Fahne des FCK zu bekommen. Besser, es schoss auf ein ruhendes Ziel. Das Fähnchen seines Vereins tat es doch auch. Über Kimme und Korn zielen, und beim Schuss den Atem anhalten. Der Sepp wusste, wie es geht, er machte es vor.

Der Mann hinter dem Tresen bestückte das Magazin mit drei Schuss. Er hielt das Gewehr dabei mit dem Lauf nach unten. Er schob das Magazin in den Schaft. Den seitlichen, mit einem kleinen Kugelkopf versehenen Bügel zog er nach hinten, ließ ihn, nach rechts gedrückt, einrasten, und somit war geladen. Sepp bekam das Gewehr, zielte, traf und spannte nun eigenhändig. Das lange Ding zu laden, gar nicht so leicht! Der Bruder behalf sich, indem er das Luftgewehr mit dem Kolben auf den Tresen stellte. Er hielt es am Schaft, mit der linken und mit der rechten Hand zog er den Hebel nach unten, um nachzuladen. Der Sepp zielte und traf. Dreimal hintereinander. Wieso gelang ihm, was dem Kind nie gelang? Einmal zerschoss auch der Kleine das die Trophäe haltende Gipsröhrchen. Man drückte ihm eine rote Rose in die Hand. Wieso eine Rose, er hatte doch auf das FCK-Fähnchen gezielt?

Zum Fahrgeschäft mit den Boxautos und den Schlagern hatte das Kind keinen Zutritt. Gut, es konnte am Rand stehen, und die Musik durfte ja jeder hören - „Ich liebe zwei Mädchen aus Germany, Gisela, Monika. Zwei Mädchen aus Germany, oh so süß sind die!" Mitfahren? Vielleicht beim Sepp, wenn eine Monika oder Gisela sich nicht einladen ließ. Selber fahren? - „Kommt nicht in die Tüte." Der Sepp sprach wie Vati. Am meisten Spaß machte das Rückwärtsfahren. Der Sepp erklärte, wie's geht: „Du muschd de Lenger immer no lings drehe, immer weider, immer weider, bis es nimie gehd. Uf ämol gehds rickwärds."

Beim *Bimbo* ging es immer rückwärts. Immer durfte er etwas nicht. Auch Berti, Willi und Kali war das Boxautofahren verboten. Wie gerne hätten die vier vom Stamm der *Haustelindianer* auch einmal einen Wagen mit zwei Mädchen gerammt. Die Mädchen schrien und lachten doch so schön. Nun zog man halt weiter, bis zur Schiffschaukel, dem letzten Fahrgeschäft. Schiffschaukel fahren, bald wirklich das Letzte, eigentlich ein reines Mädchenvergnügen. Es sei denn, man schaukelte richtig, brachte die Schiffschaukel wirklich nach oben. Dazu musste man stehen und sich links und rechts am Gestänge festhalten. Einmal schwang sich das Kind so hoch, dass es, mit dem Rücken zum Dorf, den Bruderfelsen sehen konnte. Die Schaukel abzubremsen, war Aufgabe des Schiffschaukelbremsers; ein richtiger Beruf, aber kein guter. Denn wenn das Kind mal für die Schule nicht lernte, hieß es zu Hause: „Du wirst mal Schiffschaukelbremser."

Die vier Freunde holten sich etwas zum *Schnäge*, was Süßes, jeder was anderes. Das Kind liebte das Magenbrot, der Berti die Lakritze, der Willi den Mohrenkopf, der Kali die Zuckerstange. Die sah zwar gut aus, so rotweiß geschlängelt, aber dem Kind schmeckte sie nicht. Sie gingen die Bahnhofstraße lang, über den Rummelplatz hinaus, um Verstecken zu spielen. Dem Herrn Knecht sein Holzlager war dafür gut. Das Sägewerk stand während der Kerwe still. Die kreischende Säge, die die dicken Baumstämme in lange Scheiben schnitt, war nicht zu hören.

Die Bretter waren vor dem Schuppen zum Trocknen übereinandergestapelt und mit Hölzchen auf Abstand gehalten. Sie überragten die Köpfe der Kinder. Vier, fünf solcher Holzstapel lagen nebeneinander, dazwischen schmale, begehbare Gänge. Ein schönes Versteck, und es roch so gut nach Harz. „Eins, zwei, drei, vier Eckstein, alles muss versteckt sein ..." Der Kali musste suchen und abschlagen. Alle fand er, nur das Kind nicht. Er lief bald hoch bis zur Brücke, bis zur Bushaltestelle vom *Braunesepp*. Da rannte das Kind heraus aus dem Herrn Knecht seinem Lager und schlug an der Ecke der Holzfabrik an. Das Kind war frei und der Kali der *Schalwes*, der Dumme.

Die Fichten und Tannen kamen aus den umliegenden Wäldern. Ging das Kind an den neben den Eisenbahnschienen aufgestapelten, noch ungeschälten Bäumen vorbei, dachte es an den *Gestiefelten Kater*: „Wem gehört der Wald? - Dem Grafen!" War der Herr Knecht der Graf? Einmal hatte es beim Frühschoppen sonntags die Väter über das Sägewerk reden hören. Der Herr Knecht sei einmal der Knecht von dem *reiche Judd* gewesen. Der *reiche Judd* habe sich abgemacht, und seitdem sei der Knecht sein eigener Herr.

Wer waren überhaupt die *Judde*, fragte sich manchmal das Kind. An Silvester ließ es mit dem Berti und dem Willi die *Juddeferz* krachen, kleine, aneinandergebundene Kracher, die nicht richtig knallten, wie die Chinaböller. Dafür knatterten sie aber lustig, wenn man einen ganzen Bund auf einmal anzündete. Beim Babilon gab es sogar eine 40er-Kette für zwanzig Pfennige, in dem Geschäft, wo es sonst nur Tinte und Schulhefte zu kaufen gab.

An Silvester durften die Kinder nachts raus aus dem Haus. An der *Faasnachd* zogen sie gemeinsam durchs Unterdorf und sangen: „Die Kiechelscher raus, die Kiechelscher raus, sunschd hau mer eisch a Loch ins Haus." Man bettelt nicht, sondern fordert und droht, und dann bekommt man, was man will. Die Kinder liebten das runde, mit Pflaumenmus gefüllte Fasnachtsgebäck.

Der Messerwerfer

Der Karl-Wilhelm, der Kali, war dem Kind der Freund. Oder sein Spielkamerad? Gab es da einen Unterschied? Die Erwachsenen sprachen von einem Kameraden, das Kind wollte lieber einen Blutsbruder, so wie bei Winnetou und Old Shatterhand. Bei Karl-Wilhelm gab es zu Hause wohl nur Mutter und Großmutter. „Wo ischn doi Babbe?“, fragte das Kind einmal. „Der isch noch krank, wesche dem Kriesch, un leid im Bedd.“ Weil der Vater immer schlief, sollten die beiden Kinder das Fußballspielen unterlassen. Dabei gab es gerade gegenüber von Kalis Haus ein schönes, grünes Tor, ganz aus Blech. Die große Tür, breit und hoch wie ein richtiges Fußballtor, gehörte zur Mozartschule.

Jeder hatte fünf Schuss vom Trottoir gegenüber; so ging das Spiel. Wer die meisten reinschießt, bleibt Schütze, wer die meisten reinbekommt, muss Torhüter bleiben. War der Ball drin? Darüber gab es keinen Streit, wie auf dem Platz oberhalb der Schneckenwiese, wo die Pullover die Pfosten markierten. Ein Ball war drin, wenn er gegen die Blechtüre knallte. Warum kamen die blöde Mutter oder die Großmutter vom Kali immer heraus und verboten alles?

Der Karl-Wilhelm hatte komische Mütter. Die riefen ihn rein zum Pissen: „Kumm rinn, Kali, du musch mol e Bach mache.“ Immer wenn es am schönsten war, musste Karl-Wilhelm rein und durfte nicht weiterspielen. Über die Familie lachte die ganze Nachbarschaft. Kali durfte nichts, weil er so schnell ins Schwitzen kam. Mitfahren auf der Selingerwiese in den alten Autos: ausgeschlossen. Dem Kali wurde alles verboten. Ein richtiger *Haustelindianer* darf der Mutter aber nicht immer gehorchen. Zum Beispiel beim Schlittenfahren, die Freiheitsstraße runter bis an Schlickels Haus. Der Zaun vorm Haus war gekrönt von Zacken, die sahen wie Speerspitzen aus. Man musste die Kurve kriegen, bevor der eiserne Zaun kam. Die Schwester bekam die Kurve einmal nicht; dann musste die Marianne zum Nähen ins Krankenhaus. Alles halb so schlimm. Aber bei Karl-Wilhelms Eltern gab es kein halb so schlimm.

Im Winter fahren alle mit ihren Schlitten die Freiheitsstraße herunter. Die Kinder reihen sich hintereinander auf. Auf Sepps Kommando schieben sie ihre Rodler an, werfen sich drauf, haken sich mit den Füßen beim Hintermann ein, und ab geht's. Alle jubeln, sobald die Schlange in Bewegung gerät. Nur der Kali steht auf dem Trottoir und darf nicht mitmachen. Und sein Schlitten ist auch bloß ein Einsitzer. Oder im Sommer, auf der *Schneggewiss*, wo man sich mit Schnecken bewirft. Die stecken im Schneckenhaus, und das Häuschen ist klein und schwarz-gelb gestreift. Wenn das Kind auf ein im Gras verstecktes Häuschen tritt, knackt es leise, und das Knacken, das macht ihm Gänsehaut. Die Schneckenschlacht nach dem Sommerregen, die Schneeballschlacht im Winter - die Kinder haben ihren Spaß, aber immer taucht die Mutter vom Kali auf und ruft: „Kali, komm heim."

Zum Kindergottesdienst um zwei musste Karl-Wilhelm mit. Der Kaplan, der kleine Herr Pfarrer, ließ viel singen. Dann ging es um die Sünde. Herr Mohr war dagegen, aber die Kinder wussten doch längst Bescheid; Sünde durfte nicht sein. Nach der Andacht ins Fernsehzimmer der Wirtschaft, da durfte der Kali wieder nicht mit. Um drei Uhr kam doch „Fury". Joey war der Einzige, der den wilden Mustang reiten konnte. Jim und Pete hatten den elternlosen Joey aufgenommen. Gleich zwei Männer kümmerten sich um ihn. So zwei hätte das Kind auch gerne um sich gehabt. Pete sprach mit einer lustig klingenden, krächzenden Stimme. Das Kind trug seine Haare gescheitelt wie Joey, und beim *Kernsepp* im Stall stand ein schwarzer großer Gaul, gerade so einer wie die Fury war. Aber mit Kali ließ sich über Fury und Joey nicht reden.

Konnte man mit ihm überhaupt noch spielen? Das Kind und der Kali hatten Kronkorken von Bierflaschen gesammelt; die lagen im Hof vom Lebensmittel-Spar auf dem Boden rum. Mit den goldenen Korken wollten sie im Garten das Pfädchen pflastern, das die Petersilie vom Schnittlauch trennte. Ganz wunderbar glänzte schon ein Teilstück des Pfädchens, da verlor der Kali die Lust am Pflastern und wollte heim. Das Kind bat ihn zu bleiben, um erst die Arbeit zu beenden, aber der Kali, der wollte nicht. Da beschimpfte ihn das Kind, worauf der Kali böse wurde und den Garten nun erst recht verlassen wollte. Das Kind entnahm sein Messer der

Hosentasche und klappte es auf; hat doch ein Indianer immer seine Waffe dabei. Der Kali lachte das Kind aber bloß aus, drehte sich um und ging einfach weg. Gerade die Gartentür hatte er erreicht, da warf ihm das Kind das Messer nach. Es traf mit der Längsseite auf Kalis Anorak und fiel auf den Boden.

Das Wildschwein

Der Mensch is a Sau.
Helmut Qualtinger

Ein Wildschwein ist ein scheues Tier, und hat es gar Frischlinge, soll man sich vor ihm in Acht nehmen. Die Kinder vom Haustel hatten noch keins gesehen. Dabei wussten die Kinder, wo die Wildsau mit ihren Jungen wohnte. Den Hummelweg ganz hoch, bis fast nach Clausen. Dann rechts ab vom Weg und quer durch den Tannenwald, bis die große Lichtung kam. „Katzenbusch“ nannten die Eltern den Wald mit der Lichtung. Dort wollten das Kind, der Berti und der Willi die Wildsau bei ihrem Morgenbad, beim Suhlen im Schlamm, einmal beobachten.

In den Sommerferien, um vier Uhr morgens, verließ das Kind leise das Haus. Vier Türen musste es vorsichtig öffnen und schließen. Die Schlafzimmertür, die Abschlusstür zur Wohnung, die schwere Haustüre und das eiserne, rotbraungestrichene Hoftor. Hinter den Häusern ging es die Schneckenwiese hinunter, am Ende der Wiese die Böschung mit den drei Stufen aus festgetrampeltem Lehm, dann Isemanns Acker. Die Kinder überquerten ihn auf einem schmalen, das Getreidefeld teilenden Weg. Über den Lindersbach sprangen sie mit einem Satz, so schmal war der. Sie folgten dem Bachlauf und kamen am Gartenhäuschen vorbei, das Willis und Bertis Opa gehörte, von dem die drei Freunde immer Hasenbrot bekamen, wenn sie ihn besuchten. Dann weiter den Bach entlang bis zum *Goldbrinnel*, der Quelle. Das Wasser floss unter einer roten Sandsteinplatte heraus, darüber der Waldweg. Ein Schritt vom Weg ab in die Wiese, und die Kinder konnten aus dem *Goldbrinnel* trinken. Einmal schöpfte das Kind mit den Händen daraus, da sah es im Wasser einen Feuersalamander. Der Salamander trägt einen falschen Namen, dachte das Kind. Der ist doch gelb und schwarz gefleckt, und im Wasser könne er gar nicht brennen.

Um zum Zickzack-Pfädchen am Ende des Tales zu kommen, musste man sich entscheiden: Links um das Wiesenstück, die Geißendelle herum oder rechts, am Saufelsen vorbei. Der Saufelsen mit seinem Felsvorsprung barg den Kanonenofen. Wenn das Kind diese Höhle und den Ofen sah, musste es an die Höhlenkinder vom Sonntagnachmittag-Fernsehen denken. Waren er und Berti und Willi nicht auch Höhlenkinder? Es hatte doch einen Krieg gegeben, und die auf sich allein gestellten Kinder überlebten in ihrer mit Ästen verdeckten Höhle im Wald.

Der Weg am Ende des Lindersbachtals ging erst nach rechts, dann nach links, und wieder rechts und wieder links, und als hoch. Das *Päddel* war mit Kiefernnadeln bedeckt. Hinter dem Geländer ging es steil nach unten. Überall sprudelte Wasser aus dem Boden, vor allem im Frühjahr. „Hundert Quellen-Tal" nannten die Kinder diese Ecke des Tals. Das Goldbrünnchen und die hundert Quellen - es fehlte nur ein vergrabener Schatz.

Oben angelangt, ging es rechts ab über den Hummelweg, an der kleinen Tannenschonung vorbei. Hier wuchsen die Tannen für Weihnachten. Weil sie noch klein waren, mussten sie geschont werden und standen in der abgezäunten Schonung. Nach den kleinen Tannen die großen Tannen, danach die Eichen und die Buchen. Auf dem Waldboden lagen nun die Eicheln und die Bucheckern, die die Wildsäue so gerne fressen. Im Krieg hatten die Menschen die Eicheln aufgesammelt und Kaffee daraus gemacht, weil sie sonst nichts hatten, und weil sie ausgebombt waren. Die Oma hatte es dem Kind erzählt.

An die Badeanstalt der Wildschweine schlichen sich die Kinder gebückt ran, wie Winnetou, der Indianer. Hier badeten die Tiere im Schlamm, soffen die stehende Brühe, wälzten sich in der sandigen Erde und scheuerten ihre dreckigen Borsten an den Rinden der Buchen. Richtige Säue halt.

Das Kind und der Berti und der Willi kamen, sich hinter den Bäumen versteckend und auf jeden auf dem Waldboden liegenden Zweig achtend, bei den Wildschweinen an. Aber keine Sau ließ sich blicken. Mehr als die Abdrücke ihrer Klauen war von ihnen nicht zu sehen. Die Windrichtung, dachte das Kind, sie haben uns gerochen. Kann auch die Wildsau den

Braten riechen? Vati sagte manchmal, er rieche den Braten. und meinte damit, er wisse, was komme.

Einmal tauchte eine kleine Wildsau auf, mitten am helllichten Tag. Und nicht einmal im Wald, sondern in der *Prinsegänsestrooß*. Im Hof beim Installateur Koelsch hätte man eigentlich eher eine Gans als ein Wildschwein erwartet. Von Gänsen konnte aber keine Rede sein, weil die *Strooß* die Prinzregentenstraße hieß, wie die große Schwester dem dummen Kind erklärte. Die kleine Sau hatte der Lehrbube vom Herrn Koelsch auf dem Hummelweg gefangen. Mit dem Keiler und der Wildsau waren die Frischlinge aus dem Unterholz gebrochen, gerade als der Lehrling hoch Richtung Clausen lief. Ein Junges kam der Rotte nicht hinterher, und dem warf der Junge seine Jacke über. Die hatte er nämlich ausgezogen, weil er schwitzte. Der Frischling quiekte, aber es half ihm nichts. Auf dem Arm vom Herrn Koelsch seinem Lehrjungen musste er mit ins Dorf. Die Schwester des Kindes erzählte, was sie von ihrer Freundin, der Magda, wusste. Die Magda war die Tochter vom Schlosser Koelsch. Der musste sich extra einen Lehrbuben nehmen, weil er nur eine Tochter hatte.

Im Hof der Schlosserei gab's immer etwas zu sehen! Die Funken sprühten, wenn der Lehrherr das Schweißen anfing. So wie die Gasflasche sieht eine Fliegerbombe aus. Das erklärte der Vater dem Kind, als beide an der Schlosserei vorbei auf den Taubenhof gingen. Herr Koelsch hatte die runden, dunklen Gläser auf und hantierte mit dem Schweißapparat an einer Deichsel, während der Frischling an seiner langen Leine bis vor zum Trottoir wuselte. Stand da ein Kind, lief er ihm zu, ließ sich anfassen und mit Bucheckern füttern. Hatte das kleine Tier gefressen, schnupperte es an den Hosenbeinen. Die Äuglein winzig, die Ohren lustig, die Nase lang. Eigentlich bestand der halbe Kopf aus der Nase, darin zwei Löcher. Das sah wie eine Steckdose aus.

Dann kam die Marianne heulend nach Hause. Mit der Magda hatte sie erst das Hochamt besucht und danach Magdas Elternhaus. Da stand der Wildschweinbraten auf dem Tisch.

Ego te absolvo

Einmal im Jahr fiel das Läuten der Glocken von Sankt Josef aus; das war vor Ostern, wenn Jesus für unsere Sünden am Kreuz starb. Für welche Sünden? Für das Werfen nach der Susi und der Sophie mit den Schnecken, und für das Essen von Süßigkeiten in der Fastenzeit. Alles Süße, die Bonbons, die Schokolade, das nannte der Vater den Bärendreck. Backte die Mutter die vom Kind so gerne gegessenen Apfelpfannkuchen, bekam Vati was anderes, was Richtiges zu essen. Wer gerne Süßes aß, der galt als Süßer, als einer, der sich gerne bei den Mädchen rumdrückte. Ob der mal ein richtiger Mann würde? Ob der mal zu den Soldaten kam? Das Kind wollte natürlich einmal zu den Soldaten, die konnten Fährtenleser doch gut gebrauchen, und Messer hatten die auch.

Dem Kind erzählte der Sepp die Geschichte von den Glocken, die alle nach Rom zum Segnen fliegen. Die beiden lagen verkehrt herum auf Omas Sofa, sodass sie durch die Dachgaube in den Nachthimmel schauen konnten. Der Wind blies und sein pfeifendes Hui erklärte der Sepp dem *Bimbo*. Erst flogen die Glocken aus Clausen zum Papst, dann die aus Donsieders. Das Kind glaubte dem Bruder alles, was der erzählte. Die Mutter nannte ihn darum den „Ne-Sepp". Mit „ne, Sepp" beendete das Kind seine Sätze, wenn es mal wieder etwas verstanden hatte. Die Mutter foppte es. – „Wenn de Sepp sahd, spring vun de Brigg in de Roih, dann sprinsch du in de Roih." Das Kind war noch gar nicht am Rhein gewesen, und seine Brücken hatte es auch noch nicht gesehen.

In der Fastenzeit ging es um die Sünde und um die Vergebung der Schuld. Besonders schwer gesündigt hatte das Kind, weil es mit dem Berti, dem Willi und dem Kali von der Susi und der Sophie wissen wollte, wie es bei den beiden unter dem Rock ausschaut. Die Mädchen drohten, die Jungen bei den Eltern zu verpetzen, dabei wussten die halb schon Bescheid. Auf dem Schweinefelsen gab es eine in den Sandstein eingeritzte Zeichnung, die konnte man sehen, wenn man sich traute, bis ganz nach vorne zu gehen, bis dahin, wo es senkrecht runterging. Eine lebensgroße Figur mit Augen und Mund, Nase und Ohren, die Brüste mit zwei Halbkreisen angedeutet und zwischen den Beinen ein Loch. Befanden sich die *Haustelindianer* auf dem Kriegspfad und hatten sie einen von der *E-stroß* gefangen genommen, musste der sich auf die steinerne Frau legen. Das war den Indianern ihr Marterpfahl. Einen *Mäderidscher* nahmen sie gerne gefangen. Was musste der mit den Mädchen spielen statt mit den Cowboys und Indianern?

Vor Ostern mussten alle Sünden noch raus. Das schwarze Gesangbuch wies vorne den Beichtspiegel auf. Ein Beichtspiegel, der hält einem den Spiegel vor. Dort las das Kind, woran es vielleicht nicht gedacht hätte, bevor es samstagnachmittags in den dunklen Beichtstuhl trat. In Gedanken, Worten und Werken wurde gesündigt, und wie leicht konnte das Sündigen mit den Gedanken vom Kind vergessen werden. Der Kaplan hinter dem Holzgitter neigte dem Kind sein Ohr zu. Erst wollte es seine Stimme verstellen, denn das Kind diente dem Herrn Mohr als Ministrant. Aber die Stimme verstellen wäre schon wieder eine Sünde gewesen. Was denkt der Herr Kaplan bloß, wenn er gleich erfährt, dass die Gedanken seines Ministranten unter den Rock der Susi wandern? Aber es hilft nichts, die sündigen Worte müssen raus. Und welche Erleichterung dann am Schluss: *Ego te absolvo a peccatis tuis*. Nur drei Vaterunser; bis zum Beginn der Radioübertragung mit Fritz Danco konnte das Kind wieder zu Hause sein. Der Danco kommentierte die Spiele vom Betzenberg.

Weil die Glocken vor Ostern schwiegen, mussten die Ministranten läuten. Sie hatten ihre Ratschen dabei und sangen: „Hört ihr Leut, ist Betezeit, Ave Maria, gratia plena, so grüßet der Engel die Jungfrau Maria, Ave!" Nach dem Ave kam die Ratsche dran. Sechs, sieben Mal das an der Kurbel gepackte hölzerne Ding herumwirbeln, damit das Holzblatt über das Ritzel drüberfegt und ordentlich Krach macht. Um fünf ging es morgens los mit dem *Engel des Herrn*. Das Dorf lag noch im Dunkeln; kaum, dass ein vereinzeltes Licht hinter einer Gardine anging. Abends um sechs machten Singen und Ratschen wenig Spaß, musste man doch bis zur Apostelmühle laufen und den ganzen Weg wieder zurück.

In der Fastenzeit durfte ein Kind nicht *schnägen*. Es durfte nichts Süßes, zum Beispiel Schokolade, essen. Aber mit dem Karsamstag kam das Ende der Fastenzeit. Die Messdienerschar zog durchs Dorf und führte einen großen Weidekorb mit. Man sammelte für die Mission. Die Mission lag in Madras, dort, wo die Waisenkinder lebten. Beim Sammeln war ein Sprüchlein aufzusagen: „Wir sammeln für die Mission, als Dank bekommt ihr den Gotteslohn." Einmal musste das Kind vorsprechen, und glatt versprach es sich: „Wir sammeln für die Munition ..."

Der Korb füllte sich rasch. Bei der Bäckersfrau Knerzl, die so hieß wie das Endstück vom Brot, gab es Bretzeln, beim *Knochekarl*, der Metzgerei, gab es Lyoner, beim Edeka vier kleine Päckchen Orangensaft mit aufgeklebtem Strohhalm, bei Frau Dully einen Käse am Stück, beim Café Wilhelm die allseits beliebten Schneckennudeln. Wer kein Geschäft hatte, steckte Geld in die Sammelbüchse. Bei der Ledererstraße bogen die Kinder mit ihrem Korb rechts ab. Sie überquerten die Friedhofstraße, stiegen die Treppen neben Hofmanns Schuhfabrik hoch und machten sich auf den Weg Richtung Wald. Dort angekommen setzten sie sich im Kreis auf die Erde und nahmen den gefüllten Korb in die Mitte. Erst einmal richtig sattessen und Sunkist trinken. Was hätten den Waisenkindern in Madras die Lyoner vom Karl oder der Limburger von der Antonie genutzt? Bis die Fressalien nach Indien kämen, wären sie doch längst verdorben. Oder war da schon wieder was zu beichten? Fiebig, Obermessdiener und Bester im lateinischen Stufengebet, winkte ab. Entwarnung, weiter essen, sich freuen auf den morgigen Osterhasen!

Nicht mehr atmen

Das Sanatorium war ein Krankenhaus, wo man dick wurde. Das lag im Schwarzwald, und bevor man, von Tante Liesl und ihrem schwarzem Opel Kapitän kutschiert, hinkam, musste man durch einen Wald, in dem standen die Tannen. In das Haus durften die Tante, die Mutter, der Herbert und das Kind gar nicht eintreten. Den Vati rief der Weißkittel an der Pforte über Lautsprecher heraus. Ein Mann mit dickem Kopf kam aus dem Gebäude. Das Kind musste genau hinschauen, um den Vater wiederzuerkennen. Unverkennbar, es war seine Stimme: „Fass dene Zaun net ah, der isch elegdrisch, do krieschd de änner gewischd." Vor dem weißen Haus auf dem Hügel, jenseits der zu ihm führenden Fahrstraße, war eine Wiese eingezäunt. Das Kind wollte die Pferde mit Grasbüscheln füttern.

Das Wort Sanatorium gebrauchte der Vater oft. Man lag also den ganzen Tag auf einer Liege im Freien, dick eingepackt. Und es gab reichlich zu essen, Leberwurst, Schweizer Käse, Makrelen, Nudelsalat, zur Nachspeise Pudding, sonntags sogar Eis. Am Esstisch musste man immer pünktlich sein, wie bei den Soldaten. Der Vati hatte seine Krawatte um und eine Weste an; die hatte das Kind noch nie an ihm gesehen. Die war ganz rau und grün, als wäre sie über und über mit Tannennadeln bestückt. Vati kam noch mit auf den Parkplatz, auf dem Tante Liesls Auto stand. Das Kind war stolz, weil der Vater den Opel Kapitän lobte, mit dem es nun wieder mitfahren durfte. Obwohl ihm auf der Rückbank bald übel wurde: die Gerüche von Leder, Benzin und dem Kölnisch Wasser der Mutter.

Das Kind und der Herbert lasen „Sigurd und Falk". Die bebilderten Heftchen gehörten dem Herbert. Eigentlich gehörte ihm beinahe alles. Das Kind musste seine Hemden, Hosen und Pullover tragen. Ein Hemd hasste es besonders, das hatte einen riesigen Kragen und gelbe Farbe. Vergaß das Kind, den Kragen an seinen Ecken anzuknöpfen, und fasste der Wind darunter, sah es aus, als wolle es mit den Flügeln schlagen und gleich abheben. „Du siesch aus wie e Zidronefalder", sagte Herbert zu ihm.

Schömberg, so der Vater, liege höher noch als Clausen, und Clausen lag schon hoch. Ein bisschen von Schömberg und seinem Sanatorium brachte Vati mit, als er wieder nach Hause kam. Zum Beispiel die moosgrüne Weste, die er nun häufig trug. Viel essen, viel schlafen, viel spazieren gehen, das war sein Tag. Für den Mittagsschlaf im Gartenhäuschen sich den langen Mantel anziehen, Zipfelmütze auf, Füße in einen Fußsack, zwei „Amidecken" als Zudecke – Vati machte alles wie in Schömberg. Ging er am Kind vorbei in sein Gartenhaus, und spielte das Kind mit seinem Ball, gab er ihm eine Übung auf: den Ball an die Garagenwand schießen und den zurückprallenden Ball brasilianisch stoppen – nicht mit der Sohle, sondern mit dem Spann. Der Fuß muss den Ball wie mit einem Löffel aufnehmen, oder als würde der Ball an den über der Stange hängenden Teppich prallen. Den Ball annehmen, dann sofort weiterpassen! Die Brasilianer waren beim Ballstoppen allen Mannschaften über; in Schweden hatte man es gesehen, als Pelé Weltmeister wurde.

Solange Vati weg gewesen war, hatte das Kind bei den Betten freie Auswahl. Die Geschwister im Internat bei den Patres und Schwestern, der Opa schon tot, macht vier freie Betten. Es wählte das bei der Oma, hier ließ sich am besten schlafen. Die Oma erzählte die Geschichten vom Großvater, der den Hummelweg angelegt hatte, vom Stall mit den Kühen, die alle Namen trugen, und vom Stall in Bethlehem. Seitdem die Großmutter auf dem Spatzenhügel lebte, standen der Kuh- und der Schweinestall ihres alten Hauses leer. In den Räumen davor wohnten jetzt fremde Leute. Gerne hätte das Kind ein Bett hinter dem warmen Kuhstall gehabt, als Oma und Opa noch dort lebten.

Der Vati neckte die Oma gerne. Von ihrer Sorte würde er zwei nehmen, sagte er. Die Oma lachte und nannte den Vati Franz. Er durfte sogar Witze über den verstorbenen *Parre Ungel*, den Bruder vom Opa, machen. Dem Pfarrer-Onkel hatte Mutti einmal als Haushälterin gedient. Nach seinem Tod erbte die Nichte den Pfarrhaushalt, darunter auch alle Kleidung, die brachte sie mit. „Isch hab dem Herr Parre sej Unnerhosse a", erzählte der Vater.

Der Vater brachte der Oma Eier aus seinem Hühnerhof, Kartoffeln und Spinat aus seinem Garten. Fertig war das Mittagessen. Vier Eier in die

Pfanne, wie bei den Soldaten. Am Abend Leberwurstbrot und weißer Käse mit Schnittlauch drauf. Die Mutti schimpfte über die Wurst, die sei viel zu fett. Aber Vati wollte doch wie im Sanatorium essen, und was schmeckt besser als Leberwurst, Brot und Senf? Das Kind hielt sich zu Vaters Abendbrot, obgleich es auch nach Omas Schokoladenpudding schielte. Oma konnte ohne den Pudding nicht einschlafen. Dazu ein Glas Rotwein mit geschlagenem Eigelb. Auf dem Flaschenetikett war ein Kreuz abgebildet. Also trank die Oma wie der Herr Pfarrer am Sonntag Messwein. Beim Abendessen unterhielt Vati die ganze Familie. War ein Messer stumpf, hieß es: „Des schneid blos warm Wasser un weise Kees."

Vatis Bierglas war immer dasselbe, wie auch sein Messer, seine Gabel, sein Löffel, seine Tasse und sein Teller. Einmal trank das Kind aus der neben dem Gartenbeet stehenden Bierflasche. Es glaubte, niemand habe es gesehen, aber die Mutter sah vom Balkon aus alles. Das Kind bekam sehr geschimpft. „Soll isch des dem Mann vum Gesundheidsamd saa?" Zum Mann auf dem Gesundheitsamt der großen Stadt musste man immer hin. Aber dort war es zum Fürchten. Erst ging es in den dunklen Keller runter. Hier musste das Kind Jacke, Pullover und Unterhemd ausziehen, dann seine Brust an eine kalte Scheibe drücken. „Einatmen, nicht mehr atmen, ausatmen", sagte der Mann vom Gesundheitsamt, der gar nicht zu sehen war. Einmal war der Vati zuerst dran. Da ging das Kind rasch nach oben und rannte aus dem Haus. Wo aber hin? Vati holte es ein. „Jaköbl kumm mid runner, dann griesch de a e Abbel, e groser, e Soldadeabbel."

Schlaufuchs, Dummvieh

Den Hühnern geschah ganz recht, dass sie immer geschlachtet wurden; denn sie ärgerten das Kind. Der Ärger kam vom Schlachten am Samstag, da durfte es nicht mit den anderen spielen. Im Keller, in der Waschküche, musste es stattdessen helfen, das tote Huhn zu rupfen und seine Innereien auszunehmen. Das Totmachen, das kam davor, und das besorgte der Vater. Wie es geht, wusste der Sepp. Der durfte schon mit rüber in den Holzkeller, wo der Holzklotz stand. Du musst das dumme Vieh mit einer Hand im Genick packen, damit es seine Flügel nicht mehr öffnen kann. Du drückst es auf den Hauklotz, und mit der anderen Hand nimmst du das Beil und haust ihm den Kopf ab.

Das Hinkel bekam *de Roschd runner*, und das gehörte auch manchmal dem Kind. Aber nicht wirklich; das sagten die Erwachsenen und der Sepp nur so, wenn sie auf das Kind sehr böse waren. Einmal sollte es im Spar den Schokoladenpudding für die Oma holen, und es brachte den Waffelbruch, die plattgedrückten Mohrenköpfe in der Tüte nach Hause, die genauso viel kosteten, und dann behauptete es, der Pudding vom Doktor Oetker sei aus.

Der Baumstumpf, auf dem der *Roschd runner* kam, der reichte dem Kind bis fast zur Brust, und er war vom vielen dunklen Blut eingefärbt. Das geköpfte Huhn musste erst einmal ausbluten. Der Vater packte es an den gelben Läufen und hielt es eine Zeitlang über den kleinen, vergitterten Ablauf im Boden des Wäschekellers. Er säuberte den grauen Beton mit dem Gartenschlauch, damit das Blut im Gully verschwand. Mit der Gartenschere zwackte er die Läufe mit den vier Krallen ab. Das Huhn kam in den mit heißem Wasser gefüllten Blecheimer. Das Kind saß seinem Vater gegenüber, zwischen ihnen das dampfende Wasser mit dem zu rupfenden Huhn. Dem Kind kam die Aufgabe zu, das eingeweichte, aus dem Eimer gezogene Tier an den Beinstummeln zu halten, damit der Vater die Federn ausrupfen und in einen zweiten Eimer werfen konnte.

Nach dem Ausrupfen das Ausnehmen. Das Kind musste die gekappten Läufe auseinanderziehen, damit der Vater in das Innere hineinlangen konnte.

Es drehte dabei den Kopf weg, denn es wurde ihm ganz schlecht davon. Der Magen, die Därme, die Gallenblase, das kleine Herz, die Leber mit dem gelben Fettrand, alles musste raus. Was zu riechen war, das stank dem Kind, aber es durfte sich über den Gestank nicht beschweren. Der Vater gab allem, was er herauszog, seinen Namen: „Des sinn jedzd die Kuddle." Einmal wollte das Kind aufstehen und seine Arbeit verlassen. Da bekam der Vater einen Zorn und schimpfte es aus. Das Hähnchen zu essen, das schmecke ihm, aber die Arbeit vorm Essen, die schmecke ihm nicht.

Das Kind unterließ das Heulen, weil das den Vater erst richtig zornig machte. Er hätte ihm die Soldaten vorgehalten, die ja nie weinten. Oder die Gitta, die so gut beim Hühnerschlachten geholfen hatte. Also behielt das Kind seine Tränen bei sich und sein Geheimnis auch. Nicht einmal die Oma wusste, dass es die Hühner gar nicht mochte, weder zum Essen noch wenn sie in ihrem Stall herumliefen. Suppenhuhn, Hühnerfrikassee, Brathähnchen, Gockel im Römertopf - im Herbst und Winter gab's sonntags immer das gleiche. Die Hühnerschenkel mit der gebratenen Haut sollten das Beste sein. Dem Kind schmeckten nicht einmal die. Aber darüber keinen Ton! Es tat sogar, als wäre es verärgert, weil der Sepp und die Marianne immer die Schenkel bekamen und es selbst nur die Flügel, die nur aus Haut bestanden. Im Krieg war gar nichts auf den Tisch gekommen und jetzt so was Feines, und ein *schnäkisches* Kind galt als das Allerletzte.

Die Hühner in ihrem Hof kackten überall hin. Das Kind lief Slalom um die kleinen grünweißen Häufchen, wenn es zum Füttern in den Hühnerhof musste oder wenn ihm aufgetragen war, das gackernde Vieh mit Wasser zu versorgen. Das in der Gießkanne gezapfte Wasser goss es in die halbierten Autoreifen. Alles konnte man noch gebrauchen, auch die abgefahrenen Reifen von Onkel Werners Opel Olympia. Eigentlich wollte das Kind auch immer gerne zu gebrauchen sein, aber lieber noch wollte es mit den anderen auf der Schneckenwiese spielen.

Im Frühjahr den Hühnerstall ausmisten - das war ihm das Schlimmste. Der Stall, so niedrig und schmal, und der Geruch darin so scharf. Und die Spinnweben hingen knapp über dem Kopf. Der Kacke auf dem Boden konnte das Kind gar nicht ausweichen, lag sie doch überall. Der Vater gab dem Kind den Spaten, und damit hatte es den unter den Hühnerstangen liegenden Mist vom Steinboden abzuheben. Sobald es sich bückte, um die Schaufel mit dem flachen Blatt unter den verdreckten Torf zu schieben, kam es mit seinem Pullover den beiden verschissenen Stangen gefährlich nahe. Was es zu schaufeln bekam, hob es hoch, drehte sich dann zur Tür um, und warf den Mist auf den vorm Stall stehenden Schubkarren.

Hatte das Ausmisten endlich ein Ende, kam frischer Torf in den Hühnerstall. Der Vater zeigte dem Kind, wie das flache Rechteck mit der flockigen, braunen Erde zu öffnen war. Ganz einfach geht das: Man nimmt den Spaten quer und haut einen ordentlichen Schmiss in den Plastiksack. Das Kind verteilte den Inhalt mit der vom Vater erhaltenen kleinen Schippe. Eine Schippe zum Schaufeln, einen Spaten zum Graben. Für jede Arbeit das richtige Werkzeug, erklärte der Vati. Die Fuhre Mist kam aufs Erdbeerbeet. Das Untergraben war am nächsten Tag dran. Die Arbeit läuft uns nicht weg, sagte Vati. Jetzt erst einmal Mittagessen: *Wie mer schaffd, so essd mer.*

Süß sahen die kleinen, flauschigen, zartgelben Küken in ihrem mit Fliegengitter abgedeckten Verschlag aus. Der Habicht hatte sie wohl zum Fressen gern. Die kleinen Hühner mochte das Kind am liebsten. Die pickten die Körner im Gras, und auch ihr Saufen aus der Schüssel war ein Picken. Sie schienen dem Kind ganz zufrieden zu sein, wo sie doch eigentlich im Gefängnis waren. Aber bald gerieten sie groß und fingen das Gackern an, und das ging den ganzen Tag. Es gab zwei Arten des Gackerns, das gemütliche, langsame, meistens morgens, und das aufgeregte, schnelle, vorm Füttern. Die Körner zum Füttern kamen aus Isemanns Mühle und der Vater nannte die Körner die Frucht.

Einmal hatte die Hühnerschar wohl ganz aufgeregt in der Nacht gegackert, und keiner aus dem Haus hatte es gehört. Da war der Fuchs aus dem Wald in den Stall gekommen, und dann hatte er alle totgebissen. Ein Fuchs ist ein schlaues Tier, das denkt an später. Vom Gockel blieben nur die Federn übrig, aber die anderen Hühner verscharrte er hier und da im Hof und im Garten. Er grub mit den Pfoten ein Loch, da kam das totgebissene Vieh hinein und dann Erde und Grasbüschel darüber. So viele kleine Gräber gab es, wie es einmal Hühner gegeben hatte. Vati musste neue kaufen. Das waren wieder so kleine, süße und flauschige.

Frisch gebadet

Am Samstagnachmittag musste alles sauber sein, der Spaten, die Waschküche, das Trottoir und der Rinnstein. Bei den Hühnern, die mit dem Schlachten noch nicht dran waren, war der Futtertrog mit den Körnern gefüllt. Die roten Jonathan-Äpfel hatte das Kind vom Boden aufgelesen und frisches Wasser in den runden Trog gefüllt. Jetzt konnte bald das Kaffeetrinken beginnen. Die Mutter schickte den Jüngsten los, den Kranzkuchen zu kaufen und den *Bärches*. Den mochte das Kind besonders, den nach Zitrone schmeckenden Hefezopf. Ihn tauchte es in Kaba ein, damit sich das Kuchenstück schön vollsog. Was der Vater Bärendreck nannte, stammt von „de Judde“, sagte die Oma, und deren Sonntag sei schon am Samstag gewesen.

Auch den *Schales* hätten *die Judde* erfunden, den Bohneneintopf mit dem Lauch und den geriebenen Kartoffeln, den die Mutter stundenlang im Backofen schmoren ließ. Bekam er im Bräter seine Kruste, war er gut. Das Dörrfleisch, das hätten die Judde weglassen müssen, erzählte die Oma. Ihnen habe es unser Herrgott verboten, warum wisse man nicht. Uns habe der Herrgott nur die Koteletts am Freitag verboten, deswegen gebe es freitags zum Kartoffelsalat immer den Kabeljau. Gebratener Fisch roch gar nicht gut, aber schmecken tat er dem Kind doch. Den Schales, so die Großmutter, habe der Jude ihr Knecht, ihr Schalwes, machen müssen, weil sie an ihrem heiligen Samstag nicht hätten arbeiten dürfen. Wir Katholischen dürften so lange noch schaffen, bis alle mit dem Baden durch seien.

Manchmal war das *Herrgoddl* beim Erzählen dran. Der liebe Gott konnte sich also ganz klein und auch ganz groß machen. Die Oma nannte das Kind nie einen Schalwes. So hieß es bei den anderen immer dann, wenn es etwas nicht konnte, zum Beispiel das Gitter für die Kletterrosen weiß streichen. Wieso hat der Schalwes die Dose mit der Farbe genau hinter sich gestellt und beim Rumdrehen mit *seine dabbische Fies* alles umgeschmissen, sodass die Farbe den Gehweg versaute? Ihm gehörte doch wahrlich de *Roschd runner*.

Wo die Judde denn jetzt seien? Die seien weg. Das Kind erinnerte sich an das von der Oma aus der Bibel Vorgelesene. Die Juden, das Volk Moses, zogen immer mal hierhin und mal dahin. Immer fort aus der Gefangenschaft. Warum ließ der Herr Babilon vom Schreibwarengeschäft die Judde nicht in Ruhe? Das Kind überlegte, ob es den großen Bruder oder die Schwester mal fragen sollte. Aber zu viel wissen wollen durfte es auch wieder nicht, denn wer viel fragt, zeigt doch, dass er ganz dumm ist, ein Schalwes eben.

Alles musste samstagnachmittags sauber sein, auch das Kind und die zwei anderen Kinder. Also ließ die Mutter heißes Wasser in die Badewanne ein. Sie machte ihnen ein Bad. „Wieso sagt man ein Bad machen?", fragte das Kind. Was zu essen konnte man machen oder den Garten, aber ein Bad? Brausetabletten mit Kieferndurft kamen rein, und dann, zum Sauberwerden, hintereinander der Sepp und die Marianne und zuletzt das Kind. Das Kind trocknete sich ab, und Sepp, der im Sessel saß und den *Schatz im Silbersee* las, erklärte ihm: „Man sagt, ein Bad machen, weil man erst den Ofen fürs Warmwasser anmachen muss. Capito?"

Nach dem Bad durfte ein Kind nicht mehr raus. Das Beichten beim Kaplan Mohr in Sankt Josef war schon vorbei und ums Haus rum alles gefegt. Jetzt durfte sich niemand mehr dreckig machen. Also fielen alle Spiele aus. Selbst Himmel und Hölle, wo man sich beim Hickeln doch gar nicht schmutzig macht. An Fußball auf der Wiese neben dem alten Arbeitslager: gar nicht zu denken. Gott sei Dank gab es Fußball wenigstens im Radio. Fritz Danco sprach über die Tus Neuendorf und Röchling Völklingen und die Roten Teufel vom Betzenberg und die Blauen vom Stadion an der Zweibrücker Straße.

Das Kind hielt zu den Blauen. Warum hieß der Klub der Blauen *die Klub*? Beim Herr Lehrer Bott hätte es für sowas einen roten Strich am Rand gegeben und ein „F" für falsch. *Die Klub* hätte schon immer *die Klub* geheißen, und Deutscher Meister würden die nie. Vater und Sohn saßen vor der Musiktruhe. Jetzt aber gab es keine Musik, nur die Stimmen der Reporter waren zu hören, und die klangen ganz aufgeregt. Überall konnte man mit UKW hin, einmal, in der Pokalrunde, sogar bis nach Berlin, zur Tennis Borussia. Die konnten sich anscheinend nicht zwischen Tennis und Fußball entscheiden. In der Halbzeit tranken alle Fußballer ihren Pausentee, und aus der Musiktruhe kam nun Marschmusik.

Vati drehte den Ton leiser. Er erzählte ein bisschen von früher. In München sei er einmal gewesen. Den Kurt Eisner habe er reden gehört, und der habe ihn richtig beeindruckt. - „Wer ischn des, Babbe?“ Der Eisner sei gegen den Krieg gewesen und ein Krieg sei das Schlimmste. Aber vom schönen Reden der Sozis sei die *ame Zeid* damals nicht weggegangen. Die hätten ihn dann enttäuscht. - „Was ischn e Sozi?“ - Der Vati erklärte dem Kind, die SPD sei eine Partei, und die hätten alle drei Buchstaben, CDU, SPD, KPD. Das sei ja wie beim Fußball, meinte das Kind, FCK, VFB, OFC. Fritz Danco meldete sich wieder, diesmal aus Malstatt. Die seien doch gar nicht in der Oberliga, wunderte sich das Kind. Die Malstätter, das seien die Spieler vom FC Saarbrücken, wusste der Vati. Wieder was gelernt, dachte sich das Kind.

Hatte die Oberliga Südwest fertig gespielt, rief die Mutter zum Abendessen. Vati liebte am Samstagabend etwas Warmes. Zwei Cervelats mit Senf, Sauerkraut und Bauernbrot zum Beispiel. Warum heißt es Bauernbrot, wo doch die Bäckerei Meckes das Brot backt? Und von den Bauern kommen die Koteletts und keine Brote. Wenn man so im Fragen drin ist, will man alles wissen. Der Vater erklärte alles geduldig. Um acht kam die *Tagesschau* und dann ging er ins Bett. Wie die Hühner, sagte er, früh rein und früh raus. Das Kind durfte noch aufbleiben, denn *Einer wird gewinnen* kam. Dazu gab es Salzstangen und kleine Brezeln. Das Kind hätte gerne mal solche Erdnussflips gegessen, die wie kleine, dicke Würmer aussahen und die dem Willi so gut schmeckten. Die gab es im Spar zu kaufen, aber bei Mutti kam sowas nicht in die Tüte. Hatte einer gewonnen, Zähne putzen und ab in „de Kaschee“!

Freiheitsstraße

War das Kind ein Schisser? So nannte es manchmal der Vater. Es hatte ja schon Angst vor der Schule, bevor es überhaupt rein musste. Dabei gab's im Hof vor der Eingangstür doch das Wasserbecken, das wie ein kleines, rundes Schwimmbad aussah. Das Kind kletterte da gerne rein, wenn der Pausenhof leer war. Es mochte die kleinen bunten Steinchen, mit denen der Brunnen geplättelt war. Sogar goldene waren darunter. Der abgerundete Rand, der Sockel, der die Schale hielt - alles bunt übersät, wie die Schneckenwiese im Frühling. Darüber thronte der graue Schwanenhals aus Metall. Der gab nur nie Wasser, selbst im Sommer nicht, wenn das Kind lieber im Bassin gebadet hätte, als den weiten Weg zum Schwimmbad, zur Biebermühle, auf sich zu nehmen.

Hinter dem trockenen Becken war der Eingang zur Pausenhalle. Die trennte den Pausenhof der Mädchen von dem der Jungen. Die Jungen gehörten nach hinten, die Mädchen nach vorne. In der lang gestreckten Halle verkaufte die Agnes vom Spar den Pausenkakao. Die auf die Glaswände gemalten Greifvögel sollten die Spatzen erschrecken. An der Querseite der Halle gingen die Türen zur Schule ab. Es waren Schwingtüren, denn sie schwangen, wenn die Kinder sie aufdrückten. Wieso heißt es schwangen und nicht schwingten? So etwas musste man beim Lehrer lernen.

Wer noch ein frischer Schüler war, gehörte in die Klassenzimmer auf dem unteren Gang; die Mädchen nach links, die Jungen nach rechts. Wer zu den Großen gehörte, durfte ein Stockwerk höher. Die Lehrer liebten die Frischluft und das Gehorchen: „Fenster auf, hier riecht's wie im Saustall." Wer nicht rasch gehorchen konnte, wurde abgeflatscht. Zum Beispiel Heimatkunde. Der Herr Lehrer will wissen, wohin die Rodalb fließt. Erst kommt die Burgalb, auch Schwarzbach genannt, dann die Blies, von der Blies geht's in die Saar, von der Saar in die Mosel und dann in den Rhein. Eigentlich ganz einfach, aber manchmal kann man es sich doch nicht merken.

Der Herr Lehrer Bott flatschte nur kurz links und rechts ins Gesicht, aber das Kind bekam von ihm nie eine runtergehauen. Es durfte sogar manchmal aus der Schule raus: „Hol mir mal meine Zigarren beim Herrn Rauch." Dann rannte das Kind wie wild aus den grünen Schwingtüren hinaus, aber hinterm Schulhof, da machte es gleich ganz langsam. Es schlenderte am Elternhaus vorbei, an Kerns Burg, und dachte an Vati, der lag noch im Bett. Zigarren holen durfte nicht jeder! Nur wer gut lernte, durfte das.

Wer mit der Hand, pitsch, patsch, auf die Backe bekam, der tat einem leid. Aber der Herr Lehrer Bott, der war ja ein Gedicht gegenüber dem, was noch kommen sollte, war man erst in den oberen Klassen. Die älteren Schüler erzählten, was beim Lehrer Karch so zu erwarten war. „Der bumbd disch richdisch." Man wird *gebumbd*, also eine *Leideform*. Wie geht das, *bumbe*? Ganz einfach, mit dem Stock vom Haselstrauch. Auf den Hintern oder auf die Handflächen, ausnahmsweise auch einmal auf den Rücken. Der Stock vom Herrn Karch machte nicht viel her; keine Weiderute wie die vom Herrn Lehrer Laux. Vielleicht hat der Lehrer Laux einen längeren Stock als der Herr Karch, weil er der Schulleiter ist, dachte das Kind.

Einmal hat der lange Herr Karch, dem all seine Haare fehlten, den Sepp *gebumbd*. Und warum? Weil der Sepp sein Rechenheft vergessen hatte. Dabei war's doch im Ranzen, der Sepp hat es in der Eile bloß übersehen. „Hefte raus!" Das muss dann ganz schnell gehen. Später lag das Heft auf dem Schreibpult, aber halt zu spät. Die Haue konnte der Herr Lehrer schlecht rückgängig machen. Der hat kein Recht, meinen Sohn derart zu *bumbe*, meinte der Vater, der Schläge auf den Rücken nicht leiden konnte. Jetzt werde er einmal den Herrn Lehrer *bumbe*. Der Sepp weinte, und die Mutter weinte, und großes Theater war. Er solle dem Karch bloß nicht an den Kragen gehen, der Sepp müsste das ausbaden, flehte die Mutter. Das Kind überlegte. Wo müsste der Sepp das ausbaden? Im Bassin auf dem Pausenhof war doch gar kein Wasser drin.

Vom Lehrer Bott ging es zum Lehrer Mohrbacher ein Stockwerk höher, nachdem zwei Schuljahre rum waren. Erst Herr Bott, dann Herr Mohrbacher, zum Schluss der Schule Herr Karch. Der Mohrbacher konnte sehr streng sein, strenger als Bott, aber weniger streng als Karch, so ein Mittelding also, befanden die Schüler. Aber immer gerecht ging es bei ihm zu!

Er hatte seine Ordnung, setzte die Schlechten nach vorne und die Guten nach hinten. Das Kind schaffte es bis in die vorletzte Reihe, dann war Schluss. Ganz vorne saß der Laurenz und der grinste, wenn der Mohrbacher das Kind mit dem Rohrstock drannahm. Herr Mohrbacher liebte den Bambus, dabei wächst der gar nicht bei uns. Immer zwei gab's auf die linke und dann auf die rechte Hand. Fürs Zurückziehen einmal mit Zusatzzahl; Herr Mohrbacher drückte sich gerne so aus, vielleicht weil er beim Herrn Rauch Lotto spielte.

Wieso stellt sich der Laurenz mit dem Herrn Lehrer so gut, fragte sich das Kind. Der saß doch in der ersten Reihe, und er gehörte zum *Lumbezeisch*. Das Lumbezeisch wohnte in der Fohnbach. Dort kamen alle unter, die nichts schaffen wollten und hinten im Hof einen Hasenstall hatten. Die Oma und all die guten Leute vom Haustel konnten die aus der Fohnbach nicht leiden. Oma hatte einen Wahlspruch, und den sollte das Kind immer beherzigen: *Schaffsd de was, dann haschd de was, haschd de was, dann bischd de wer. Oder halt umgekehrt: Schaffsd de nix, dann haschd de nix, haschd de nix, dann bischd de nix.*

Das Kind lernte den Spruch auswendig; vielleicht kam er ja einmal in der Schule dran. Ins Grübeln kam es dabei. Dem Laurenz sein Vater ging in die Schuhfabrik und fütterte mit Löwenzahn seine Stallhasen. Sein Sohn roch nach Hasenstall, und gegen das sechste Gebot verstieß er auch. Nur wusste der Herr Mohrbacher nichts davon. Der lachte mit dem Laurenz gar, weil der so lustig antworten konnte. Ob der Herr Lehrer auch gelacht hätte, wenn er die Sprüche vom Laurenz gehört hätte? – „In der Nacht, in der Nacht, wenn der Büstenhalter kracht, wenn der Bauch explodiert, kommt das Männlein rausmarschiert.“ – Richtig säuisch war der Laurenz, aber dem Lehrer lachte er frech ins Gesicht.

Dem Herr Mohrbacher sein Haus lag gegenüber Kerns Burg. Die Sache mit der Burg stammte vom Herrn Lehrer. Der Vati ärgerte sich sehr darüber. Der Mohrbacher sei nicht hinten wie vorne; vor ihm müsse man sich in Acht nehmen; ihm ginge man lieber aus dem Weg. Wie sollte das Kind dem Herrn Lehrer aus dem Weg gehen, fragte es sich. Der lehnte ja vorne am Lehrerpult, und dann schritt er noch die Reihen ab, und mit dem Bambus tippte er einen an: 25 und 25 ist …? 75 weniger 25 ist …?

Im Garten des Herrn Mohrbacher stand ein Kirschbaum, der gleiche wie der hinter Kerns Burg. Schwarzkirschen, die beste Sorte, und die beiden Bäume mit ihren schwer behangenen Ästen richtig hoch. Das Kind kletterte gerne hoch in den Baum. Der Vater hielt die an den Ast gelehnte Leiter fest und spornte sein *Jaköbl* an, hoch und höher zu steigen. Ganze Körbe machte das Kind voll, und die standen auf dem Gras des Gartens nebeneinander. Die Spatzen durften doch nicht all die schönen Kirschen fressen!

Nach der letzten Freitagsstunde fragte der Lehrer das Kind, ob es auch mal bei ihm in den Baum klettern und ernten wolle. Das Kind wollte eigentlich lieber nicht. Beim Mittagessen fragte es die Eltern um Rat. Die Mutti war fürs Helfen; sie seien schließlich Nachbarn. Der Vati wollte von der guten Nachbarschaft mit dem Lehrer nicht wissen. Der könne ihm, wie alle Schullehrer, gestohlen bleiben. Man muss Vater und Mutter gehorchen, heißt es im vierten Gebot, aber wem nun der beiden? Das Kind dachte an den Montag, und dann fiel es ihm ein.

SABA und Stadt Gottes

In der Mozartschule hatte ihm der Herr Lehrer Bott das Lesen beigebracht. Die Mutter ermahnte das Kind, den Namen eines Lehrers immer ordentlich auszusprechen. Ja nicht wie der große Bruder, der vom *Bodschamber* sprach. Der *Bodschamber* war doch der Nachttopf, und den Sohn des Herrn Lehrers, den Helmut, den ärgerte der Sepp auch. Das beim Herrn Lehrer Bott gelernte Lesen half aber gar nicht, um am Samstag die zwei Zeitschriften und das Kirchenblatt im Unterdorf richtig zu verteilen. Auf den Briefkästen stand ja nicht drauf, welche Zeitung einzuwerfen war. Das Blättchen bestand aus einem einzigen gefalteten Blatt, *der pilger* sah wie eine Zeitung aus, und das Titelblatt der *Stadt Gottes* glänzte. Alle drei passten in Muttis große, braune Einkaufstasche. Der große *pilger* lehnte hinten an, darauf *Die Stadt Gottes* und auf der *Stadt Gottes* kam das Anzeigenblatt von Sankt Josef zu liegen. Hochzeit, Taufe, Beerdigung, Totenandacht, mit Zeit- und Ortsangabe, dazu die Messen sonn- und werktags. Warum *der pilger*, obwohl doch ein Hauptwort, klein zu schreiben war, wusste der Herr Lehrer Bott nicht zu sagen. Er bezog ja auch nur das Kirchenblatt. Wer alle drei bekam, konnte sich *von* schreiben, so die Mutter, wenn sie das Verteilen noch einmal übte, bevor ihr Jüngster loszog.

Am Steinernen Kreuz fing sein Weg durchs Dorf an. Dort wohnte in den drei Stuben, die die Großeltern einmal bewohnt hatten, der Herr Edrich. Herr Edrich hieß das Kind manchmal in die Wohnstube eintreten und zeigte ihm seine Schlangen. Die lagen in einem Glaskasten zwischen dürren Ästen und Farn. Das Kind musste ganz genau hinschauen, um eine zu entdecken. Manchmal sah es zuerst ein braunes Blatt, aber dann bewegte sich langsam das lange Tier, und das Blatt entpuppte sich als sein Kopf. Eine kleine Zunge schlängelte sich heraus, ganz so eine, wie sie der Teufel besitzt. Herr Edrich nahm einen Stock, langte in den Glaskasten und fischte eine Natter heraus, die er in seine ausgebreiteten Hände nahm, um dem Kind zu zeigen, wie lange so ein braun geflecktes Schuppentier sein konnte. „Willsche die mol halde? Die dud der nix." Das Kind wollte lieber nicht.

Der *Braunesepp* spritzte mit dem Schlauch gerade seinen großen Schulbus und den kleinen Reisebus ab. Schräg gegenüber von Brauns öffnete das Kind das schmiedeeiserne Tor und ging durch den abschüssigen, grob gepflasterten Hof in die Werkstatt von Herrn Knieriemen. Der Spengler schweißte an einem Hoftor, gerade so eins wie das vom Kind eben geöffnete. Neben dem Knieriemen seinem Haus kam die Kohlenhandlung mit dem lustigen Namen „Hermann German“. Aus Schehls Autowerkstatt gegenüber trat der Sohn heraus und nahm das Kirchenblatt in seine ölverschmierte Hand. Das Kind bewunderte ihn, denn er stand sonntags im Tor des FC. Dann hatte er Handschuhe an und das war gut so; denn sonst würden ihm die auf sein Tor gedroschenen Bälle nur so durchgerutscht sein.

Drei Abnehmer seiner Zeitungen wohnten im Hof, darunter die Dillingers. Es fürchtete diesen Hof, denn ein an eine lange Kette gelegter Schäferhund bewachte ihn. Schlug der *Pascha* an, kam Frau Dillinger heraus, schalt den Hund und nahm die fromme Post vom *Biewel* dankend entgegen. Das Biewel dankte auch, sah es sich doch mit diesem Wort in die Nähe der Bibel gerückt. Für Dillingers Stallungen interessierte es sich sehr, seit es einmal gesehen hatte, wie Dillingers Gaul aus dem Hintern einen schmierigen weißen Sack plumpsen ließ. Der aufs Stroh gefallene Sack platzte auf, ein Fohlen streckte seinen Kopf heraus und die Stute schleckte den Kopf ab, als wäre es eine Kugel Eis vom Café Wilhelm.

Die *Boo Els*, Mutters Freundin, nahm ihm alle drei Blätter ab. Das Kind klingelte an der Seitentür, und die *Els* machte auf. Die von der Hauptstraße ins Geschäft „Wolle und Handarbeiten“ führende Tür war schon verschlossen. Die *Els* gab ihm ein Bonbon oder ein Schokoladenrippchen. Zu Keilhauers ging das Kind gar nicht gerne hinein; das um die Ecke gelegene Haus roch säuerlich nach geschnittenem Holz, ein dem Kind lieber Geruch, jedoch waren die Bretter zu Särgen verarbeitet, und die auf dem Boden stehenden Kisten schreckten das Kind. Den mit Hobelspänen bedeckten Boden des Sarglagers musste es durchschreiten, bevor es klingeln konnte. Meist öffnete einer der Zwillinge, die mit ihm in dieselbe Klasse gingen. Die Keilhauer-Zwillinge saßen in der Bank schräg vor dem Kind. Mit ihnen im Pausenhof einmal Nachlauf zu spielen wie mit den anderen, wollte es nicht.

Dann kam die Verkaufsstube des Zigarrengeschäfts, wo es für den Vati die „Weißen Raben“ kaufen musste. Zwei Stufen runter ging es, und das Kind trat vor den Verkaufstresen des Herrn Rauch. Auf dem Tresen stand ein kleiner Turm und daraus züngelte eine Flamme. Wie das ewige Licht in der Kirche, dachte das Kind. Im Café Wilhelm gab es das beste Eis und die Java-Torte. Einmal würde das Kind erfahren, wie die Java-Torte schmeckt. So eine Torte, das seien *Ferz*, befand seine Mutti, aber das Kind, das ihr sonst aufs Wort hörte und alles glaubte, konnte nicht glauben, dass eine so prächtige Torte nach einem stinkigen Furz schmecken sollte. Nach der Unterkirche kam der Papierladen vom Herrn Babilon. Einmal würde das Kind hier heimlich ein Heftchen *Falk und Bodo* kaufen. Vielleicht nach Ostern; denn in der Karwoche bekam es beim Zeitungaustragen manches Zehnpfennigstück geschenkt.

Der *Knochekall* nahm ihm *Die Stadt Gottes* und das Kirchenblättchen ab. Dafür gab es ein Stück Lyoner, das der Karl eigenhändig mit dem Messer aus der Pelle schälte. Dem Kind schmeckte die Lyoner gar nicht mehr recht, seitdem es in der Einfahrt der Metzgerei, der *Metz*, einmal ein Schwein gesehen hatte, das eben noch quiekte und plötzlich, wie vom Blitz getroffen, umfiel. So musste es dem kleinen Wildschwein im Hof von der Magda ergangen sein. Der Karl, mit Gummistiefeln und einer weißen Plastikschürze angetan, hatte dem vom Metzgergesellen an den Ohren gehaltenen Schwein einen Keil an den Kopf gehalten, und dann geriet das arme Tier tot. *Do werd die Wuzz geschlacht, Do werd die Worscht gemacht.* Das Lied, das die Erwachsenen sangen, wenn es lustig zuging, klang dem Kind im Ohr.

Bei Geenens, der Verwandtschaft, kamen wieder alle drei Sachen ins Haus, *der pilger*, *Die Stadt Gottes* und das Kirchenblatt. Geenens gingen viel in die Kirche und verkauften Fernseher von SABA und Radiogeräte von BRAUN. Im ältesten Haus vom Dorf wurden die neuesten Sachen verkauft! *Es Bläddsche* nahm eigentlich jeder im Dorf, nur einer bekam es nicht, und der wohnte mit seiner Schmiede ausgerechnet im Hof vom *Kernsepp*. Beim Sepp, dem mürrischen, alten Mann, stand das schwarze Pferd vom Fabrikant Servas im Stall, und einmal hieb der große Gaul dem Kind den Schweif quer übers Gesicht.

Neben dem Pferdestall hämmerte Herr Szonn. Herr Szonn kam aus der Zone, daher der Name. Er war ein Flüchtling, hatte das Kind aufgeschnappt, und er ging in die Kaffeemühle. So nannten alle im Dorf die Kirche der Evangelischen, ein eckiges Gebäude, mit einer Kuppel, darauf ein Kreuz. Wäre am Kreuz eine Kurbel befestigt, fertig wäre die Kaffeemühle. Der Schmied machte den Gäulen des Dorfs die Schuhe, das waren die Hufeisen. Im Hintergrund seiner Werkstatt glühten die Kohlen. Herr Szonn hatte eine Lederschürze um. Das offene Feuer brannte auf der Höhe seines Bauchs. Mit der langen Kneifzange griff er ein Eisenstück und legte es in die roten Kohlen hinein. Geriet das Eisen langsam rot, nahm er es heraus und ging damit vor seinen Schuppen. Da stand sein Amboss, und nun brauchte er seinen Gehilfen. Der nahm die Zange, stellte das glühende Eisenteil auf dem Amboss ab, und der Schmied bearbeitete es mit dem Hammer. Einmal auf das Eisen klopfen, dann auf den Amboss, immer abwechselnd. Eine Melodie entstand, die im Unterdorf zu hören war.

Erst musste eine Rundung her. War das Eisenstück halbrund, klopfte der Schmied es in die Breite. Jetzt nahm er einen dicken Nagel und schlug Löcher in das abgeflachte Eisen. Er tauchte es in den Wassereimer, und es zischte. Das eben noch glühende gebogene, gelöcherte Eisen trieb Herr Szonn nun mit Hammer und Nägeln auf den Huf vom *Servasferdi* seinem Pferd. Der Geselle hielt derweil das abgeknickte Pferdebein und sprach dem Tier beruhigend zu. Jetzt musste das Kind aber schleunigst heim, Kaffee trinken und Kranzkuchen essen. Um fünf Uhr begann die Samstagsabendandacht, und es musste dienen.

Blutwunder

Bei der Familie Wafzig musste das Kind weder den *pilger* noch die *Stadt Gottes* noch das Kirchenblättchen reinbringen. *Es Bläddsche* nahm doch eigentlich jeder. Beim Herrn Szonn wusste das Kind den Grund, der ging zu den Evangelischen. Aber warum bekamen Wafzigs nichts? Die Anneliese und die anderen sind exkommuniziert, sagte die Mutter. Ein so schweres Wort hatte das Kind noch nie gehört. Und dann verwirrte es noch der Vater mit seinem Satz, die seien *blemblem*, die gehörten auf die Landeck. Das Kind wusste, auf der Landeck ist keine Burg mehr, sondern die Irrenanstalt. Die Mutter sprach vom Versündigen. Wer die Mutter Gottes getroffen haben wolle, den hole der *Deichhinger*. Im Katechismus vom Petrus Kanisius stehe es drin.

Die Oma erklärte dem Kind das Exkommunizieren. Alle aus dem Haus dürften nicht mehr die heilige Kommunion sonntags empfangen. Und warum, fragte das Kind. Weil die Frau Wafzig erzählt habe, sie könne ein Blutwunder machen.

- „Aber der Herr Pfarrer Ackermann verwandelt doch auch jeden Sonntag dem Jesus sein Blut in Messwein."

- „Der darf das, dem hat das der Bischof Isidor Markus Emmanuel aus Speyer erlaubt."

- „Und warum erlaubt er der Frau Wafzig nicht das Wundermachen?"

- „Die ist doch kein Herr Pfarrer, und außerdem spinnt die. Die sagt, die Maria Mutter Gottes ist ihr begegnet."

- „Wo ist ihr die Maria begegnet?"

- „Ja hinten, im Leiterstal, überm Friedhof. Aber das behauptet sie ja nur."

- „Und warum behauptet die das?"

- „Die will sich bloß wichtigmachen."

Durfte das Kind mit dem Heinrich aus dem Haus von der Frau Wafzig jetzt nicht mehr spielen? War der Heinrich auch exkommuniziert? Gehörte der auch auf die Landeck? Dem Jungen fiel beim Heinrich nichts

Besonderes auf. Der machte sogar Späße über seinen eigenen Vater, den Maurer. Der Herr Wafzig dürfe zu Hause im Bett bleiben, sobald es viel regnet. Heinrich sang ein Lied: „Weine nicht, wenn der Regen fällt, dam, dam, dam, dam. Denk dran, es gibt Schlechtwettergeld, dam, dam, dam, dam." Das würde sein Vati immer singen. Der Junge traute sich nicht, den Heinrich zu fragen, ob es ihm leidtäte, dass er die Heilige Hostie nicht mehr empfangen durfte. Er hätte ihn auch gerne gefragt, wie er es mit der Sünde und der Beichte und der Vergebung machte. Denn wer nicht mehr zur Kommunion darf, darf auch nicht mehr beichten, hatte die Oma das Kind gelehrt. War das Beichten ein Dürfen oder ein Müssen, fragte sich das Kind, aber nur so für sich.

Das mit dem Blutwunder ließ das Kind nicht los. Es wollte Genaueres wissen. Oma erzählte dem Kind von der Frau Wafzig vorm Einschlafen. Die Anneliese habe einmal einen schweren Unfall gehabt. Ein Motorrad habe sie überfahren. Beinahe wäre sie tot geblieben. Man müsse beim Überqueren der Hauptstraße immer aufpassen. Die Mutter Gottes habe die Anneliese aber wieder gesund gemacht. Nicht ganz gesund, denn die Anneliese würde immer mal wieder zittern. Sie sei aber der Mutter Gottes sehr dankbar. Keine Marienandacht habe sie ausgelassen, in jede Messe sei sie gegangen. Sie habe es ja auch nicht weit gehabt, von der Haustelstraße bis zu unserem Herrgott.

Die Oma sprach immer von „unserem Herrgott". Das Kind wusste nicht genau, von wem sie sprach. Meinte sie den Jesus, der am Kreuz zwischen ihren beiden Betten hing? Oder die an die Decke überm Altar gemalte Taube, in die sich der Heilige Geist verwandelt hatte? Oder den Gott Vater, von dem das Kind nicht mal wusste, wie er aussah? Jesus, Maria und Josef, die kannte es von der Weihnachtskrippe her. Die stand bis lange nach Weihnachten in der Nische von Sankt Josef, hinter dem Taufbecken. Maria mit dem Kopftuch, Josef mit seinem Bart und dem Hirtenstab und das nackige Jesuskind in der Krippe, das wie die Puppe von der Marianne aussah und die Arme hob, als wolle es hochgehoben werden.

Warum jetzt plötzlich die Anneliese wie unser Jesus am Kreuz blutende Wunden an den Händen und an den Füßen haben wollte? Die Oma konnte es sich nicht erklären. Der Pfarrer Ackermann habe von Humbug gesprochen und allen im Dorf verboten, mit der Anneliese zur Grotte im Leiterstal zu ziehen, wo ihr die Jungfrau Maria vor aller Augen erscheinen wollte. Weil die Kolpingjugend den mit der Wafzig ins Tal ziehenden Leuten den Weg versperrt habe, habe die Anneliese die Maria nun in der Haustelstraße erscheinen lassen wollen. Wer ist denn die Kolpingjugend, wollte das Kind wissen. Und dann fiel ihm ein, die Maria wäre ja um die Ecke erschienen. Ja, um die Ecke, wenn alles wahr wäre, aber es sei ja Humbug, ein bisschen wie die *Faasnaachd* gewesen.

An Fasnacht verkleidet man sich als Cowboy oder Indianer. Ob die Leute denn auch verkleidet gewesen seien? Nein, nicht verkleidet, aber alle mit einem komischen Gesichtsausdruck, als wären sie nicht ganz bei sich. Den Rosenkranz hätten sie gemeinsam gebetet, die sechzig Leute, die sich in das kleine Haus von der Frau Wafzig ihren Eltern gezwängt hätten. Ein richtiges Narrenhaus sei das gewesen. Und ein falscher Pater sei auch dabei gewesen, der habe das Blutwunder dann fotografiert. Ein fotografiertes Blutwunder, das Kind war ganz außer sich, und jetzt, wo es doch eigentlich gleich einschlafen sollte.

Ob die Oma das Bild gesehen habe? Nein, aber die Paula habe es beschrieben; die Nachbarin von der Paula sei bei dem Spektakel dabei gewesen. Auf einem Tuch habe sich ein roter Fleck gebildet. Daraus sei ein Kelch geworden und darüber eine Hostie, und in der Hostie ein Kreuz, und alles aus frischem Blut. Als das Blut auf das kleine Leintuch getropft sei, sei ein Brausen in der Luft gewesen, Paulas Nachbarin habe es deutlich gehört und das Blut sogar gerochen.

Sonst erzählte die Oma vorm Einschlafen immer Geschichten aus dem Alten Testament. Auch da kamen mal ein Brausen und Blut vor. Zum Beispiel beim Josef, dessen Gewand blutig war, weil ihn angeblich ein wildes Tier gerissen hatte. *Und seine Brüder zeigten das blutige Hemd dem Jakob, und es war bloß Ziegenblut und der Vater Jakob weinte laut.* Mutter stand plötzlich in der Tür und schimpfte mit der Oma. Sie solle endlich mal mit dem ewigen Erzählen aufhören. „Moje früh isch die Naachd rum“, und der Herr Lehrer Bott wolle kein verschlafenes Biewel vor sich haben.

Schlüsselapfelbaum

Wenn der Maikäfer wieder da war, freuten sich die Kinder. Im Garten grünte alles, die Stangenbohnen, das Kartoffelfeld, die Johannisbeeren, die Brombeerhecke, der Rhabarberstrauch, die Erdbeerpflanzen, die Pfefferminze, die Petersilie und der Schnittlauch. Das ganze Grün roch so frisch, der hinter dem Gemüsegarten liegende Hühnerhof war gar nicht mehr zu riechen. Den Maikäfer kannten die Kinder aus dem Buch, das in Versen lustige Geschichten erzählte.

„Jeder weiß, was so ein Mai-
Käfer für ein Vogel sei."

Die Zeichnungen des Buchs, einmal bunt, einmal schwarz-weiß, zeigten Onkeln und Tanten mit komischen Mützen, denen ein Brüderpaar Streiche spielte. Jetzt aber war der Maikäfer wirklich da, in Massen.

Man hörte ihn schwirren, sobald es langsam dunkel wurde, und die Mädchen aus der Kinderschar, wenn es über ihren Köpfen brummte, hatten so wunderbar Angst. Die *Fiecher* von den Sträuchern abzulesen, als wären sie zu erntende Früchte, war eine Mutprobe für die Jungen. Sie anzufassen, kostete Überwindung. Man musste mit zwei Fingern rasch zupacken, bevor das krabbelnde Tier seine Flügel öffnete und davonflog. War es gepackt und vom Blatt gehoben, kam es, seine Beinchen wie Fühler hilflos bewegend, in den Schuhkarton. In den Deckel und die Seitenwände des Kartons bohrten die Jungen mit ihrem Taschenmesser kleine Löcher. Der Schuhkarton war mit Birkenblättern angefüllt, sodass sie ihre Beute gar nicht recht zu sehen bekamen. Wer hatte am meisten gesammelt?

Den Maikäfer zu *uzen*, war auch eine Mutprobe. Die Kinder versteckten sich hinter den Hausecken, wenn die Müllabfuhr kam. Ein Lastauto mit einem orangefarbenen Führerhaus und einem Anbau, der wie ein querliegender Rieseneimer aussah. Im Deckel des Eimers klaffte in Mannshöhe ein Loch. Der Maikäfer trug den Mülleimer vom Gehweg zu dem wartenden Laster, schlug den Deckel zurück, wuchtete den Eimer hoch und entleerte den Inhalt in die Öffnung des Kippers. Das Rumpeln des purzelnden Mülls, das Brummen des laufenden Motors, das Scheppern der hastig an den Straßenrand zurückgeschobenen Tonnen - die Kinder mussten laut rufen, damit der Müllmann sie hörte. „Maikäwer, Maikäwer!“ Die Kinder hielten sich versteckt, spähten aber hinter den Straßenecken hervor. Was man nicht verpassen durfte, war der Moment, in dem der Müllmann nicht mehr an sich halten konnte. Nun hieß es abhauen. Nur einem der Weglaufenden konnte er nachsetzen, und manchmal unterließ er das Nachlaufen gar; das war richtig enttäuschend. Holte er ein Kind ein, gab es heftige Ohrfeigen, die es mit den über dem Kopf gekreuzten Armen abzuwehren versuchte. „De Maikäwer schlaad disch halb dood“, sagten die Eltern, um den Kindern das Spiel zu verleiden. Die trugen dem Maikäfer nach, dass er ihnen im Winter immer den Spaß verdarb, wenn die Freiheitsstraße oder die am Schlüsselapfelbaum ihre Rodelbahn war, und er Asche auf den gefrorenen Schnee streute, „weils de Chef gesaat had“.

Der Müllmann wohnte im *Aamehaus*. Das Haus für die Armen, unverputzt, aus dem roten, heimischen Sandstein, mit seinem Aufgang in der Mitte und den drei übereinanderliegenden Wohnungen links und rechts des Treppenhauses, stand am Anfang des kleinen, von der Hauptstraße abzweigenden Seitentals. Die Talsohle war schmal, die gegenüberliegende Wiese abschüssig, der kleine Bach vor dem Armenhaus in eine Rinne gefasst. Das Haus lag im Schatten. Omas Bauernhof daneben schloss wenigstens mit der Längsseite zur Hauptstraße und dem viel breiteren Haupttal ab. Nur die Querseite mit ihrem Fenster und die Hofeinfahrt mit den Stallungen gehörten zur dunklen *Linnerschbach*.

Der Müllmann neckte die Oma gerne. Traf er sie auf der Straße an, kam nach der Begrüßung gleich: „Doj Heisel grie mer aa noch.“ Die Oma lachte dann, aber zu Hause schimpfte sie: Der Kerl wähle KPD; der lebe auf Kosten der Gemeinde; der wolle nichts arbeiten, aber teilen, das wolle er. Der lebe nach dem Motto *Nemme du isch gern, isch möschd awer aa han.*

„Vaddi, was ischn de Kommunismus?“, fragte das Kind. „Wenn alle Leid arm sinn, un des, was do isch, alle geheerd. Wie bei de Schulschweschdre.“ Die man Schulschwestern nannte, wohnten im Schwesternhaus gleich neben der Kinderschule, Nonnen, mit ihrer schwarzen Kluft und Kapuze, dem Haar und Stirn bedeckenden weißen Tuch und dem Rosenkranz seitlich der Kutte. Das Kind fürchtete sich vor ihnen.

Die Biebermühle

Es fingen wieder die großen Ferien an, und nun ging es tagsüber ab ins Schwimmbad. Seine Freunde besaßen alle ein Fahrrad und radelten bequem dorthin. Das Kind musste seinen Tretroller nehmen, um auf die Biebermühle zu kommen. Vom Haustel runter ins Unterdorf, das ging noch einfach, aber dann kam die lange Strecke durch die Hauptstraße, und die Bundesstraße war noch gar nicht erreicht. Das Leiterstal mit dem Friedhof ging rechts ab, bevor der Judde-Friedhof mit seinen kreuz und quer liegenden Grabsteinen kam. Im Edeka gegenüber hatten der Willi und das Kind aus den im Hinterhof gestapelten Bierkästen einmal ein paar leere Flaschen gestohlen, an der Kasse abgegeben und mit dem Pfandgeld zweimal Domino-Eis gekauft. Die Sache war beim Kaplan Mohr gebeichtet, also war die Sünde gar keine mehr.

An der Kreuzung hinter dem Fußballplatz hatte Onkel Hans sein neues Geschäft eröffnet: Aral-Tankstelle und Fiat-Werkstatt in einem. Die Kartonage-Fabrik APO, die Apostelmühle, lag schon außerhalb der Ortschaft und vor der Kurve, die gar nicht aufzuhören schien. Die Gaststätte mit dem an einen Tisch erinnernden, querliegenden Mühlstein vorm Eingang, der Bahnhof Biebermühle mit seinem gepflasterten Vorplatz und den kasernenartigen vier, fünf Häuser daneben, das Elektrizitätswerk an der Abzweigung Richtung Eschwiller: Die Strecke war geschafft.

Am liebsten wäre ihm gleich ein Eis in der Waffel gewesen; Schokolade, Erdbeere und Vanille. Die Eistruhe mit dem Fürst Pückler stand neben dem Kassenhäuschen. Aber das Kind war von der Mutter zum Haushalten mit dem Zweimarkstück aufgefordert. Der Eintritt, die Bluna, das Eis - alles zusammen war nicht zu haben. Gerhard musste nicht haushalten; mit seinem orangenen Capri machte er einem den Mund wässerig. Gerhard konnte auch am meisten mit dem Ball. Daher durfte er bestimmen, wo die Handtücher zum Auslegen hinkamen. In der hinteren Ecke ging die Liegewiese bald in die mit Brennneseln bestandene Böschung der

Rodalb über, da wäre der beste Platz, befand Gerhard. Aber vor dem Fußballspiel erst einmal hinein ins hellblau gekachelte Bad!

Ohne zu duschen, darf man nicht schwimmen. Die kalte Dusche, eine Mutprobe, fast wie bei den Soldaten. Das Kind rannte zweimal unter dem Brausestrahl durch. Es stieg die in die Seitenwand eingemauerten Stufen zum Schwimmbad hinunter. Die ersten paar Meter kraulte es auf dem Rücken liegend. Es drehte sich um und wollte das Brustschwimmen anfangen. Der gegenüberliegende Beckenrand schien ihm plötzlich weit weg. Die Kraft in den Armen und Beinen verließ es. Am vor ihm schwimmenden Berti wollte es sich festhalten, aber der wehrte es ab. Das Kind kam aus der Waagrechten in die Senkrechte. Wie man schwimmt, war ihm entfallen. Das ruhige Aneinander und Auseinander von Händen, Armen und Beinen war einem hektischen Um-sich-Schlagen gewichen. Den Beckenrand zu erreichen, es gelang ihm irgendwie. Viel Wasser war dabei zu schlucken.

Nach dem missglückten Schwimmen ein ebenso verunglücktes Fußballspielen. Das Kind stellte sich freiwillig in das aus zwei geknäulten Handtüchern bestehende Tor. Wer stellt sich schon selbst ins Tor? Aber besser auf wackeligen Beinen zwischen den Pfosten stehen, als im Feld gegen Gerhard und seine Tricks spielen. Der nahm den Ball mit rechts unter die Sohle, und wer ihm den abnehmen wollte, drosch ins Leere, denn der Gerhard zog das Leder blitzschnell zurück, legte sich den Ball hinter seinem Rücken nach links und dann kam der Schuss mit dem Spann. Solche Schüsse gelten als unhaltbar, weil sie nur spät zu sehen sind. Berti lag fünf zu zwei hinten, und das Kind hatte sieben Tore gefangen. Man sagt gefangen, obwohl der Tormann die Bälle gerade nicht gefangen hat. Die Fußballersprache, etwas für Eingeweihte, sagte der Vati, wenn er mit dem Kind samstags vorm Radio saß.

Die Jungen hatten das Ballspielen satt. Mit ihren Handtüchern legten sie sich hinter die von der Susi und der Sophie eingenommenen Plätze. Die beiden zogen sich in der Umkleide um, nicht wie die Jungs unterm Handtuch. Die Mädchen spielten Federball, und vielleicht durfte man eins mal mit dem Sonnenöl eincremen. Nur der Rücken bis zur Bikinihose und auf keinen Fall vorne und auch nicht die Beine! Einmal lag das Kind hinter der auf dem Bauch liegenden Susi und betrachtete ihre Beine. Da sah es die aus ihrer Bikinihose herausschauenden Haare. Hatte es schnell genug weggeschaut? War das wieder ein Fall für das Beichten? *In Demut und Reue bekenne ich meine Sünden?*

Das Kind kaufte sich eine Limonade. Die Limo und der mit Mayonnaise bestrichene, mit Salami und mit Gurken belegte Doppeldecker von der Mutti, eine Wucht! Nachdem es sein Brot gegessen hatte, ging das Kind nochmal schwimmen, diesmal im Nichtschwimmerbecken. Seine Freunde machten sich über es lustig. Aber das mache ihm gar nichts aus, dachte sich das Kind, ebenso wenig wie das Spotten beim Aufbruch und Bertis Kommentar, man könne auf ihn nicht warten.

Das Kind schiebt seinen Roller die Schräge neben der Kasse hoch, dann vor bis zur Kreuzung. Ein Junge überquert die Straße, während ein Auto, von der Biebermühle kommend, heranrauscht. Der Junge bleibt inmitten der Fahrbahn stehen, und das Auto umkurvt ihn. Er wankt an den Straßenrand, setzt sich in den Chausseegraben und muss kotzen.

Verräter, Verwandtschaft

Brauchte der Vati seine Ruhe, hieß es: ab in die Kirche. Messe, Andacht war immer, und immer läuteten die Glocken von Sankt Josef dazu. Maiandacht, Rorate-Andacht, Totenmesse, Kindergottesdienst. Manches zog sich bis in den Abend oder fing gar erst abends an. In der Adventszeit durfte das Kind wenigstens eine Kerze mitbringen; die war mit ihrer Halterung auf der das Gesangbuch haltenden Schräge anzuklemmen; das Wachs ließ sich kneten. Weniger langweilig war es, wenn man als Messdiener tätig war. Man „diente", wie die Oma sagte, und konnte die Messdienerwitze im Ministrantenblatt lesen. Fritzchen zur Oma, beide sitzen vorm ewigen Licht: „Oma, wann wird's denn endlich grün?"

Sonntagmorgens ging Vati wenigstens mit. Hatte das Kind keinen Altardienst, saß es auf der Männerseite vorne, derweil der Vater ganz hinten in einer Traube mit anderen Vätern stand. Der Kirchenschweizer, der *Schmidfilp*, schritt vor dem Messebeginn die Bankreihen ab. Er hatte seinen mit einer silbernen Kugel gekrönten Stab in der Hand und eine mit einem schmalen, steifen Rand versehene runde Mütze auf. Gekleidet war er in ein knöchellanges Gewand mit einer auf dem Boden schleifenden Borte, eine Kleidung, deren Farbe ebenso wechselte wie die des Herrn Pfarrers. Auch der lustige Deckel auf seinem Kopf wies im Laufe des Jahres immer andere Farben auf. Sobald er Unordnung in den Bänken wahrnahm, stieß er seinen Stab wütend auf. „Runner mit de Fies vun de Bäng!" hieß dann sein Spruch, den Vati bei jeder Gelegenheit wiederholte.

War die Bankreihe links in Ordnung gebracht, kam der *Schmidfilp* an der Männertraube vorbei, bevor er die Bankreihe rechts mit den Frauen musterte. Er passierte Vatis Rücken und Vati steckte ihm, ohne den Blick vom Altar zu wenden, mit geschlossener Hand die Sonntagszigarre zu. Der Kirchenschweizer war arm, und er war Verwandtschaft. Und dass die Schmitts einmal von *Parijß* zurückgekommen waren, wo ihr Vater in der Erde gegraben hatte, damit die unterirdische Eisenbahn fahren konnte, erfuhr das Kind noch. Erst wenn der *Schmidfilb* mit seinem Stab das

Zeichen gab, konnten der Pfarrer Ackermann und seine Messdiener mit dem Hochamt beginnen.

Die Messe am Sonntag dauerte lange. Es gab Predigt, Weihrauch und Orgelmusik. Am Ende des Hochamts erklang die Orgel besonders laut, so schien es dem Kind. Die ersten Töne des Schlusslieds gaben den hinten stehenden Männern das Aufbruchssignal. Kam das Kind aus der Kirche heraus, stand sein Vater plaudernd in einer Gruppe anderer Väter. Man löste sich auf, und Vati ging mit seinem *Jaköbl* als Begleiter die Tante besuchen. Die kränkelnde Tante wohnte im Hinterhaus. Durch den dunklen Flur ging es an Geenens Geschäftsräumen vorbei. Dann kam das Quadrat eines gepflasterten Hofs, an dessen Wand die Holztreppe steil nach oben ging. Das Zimmer war von einem nach hinten laufenden, mit einem Geländer versehenen Flur aus zu betreten. Durch die Ritzen der Bohlen sah das Kind den darunter liegenden Hof.

Das eingefallene Gesichtchen der Tante unter dem streng nach hinten gekämmten Haar und dem Dutt auf dem Hinterkopf ließ das Kind an einen Vogel denken, den es noch nie gesehen hatte. So muss ein Wiedehopf aussehen, dachte es. Vom „Anstandsbesuch" sprach der Vati, war der Besuch vorbei. Vater und Sohn schritten durch den dunklen Gang auf die Straße zurück. Vati wies auf den großen Schrank an der Wand, der im Schummerlicht kaum zu sehen war. Das Trumm wies in der rechten Tür einen Spalt auf wie die Ritzen zwischen den eben beschrittenen Bohlen. „In dem Schrang hat sich de Urongel vor dene Soldade versteckt", sagte der Vater. „Die han mim Säwel in die Deer gestoch, und dann warer verletzt un had geschrie. Des had ne verrod. Sei Mudder had die Soldade aageflehd, ihn ned zu erschiese. Speder is er no Ameriga ausgewannerd. In Ameriga haschd de also a Verwannschafd, e reischer Ungel."

Die Soldaten sind doch die Guten, dachte das Kind, und wer sich verraten hat, ist ein Verräter. Gab es in der Verwandtschaft Verräter? Die gehörten doch an die Wand gestellt und totgeschossen. Beim Karl May war's zu lesen. Jedenfalls hatte das Kind überall Verwandte, in der Steppe Amerikas, vielleicht sogar bei den Indianern, auf jeden Fall auf dem Taubenhof. Dort wohnten der Onkel Emil und die Tante Agnes. Bevor es zum Frühschoppen ging, war der Onkel abzuholen. Der lag noch im Bett, derweil aus dem Radio die heilige Messe kam. Tante *Angnes* hörte das Beten und das Singen im Rundfunk. Sie briet dabei den Rollbraten mit den Zwiebeln an und putzte den Salat. Das Kind bekam Appetit. Wie bekommt die Tante *Angnes* bloß die heilige Kommunion, fragte es sich. Onkel Emil zog den Schlafanzug aus und seine Hosen an. Die Hosenträger hingen links und rechts herunter, während er schnell seinen Kaffee trank. Ein weißes Hemd an, Krawatte um, Jacke drüber und rüber ins *Bolde*.

Das Wirtshaus hieß so, obwohl es gar keine *Witwe Bolde* gab, sondern einen Herrn Bold. Der kam extra hinter dem Tresen hervor mit seiner umgebundenen Lederschürze, um den Vater und den Onkel zu begrüßen. Auch der Wirt gehörte zu den Verwandten, wusste das Kind. Auf seinem Ausschank stand das große Glas, das wie ein Globus geneigt und voller kandierter roter Erdnüsse, den *Necherferz*, war. Das Glas stak in einem massigen Eisenring, und der wies links einen Schlitz auf, in den war der vom Onkel Emil erhaltene Zehner zu stecken. Dann den Hebel rechts runterdrücken, und die Portion Erdnüsse purzelte in eine kleine Schale. Das Kind langte hinein und klaubte die Nüsse auf.

Alle Männer des von Herrn Bold bedienten Tischs tranken Wein. Manchmal sangen sie auch: „Alle Tage ist kein Sonntag, alle Tage gibt's kein Wein." Mutti mochte es nicht, wenn Vati vom Frühschoppen nach Hause kam. Sie schimpfte über den schlechten Einfluss der Verwandtschaft vom Taubenhof. Das Wirtshausgehen war ihr gar nicht recht. „Dehäm schderwe die Leid", brummte Vater dann.

Bienenstich

Die vom Taubenhof hatten ihre Vorzüge: Statt ständig Kirchgang, Gottesdienst aus dem Radio. Hier unten ging's lustiger zu, es wurde mehr gelacht. Dafür fehlte der große Garten hinter dem Haus. Für die Hühner gab es nur einen kleinen Verschlag. Man hätte mit der aus dem Fenster gestreckten Hand nach ihnen greifen können. Das Kind konnte ihnen beim Eierlegen zuschauen. Erst gackert so ein Huhn, dann taucht das Weiße langsam auf, wird rausgedrückt und fällt auf das unter der Hühnerstange liegende Stroh.

Tante *Angnes* freute sich über den Besuch des Kindes, von Onkel Emil gab es die zehn Pfennige. In der Hauptstraße um die Ecke wohnte in einem großen Haus noch eine Lieblingstante, die *Andened.* Bei denen vom Taubenhof war nichts vorne wie hinten; ihre Namen stammten nicht einmal aus der Bibel. *Andened* war ein französischer Name, erfuhr das Kind, und die, die ihn in Frankreich getragen habe, sei sogar einmal Königin gewesen. Dick und immer schwarz gekleidet war sie, und unter der Woche konnte das Kind bei ihr ein weichgekochtes Ei essen. Ein solches Ei gab es sonst nur am Sonntag. Die Tante schnitt ein mit Butter bestrichenes Brot in Streifen und tauchte die gebutterten Stückchen in den Dotter. Dem Eigelb hatte sie mit der Spitze vom Messer noch Mayonnaise zugefügt. So schmeckte das Ei am besten.

An ihrem sechzigsten Geburtstag waren alle Verwandten da. Im großen Wohnzimmer mit seinem Erker zur Straße hin ging es laut zu. Onkel Eugen machte seine Späße. Er hatte seinen Hut schief aufgesetzt und unterhielt die Verwandtschaft. Dem Kind wies die Tante einen Platz im Flur an. Es setzte sich auf den Stuhl vor die Mäntel, so als ob es der Wachmann der Garderobe wäre. Bienenstich gab es, einen Kuchen, von dem das Kind bisher nur gehört hatte. Der Kuchen mit dem sahnigen Pudding und den gehobelten Mandeln schmeckte ihm sehr. Bienenstich – was für ein Wort, dachte es kauend. War eine stechende Biene zu fürchten?

Der Spatzenhügel, das Haus mit den unverputzten rotbraunen Quadern, hatte auch seine Vorzüge. Hier oben gab es den schönen Garten mit den Erdbeeren und den schwarzen Kirschen. Und die Oma lebte hier. Die nahm dem Kind nie etwas krumm. Einmal war sie auf ihrem an die Heizung gerückten Stuhl eingeschlafen. Ihre Hände lagen in ihrer Küchenschürze, die rechte hielt noch das Schälmesser fest. Ihr nächtliches Schnarchen, das hörte das Kind so gern wie das Rauschen der Kiefern im nahen Wald. Jetzt bekam es das Schnarchen einmal zu sehen, den geöffneten Mund, die sich hebende und senkende Brust. Es machte einen Waschlappen nass und legte ihn auf Omas Mund. Erschrocken wachte die Großmutter auf und lachte.

Die Sache mit dem Loch in der Scheibe war nicht zum Lachen. Der verglaste Balkon mit der *Scheslong* an seiner Querseite, mit dem grün-weißen, gegen die Sonne schützenden Vorhang, den zum Trocknen aufgefädelten Brechbohnen unter dem Glasdach, dem Bügeltisch zum Garten, dem Werkzeugregal zu den groben Quadern der Hauswand hin: Das war dem Kind sein Fußballplatz. Die *Scheslong* diente als Tor, die Balkonmitte als Elfmeterpunkt.

Links wie rechts muss man schießen können; der Vater wiederholte die Forderung oft. Mit dem Spann, mit dem Außenriss, mit dem Innenriss, flach, halbhoch, hoch. Mit dem Tennisball ließ sich die Übung auf engem Raum ausführen. Ein Kissen links, eins rechts waren zu treffen. Ihren Platz für den Mittagsschlaf musste die Oma räumen. Den Torhüter abzugeben, weigerte sie sich. Den kleinen Ball mit dem Spann zu treffen, gar nicht so leicht, und mit der Schuhspitze war es eigentlich nicht erlaubt. Mit der Spitze schießen, sagte der Vater, könne jeder. Dann gehe der Ball aber nur hoch und weit. Der Ball ging hoch, und er durchschlug die Scheibe. Ein Loch so groß, dass das Kind durchschauen konnte. Schnell den Vorhang vorziehen und der Oma einschärfen, der müsse nun immer so bleiben. Die Oma versprach's, und das Kind ging in den Hof runter, um an der Teppichstange weiter zu üben. Da rief ihm die Oma zu und winkte mit dem durch das Loch gesteckten Finger.

Großmutter liebte die Brosche mit dem Bild des Papstes. Das war der Mann mit dem runden, dicken Kopf und der auf dem Hinterkopf sitzenden weißen, von einem Zipfel gekrönten Mütze. Glitzernde Steinchen umrahmten das Bild auf der gewölbten, rosafarbenen Brosche. Das Kind sah sie für Diamanten an. Das Rosa der Brosche und der schwarze Mantel, an dessen Kragen das Schmuckstück geheftet war, so ging es zum Kirchgang. Der Johannes, der Dreiundzwanzigste, war dem Kind ein weiterer Sohn des *Herrgoddl*.

Der Papst hatte einen seiner Mitarbeiter nach Rodalben geschickt, das war der Pfarrer Ackermann. Er hieß der Prälat oder Hochwürden. Ganz in Schwarz gekleidet kam er ins Haus auf dem Spatzenhügel. Seinen viereckigen Hut mit der violetten Bommel bewunderte das Kind. Mit einem Besuch vom Pfarrer Ackermann konnte der Taubenhof nicht mithalten. Am Tag zuvor war die Mutter schon am Machen und Tun. Die Markklößchensuppe, der Rinderbraten, die feine Rahmsoße, die Kartoffelklöße, der in Butter geschwenkte Rosenkohl, die Bayrisch Crème zum Nachtisch - Mutter war eine große Köchin. Kochen hatte sie in einer richtigen Schule gelernt, und bis zu ihrer Heirat hatte sie dem Onkel gekocht, der auch Prälat hieß. Den Wein suchte der Vater aus. Der zum Rinderbraten passende hieß „Forster Ungeheuer“. Der Wein schmecke ungeheuer gut, versprach der Vater dem Pfarrer, aber der wusste schon Bescheid.

Der Herr Pfarrer sprach ganz langsam und mit einer tiefen Stimme. Von der Heiligen Messe her war die Stimme dem Kind vertraut. Dem Herrn Pfarrer durfte es ja manchmal am Altar dienen. „Introibo ad altare dei“, sprach der Pfarrer; „ad Deum, qui laetificat juventutem meam“, antwortete das Kind. Die gerauchten Zigarren und der Geruch von Kaffee - es duftete so gut und war bis raus auf den Balkon zu riechen, wo das Kind den Tennisball in die Kissenlandschaft schoss. Bevor Hochwürden aufbrach, segnet er die Familie. Der Abend brach an.

Zwanzig nach zwei

Als Messdiener, der dem Prälaten Ackermann am Hochaltar sonntags dienen durfte, war man wer. Das Kind verdoppelte sein Ansehen unter den anderen Kindern, dem Willi, dem Berti und dem Karl Wilhelm. Und das ging so: Sein Onkel Walter kam aus Afrika zu Besuch. Oma rechnete mit dem Besuch ihres Sohnes schon gar nicht mehr, denn er war ja schon so lange als Missionar unterwegs, und sie blieb ohne Nachricht. Dann aber hörte sie seine Stimme am Telefon des Spars von gegenüber. Er war am Frankfurter Flughafen gelandet, und Onkel Werner hatte ihn in Empfang genommen. Als die Oma seine Stimme hörte, fing sie das Weinen an. Ihr Sohn stimmte ins Weinen mit ein. Onkel Werner wollte den Walter eigentlich zum Übernachten zu sich nach Hanau mitnehmen. Stattdessen fuhr er ihn nachts noch zu seiner Mutter.

Als der vermisste Onkel vor der Oma stand, verlor die Oma die Stimme. Sie schüttelte ständig ihren Kopf, nahm seinen zwischen ihre Hände, drückte den Walter an sich und dabei weinte sie ununterbrochen. Es dauerte Tage, bis sie mit dem Kind wieder reden konnte. Sie dankte dem Judas Thaddäus, weil er ihr den Walter nach 25 Jahren wiedergegeben hatte. Es sei ihr so bang gewesen beim Warten. Es hätte dem Walter in Afrika auch ergehen können wie ihrem Paul in Russland, der vielleicht gar nicht mehr wiederkam. Walter saß mit der Oma meistens am Küchentisch. Sie legte ihre beiden Hände auf seine Hände, und dann liefen wieder die Tränen.

Onkel Walter musste nie mehr zum Missionieren nach Afrika zurück. Er durfte nun für immer hierbleiben. Nicht direkt bei der Großmutter, aber in Graz, wohin ihn sein Orden schickte. Der Orden gab ihm auch Urlaub, und den verbrachte er bei seiner Mutter, der Schwester, bei der ganzen Familie des Kindes. Auch zum Dorf und der Kirche gehörte er wieder dazu. Und sogar als Aktiver. Der Onkel saß ja nicht unten und hörte zu, sondern er stand oben und hielt die Messe. Als Pfarrer ist man eigentlich nie außer Dienst, erfuhr das Kind. Das Kind half dem Onkel beim Messehalten. Willi und Berti konnten ihn dabei nicht sehen, denn in die

Frühmesse der Marienkirche oder in die Kapelle des Krankenhauses kamen sie nicht. Das Kind erzählte ihnen von seinem Glück; es sollten die anderen neidisch werden.

Beim Altardienst hatte es keinen weiteren Messdiener neben sich. Vor der Messe zeigte ihm der Onkel die beiden zu lesenden Stellen aus dem Alten und Neuen Testament. Die las das Kind vor. Vor dem Vorlesen kam Onkels „Dominus vobiscum", und das Kind antwortete mit „Et cum spiritu tuo". Das *Confiteor* ging neben dem Onkel wie geschmiert, während das Kind beim Prälat Ackermann immer Angst hatte, sich zu verhaspeln. Beim Onkel durfte es alles machen, dem Onkel den Kelch bringen, ihm den Wein einschenkten und bei der Wandlung mit der Altarschelle klingeln. „Hoc est corpus meum"; der Onkel hob mit beiden Händen die Hostie hoch und das Kind wirbelte mit dem Handgelenk die goldene Schelle. Die Hostie bekam es vom Onkel zuerst, noch vor all den gewöhnlichen Leuten. Es folgte das *Oremus* und zum Schluss das *Benedicat vos omnipotens* mit dem Segen.

Nach der in der Krankenhauskapelle gehaltenen Messe gingen die beiden in ein kleines Zimmer mit Blick auf den Turm von Sankt Josef. Auf dem Tisch standen ein Teller mit Wurstaufschnitt, ein Teller mit Käseaufschnitt, ein Korb mit Brötchen, ein Schälchen Marmelade, eine Dose mit Butter, eine Kanne Kaffee, eine Kanne Kakao und für jeden ein Ei. Eine Nonne hatte aufgetragen und wünschte guten Appetit. Die *Weck* und die *Fietze* stammten sicher von der Bäckerei Meckes. Nach dem Herzhaften das Süße. Das Kind bestrich den gehälfteten Fietz mit Butter und Himbeergelee.

Der Onkel brachte dem Kind das Lesen der Uhr bei und nahm dafür seinen Reisewecker. Alles was vor der 30 steht, heißt „nach", alles was hinter der 30 steht heißt „vor". Klingt kompliziert und war doch zu verstehen. *20 nach 2, 10 vor 3.* Das Kind lernte noch, was *Viertel* bedeutet und *halb* und führte das Verstandene gleich der Oma vor. Wollte die Oma einen Kuchen mit Birnen backen, kletterte das Kind auf den Baum, pflückte Gravensteiner und sang das Lied vom Jungen, der bald wiederkommen sollte. Der Onkel ging im Garten auf und ab; er las sein Brevier. Ein Priester hat immer etwas zu tun, aber was da zu tun ist, gefiel dem Kind.

Messe lesen, Hostie verteilen, Segen spenden, in einem Buch lesen, Abendandacht halten. Es träumte davon, Priester zu werden.

Allein der Weihrauch am Sonntag! Es würde die Myrrhe mit dem kleinen, vom Messdiener gereichten Löffel aus dem goldenen Weihrauchschiffchen nehmen und in das vom zweiten Messdiener hingehaltene Weihrauchfass legen. Der Obermessdiener muss den von vier feinen Ketten gehaltenen Deckel hochziehen, um das Gefäß zu öffnen. Auf das schwelende Stückchen Kohle kommt der Löffel voll goldener Körner. Das wiederverschlossene und geschwenkte Weihrauchfass entfaltet den schweren Duft von Harz.

Immer gab es den Streit um das Weihrauchfass. Diesen Streit verlor das Kind oft genug. Einmal wurde Herr Matheis, der Bürgermeister, beerdigt. In der Leichenhalle hatte der Kirchendiener die Rollen verteilt. Der Josef durfte dem Herrn Pfarrer die rechte Hand sein, das Kind musste den schwarzen, mit einem Kreuz gekrönten Stab der Prozession vorantragen. Auf die Stirnseite des ausgehobenen Grabes stellte es sich hin, während der Josef eifrig das Weihrauchfass schwenkte und strahlte. Das Gesicht vom Josef wird plötzlich ganz weiß. Er knickt ein, das heilige Fass fällt und er selbst fällt auch, kopfüber ins Grab. Ein Bürgermeister bekommt viele Blumen und Kränze mit auf den Sarg. Also fiel der Josef ganz weich, und man zog ihn unverletzt aus dem Loch heraus. Geschieht dem Kerl ganz recht, dachte das Kind.

Das Messdienen bei der Beerdigung lag dem Kind nicht. Daran war die Leiche schuld. Die lag aufgebahrt in der Nachbarkabine, während das Kind das schwarze Kleid über Jacke und Hose streifte. Aber es musste an dem Toten vorbei, um mit dem Pfarrer in die Aussegnungshalle zu gehen. Es zwang sich, den Blick vom offenen Sarg wegzuwenden und nach einer Beerdigung schlief es kaum ein, obwohl die Großmutter lang und breit mit ihm betete.

Die Großmutter hatte nun zwei Biewel, nachdem ihr Sohn wieder da war, den Peter und den Walter. Einmal erzählte der Onkel dem Kind, was ihn zum Heulen gebracht hatte, als er aus Afrika zurückgekommen war und die Oma am Telefon hatte. Ihre Stimme sei es gewesen und ihre gemeinsame Sprache, das Pfälzisch.

Peterle

Als Oma wusste, dass es ans Sterben ging, war Vati noch in der Kur, Onkel Walter beim Orden in Graz. Das Kind, die Mutter und die Oma lebten alleine zusammen. Der Kaplan kam, um der Großmutter das Sterbesakrament zu bringen. Dass nicht der Herr Pfarrer Ackermann kam, war ein wenig enttäuschend. Oma war wie zum Kirchgang gekleidet. Sie hatte hinter dem Tisch Platz genommen, auf dem das Kind sonst seine Hausaufgaben machte. Auf dem Tisch lag eine weiße Decke, darauf standen ein Kruzifix und zwei silberne Kerzenleuchter. Der Tisch sah wie ein kleiner Altar aus. Die Kerzen beleuchteten den Raum, und das Kind wurde an Weihnachten erinnert. Der Kaplan hatte sein Messgewand an und seine Stola um. Er stellte das Gefäß mit der letzten Ölung und den Kelch mit der Hostie auf dem Tisch ab und begann das lateinische Gebet. Er bekreuzigte mit seinem in Öl getauchten Finger Großmutters Stirn, dann ihre beiden Handrücken. Aus dem mit einem Deckel versehenen Kelch nahm er die Hostie und legte sie auf Omas Zunge.

Großmutter weinte, und Mutter weinte auch. Gemeinsam sprach man noch das Vaterunser, und der Kaplan verließ das Haus. In dieser Nacht konnte das Kind nicht bei der Oma schlafen; denn es fürchtete sich vor ihrem Sterben. Aber das Sterben stand noch gar nicht an. Es dauerte Wochen noch. Der Tod von Oma kündigte sich beim Abendessen an. Ihr Glas Rotwein mit dem verquirlten Eidotter, ihren Dürkheimer Feuerberg, trank Oma schon seit geraumer Zeit nicht mehr. An diesem Abend schmeckte ihr auch der Schokoladenpudding nicht. Sie wollte sich schlafen legen, bekam aber plötzlich die Atemnot. Die Oma rief nach der Mutter und die schob ihr ein zweites Kissen hinter den Rücken. Das Kind stand in der Tür. Mutti umfasste Oma unter den Achseln, als wollte sie mit ihr ringen. Sie wollte Omas Oberkörper aufrichten, aber war nicht kräftig genug, denn Großmutter lag auf einmal leblos in ihren Armen.

Das Kind stand in seinem Schlafanzug da und schaute seiner Mutter beim Weinen zu. Wer hatte die beiden Männer des Beerdigungsinstituts gerufen? War es das unter ihnen wohnende Fräulein Wagner? War das Fräulein zum Lebensmittelladen hinübergelaufen, wo es das Telefon gab? Die Männer klingelten spät in der Nacht. Einer ergriff das Bettlaken mit der toten Oma an den oberen, einer an den unteren Zipfeln. Sie hoben das Laken an, fassten die Enden zusammen und trugen ihre Last die Treppen hinunter. Die Mutter stellte eine brennende Kerze ins Fenster.

Vati kam aus dem Sanatorium. Zwei Tage hatte er frei bekommen. Nach der Beerdigung fuhr er mit dem Zug wieder in den Schwarzwald zurück. Auch die Geschwister mussten in die Internate zurück. Mutter und Sohn waren nun allein. Das Kind schlief im großen Bett neben der Mutter. An die Großmutter zu denken, quälte es. Da war die Erinnerung an den nassen Waschlappen in Omas Gesicht und an das Schlittenfahren. Das Kind war zum Abendessen gerufen worden, wollte aber weiterhin rodeln, und die rufende Oma hatte was zu hören bekommen. Hatte die Oma beim Kochen Petersilie gebraucht, war ihm das Küchenmesser von ihr ausgehändigt worden: „Peterle, hol mol Peterle." Dann war es in den Garten gerast.

Als der Vater vom Sanatorium zurückkam, gab's das Problem mit den Betten. Der Schlafplatz neben der Mutter war zu räumen. Das Kind musste wieder in Omas Zimmer ziehen. Früher war ihm Opas Bett eine gemütliche Höhle gewesen, nun konnte es neben dem Sterbebett nicht mehr gut schlafen. Immer hatte Oma das Nachtgebet gesprochen, dann war ihr Erzählen von früher dran, und das Kind war eingeschlafen. Nun schlief das Kind nicht mehr gut ein, trotz geöffneter Tür und Flurlicht. Es fürchtete sich vor einem Gespenst.

Der Gedanke an den nächsten Schultag quälte es. Die strengen Schullehrer seien schuld, meinte der Vater. Die Mutter sprach vom schwachen Magen und schickte das Kind zum Doktor, denn der Durchfall hörte nicht auf. Der Doktor Jordan stellte dem Kind ganz peinliche Fragen. Ob die Kacke ganz dünn sei und die Fürze faulig stinken würden. Der Herr Doktor hatte einen weißen Kittel an. Das Kind schaute aus dem Behandlungszimmer nach draußen und sah das Rasenstück mit dem gemauerten Brunnenrund. Darin hätten einmal die Judde gebadet, erklärte der Doktor. Das Kind wollte wissen, ob Wasser im Brunnen sei. Ob es Sorgen habe, wollte der Doktor wissen. Nein, keine Sorgen.

Petticoat

Die Marianne bekam die böse Entzündung ins Ohr. Beinahe wäre sie daran gestorben. Fürs Sterben bekommt man extra Kleidung an. Das weiße Kleidchen hatte die Mutter schon gekauft und auch das Kissen, auf dem die Schwester im Sarg zum Liegen kommen sollte. Zum Sterben kam es dann aber nicht, weil sowas bei Kindern recht selten sei, so der Vater, aber es komme vor. Im Krieg sei es öfter passiert.

Die Schwester schrieb sich Marianne, bei uns hieß sie aber die *Majan*. Als das Kind beim Herrn Lehrer Bott das Schreiben lernte, lernte es auch, dass das Sprechen und das Schreiben nicht genauso gehen. Zu Mariannes Geburtstag schrieb es den richtigen Namen auf das Blatt und darunter malte es viele rote Blumen. Rot der Kopf, grün der Stängel und gelb die Blätter. So eine Blume gebe es gar nicht, sagte die *Majan*, und freuen täte sie sich doch.

Die Geburtstagstorte, den Frankfurter Kranz, und den Obstkuchen mit dem Tortenguss bekam nur der Sepp extra gebacken. Er sei halt der Erste, und deswegen werde für ihn mehr Geschiss gemacht, sagte die Mutter. Am 1. November kam das blaue Kaffeegeschirr auf den weiß gedeckten Wohnzimmertisch und die Kanne mit Bohnenkaffee und die Glasschüssel mit dem Berg Sahne. Der Sepp durfte schon richtigen Kaffee trinken. Die *Majan* hätte auch gerne welchen getrunken, aber seit sie wieder gesund war, durfte sie gar nichts mehr machen. Die Kaffeebohnen mahlen, dazu gehört Kraft und Geschick, und die besaß nur der Sepp. Die Kaffeemühle musst du richtig zwischen die Beine klemmen; denn der Oberschenkel muss dem Türchen das Öffnen versperren, erklärte der Sepp. Er nahm die Mühle, schob das als Deckel dienende Halbrund zurück und schüttete die Bohnen ins Innere. Das Mahlwerk sah wie eine dicke Schraube aus. Er verschloss die Mühle und legte mit dem Kurbeln los. Wollte die *Majan* die Bohnen malen, brach sie das Kurbeln immer wieder ab und musste neu ansetzen, während es beim Sepp wie geschmiert lief. Wer der Erste ist, der schafft alles, auch sieben Stück Frankfurter

Kranz. Die Schwester konnte kaum drei essen und das Kind gerade mal zwei.

Der Sepp bekam an seinem Geburtstag vorgesetzt, was er sich wünschte. Immer wollte er den gebratenen Leberkäse mit dem Spiegelei und den Bratkartoffeln. Auch die Schwester hätte sich an ihrem Geburtstag gerne was zum Essen gewünscht, aber nur der Sepp durfte sich was wünschen. Der Sepp ist der Erste, so das Basta der Mutter. Dann gab es schon mal Tränen. Das Kind sah die Schwester heulen, und dachte, wieso darf die heulen. Oder die Sache mit dem großen Schlitten, dem Dreisitzer. Der Sepp müsse den lenken und die anderen zwei hätten sich hinter ihm aufzureihen. Der Vater hatte sich deutlich ausgedrückt, doch die Schwester konnte nicht hören. Und wo landete sie, nachdem sie runtergesaust war und die Kurve von der Freiheits- in die Jahnstraße nicht gekriegt hatte? Im Krankenhaus, mit dem Loch im Kopf. *Wer nicht hören will, muss fühlen.*

Die Schwester wollte gern ihren Willen durchsetzen. Aber bei der Mutti ging das nicht. Der Petticoat sei ein Unterrock, und damit gehe man nicht auf die Straße, basta. Die weißgebauschten Rüschen landeten im Kohlenkasten. Da holte die störrische Schwester den Rock wieder raus. Darauf nahm Mutti den Rock, öffnete die Ofentür und rein damit. Gar nicht so einfach, denn das große Wäschestück passte nicht leicht durch die Ofentür. Ein Stück Petticoat schaute raus und verschmolz auf der Herdplatte. Der hässliche Striemen auf dem polierten Eisen ging gar nicht mehr weg. So ein großes Theater, das gab es öfters.

Warum konnte die *Majan* nicht hören? Hatte sie keine Angst, ins Loch, in den Kohlenkeller, zu kommen? Und warum kaufte sie sich bei der *Angnes* im Spar keinen Lutscher, statt ihren Daumen zu nehmen? Der Vati sah das Daumenlutschen doch gar nicht gerne und die Mutti auch nicht. Und die Oma, die alles durchgehen ließ, lag doch hinten im Tal, unter der Erde. Der *Bimbo* und die *Majan* lagen in Omas Ehebett, seit die Oma bei ihrem Herrgott war. Der Herrgott hatte seine Schutzengel, aber die schickte er nur, um den braven Kindern zu helfen. So stand es im großen Buch, das auf dem Waschtisch neben der weißen Schüssel zum Waschen lag. Bekam man nicht geholfen, hatte man etwas falsch gemacht. In der Nase gebohrt oder am Daumen gelutscht oder das Nachtgebet vergessen.

Die Eltern schimpften. Den Schuhspanner bekam die *Majan* vorm Schlafen auf den Arm gespannt. Die zum Einwecken nötigen Gummiringe hielten den Spanner. Der Arm sollte gerade bleiben und der Daumen raus aus dem Mund, nachts, wenn die *Majan* schlief.

Sie wolle doch keine Zahnlücke haben; der Vater redete ihr zu. Er wolle doch, wenn sie einmal groß sei, mit ihr tanzen gehen, und tanzen könne ein Mann nur mit einer hübschen Frau. Das hatte er ihr alles erklärt. Aber die blöde Gans heulte immer nur fort. Das mit der blöden Gans fiel dem Kind öfter mal ein. Auf die große Schwester war es nicht gut zu sprechen, wegen dem Heulen vorm Einschlafen und wegen dem *Bimbo*. Der könne nicht mal richtig schreiben, und schnell schreiben könne er schon gar nicht. Das Kind wollte das nicht auf sich sitzen lassen. Es forderte die *Majan* zum Wettkampf raus. Wer kann schneller schreiben? Auf die Plätze, fertig, los. „Der Herr Lehrer Bott ist unser Lehrer." Die Schwester war mit dem Satz schneller fertig, aber sie hatte ja nur gewonnen, weil sie alles hingekritzelt hatte. So ein Geschreibsel konnte doch kein Mensch lesen.

Später kam die Marianne zu den Ursulinen, weil sie was lernen sollte. Die Ursulinen sind Schwestern, aber keine richtigen, sondern welche mit schwarzer Kutte. Ein bisschen zum Gruseln, aber der Schwester gefiel es bei den Ursulinen. Sie durfte manchmal raus aus der Studieranstalt, und weil die mitten in der großen Stadt lag, konnte sie dort spazieren gehen. In einer Großstadt gibt es Schaufenster mit den neuesten Schuhen und den schönsten Petticoats. Hat man seinen Schutzengel immer bei sich, braucht man die Eltern nicht. So erklärte es die *Majan* dem Kind. Das hatte gefragt, ob es der Schwester bei den Schwestern gefiele. Sie habe ja ihre Freundin Magda dabei, und wenn sie ordentlich lernen und im Schlafsaal schweigen würden, seien die Nonnen zufrieden und würden nicht schimpfen. Im Internat gebe es kaum Theater. Man kann also ein Zuhause haben woanders als Zuhause, dachte das Kind.

Im Keller

Ein Indianer darf keine Angst haben, und ein Soldat auch nicht. Ein Schisser macht sich in die Hose vor Angst. Wovor soll man Angst haben? Vor nichts und niemand. Das Kind fürchtete sich schon vor dem Haus, und seitdem die Oma gestorben war, noch viel mehr. Der Keller und der Dachboden ängstigten es. Auf den Speicher wurde es nicht geschickt, aber oft in den Keller. „Hole mal eine Flasche Apfelsaft" oder „Gehe mal Holzhacken", hieß es dann. Auf dem Dachboden standen bloß eine zugenagelte Holzkiste und die Rodelschlitten. Die Kiste, beinahe so groß wie ein Schlitten, gehörte dem Paul, und der kam nicht zurück aus dem Krieg. Was sie enthielt, hätte das Kind gerne gewusst.

Stieg das Kind auf den Speicher, stand die Kiste gleich neben der steilen Holztreppe. Die Treppe und das rötliche Gebälk verströmten einen scharfen Geruch. In den Ecken des Dachbodens, dort, wohin kein Licht kam, könnte ein böser Mann hausen. Und der könnte einmal die Treppe herunterkommen, wenn alle fort waren, die Mutter bei der Paula Kaffee trinken, der Vater zum Spazieren im Wald, die Geschwister zum Lernen im Internat. Das Kind, war es alleine im Haus, musste immerzu lauschen. Knarzten nicht plötzlich die Stufen? Ein Riegel verschloss die Tür zum Speicher. Aber so ein kleiner Riegel hält doch keinem bösen Mann stand!

Der konnte auch im Keller sein. Die Treppe ging es runter, und gleich um die Ecke kam der schaurige Ort. Der Bretterverschlag und die Besenkammer, dahinter nichts als ein schmales Verlies, dessen Decke die zum ersten Stock führende Treppe bildete. Vorne blieb Platz für die Kehrbesen; nach hinten wurde das Verlies immer niedriger. Lunzte das Kind zwischen den Brettern durch, schwindelte ihm. Hier werde es eingesperrt, könne es nicht gehorchen, wurde ihm angedroht. Es käme ins Loch. Seit die Großmutter gestorben war, musste das Kind oft ans dunkle Loch denken.

Im Heizungskeller gegenüber stand ein Ofen, so groß wie das Kind. Den Griff zum Öffnen der Ofentür bildete ein gewundener Eisendraht; die

Rundung war geformt wie ein Tannenzapfen. Koks und Briketts lagen in der einen Ecke, die andere, unbenutzte und unverputzte Ecke, war mit einem großen, weißen „L“ beschriftet. Die weiße Schrift auf den roten Ziegelsteinen: Vom Vater wollte das Kind wissen, was der Buchstabe bedeutet. Das „L“ stehe für Luftschutzraum, erfuhr es. Wenn eine Bombe aufs Haus fiele und das Haus brenne, könnten alle Bewohner schnell ins Nachbarhaus flüchten. Mit einem Pickel wäre der Notausgang leicht zu öffnen.

Im Heizungskeller lag eine Gasmaske auf dem Regal, an das Vaters Steinhacke lehnte. Die Gasmaske hatte einen Aufsatz und der sah wie eine schmale, mit kleinen Löchern durchsiebte silberne Blechdose aus. Zog das Kind die Maske auf, nahm ihm der Gummigeruch bald den Atem. Durch die beschlagenen Gläser sah alles ganz verschwommen aus. Mit der grünen Kappe und der aufgeschraubten Büchse muss man zum Fürchten aussehen, dachte das Kind.

Auf dem Regal lag ein Stahlhelm. Setzte das Kind ihn auf, sah es nichts mehr. Hatte den grauen Helm ein Soldat vergessen? Und wo der Soldat jetzt wohl war? Schade, dass er keinen Karabiner hatte liegenlassen oder ein Seitengewehr. Ein Karabiner ist wie der Bärentöter vom Old Shatterhand, hatte der Sepp erklärt. Und ein Seitengewehr heißt nur so; denn es ist ein am Gewehr festgemachtes Messer zum Totstechen.

In der Waschküche, wo die Hühner gerupft wurden, standen der Bottich, um die schmutzige Wäsche zu kochen, und die Miele, um die nassen Wäschestücke zu schleudern. Greif bloß nicht rein, mahnte die Mutter. Die Miele schleuderte ordentlich, aber die Bremse am Fuß der kleinen, weißen Tonne bremste nicht mehr. Den Schalter auf Aus stellen und ein handliches Brett zwischen Trommel und Gehäuse schieben, so brachte die Mutter den Apparat wieder zum Stehen. Mit dem großen Kochlöffel rührte sie die Wäsche um. Dann kam das Schleudern. *Nimm eine Miele Dir ins Haus, dann sieht der Waschtag freundlich aus.* Ja, die Mutter wusste sich zu helfen. Waren die Kartoffelklöße, die echten, die *Horische,* dran, rieb sie die Kartoffeln, tat die feuchte Masse in ein Geschirrtuch, verknotete das Tuch und steckte es in die Schleuder. Ein paar Minuten dauerte es, und der rotbraune Matsch verwandelte sich in einen schön knetbaren Teig.

Neben der Waschküche der Kellerraum mit den Einweckgläsern und dem Apfelsaft. Die grünen Flaschen auf dem Regal hatten rote Gummikappen auf, das sah lustig aus. Vater glaubte, das Kind würde den Apfelsaft gerne trinken, aber das Kind mochte ihn gar nicht. Auf dem Saft bildete sich ein Häutchen, der *Groodz*. Die frisch gepflückten, dunkelroten Herzkirschen hatten sich in den Weckgläsern in ein blässliches Rot verwandelt, die bald gelben Birnenschnitze in ein fahles Weiß. Auch die eingekochten Mirabellen hatten ihre gelbe Farbe verloren. Nur die Stachelbeeren hatten sich nicht verändert; aber wer mag schon Stachelbeerkuchen?

Im Holzkeller lagerten die gespaltenen Buchen- und Eichenscheite. Davor stand der Klotz, auf dem die Hühner den Kopf kürzer bekamen. Das Kind nahm gerne das kleine Beil zur Hand, weil es sein *Tomahawk* war, und es zerschlug die Apfelsinenkisten vom Spar gegenüber. Sperrholz zu spalten, ging ganz leicht. Das eingetrocknete dunkle Blut auf dem Holzklotz ekelte es, aber nur ein wenig. Denn wenn die Indianer auf dem Kriegspfad waren und mit ihren *Tomahawks* auf den weißen Mann einschlugen, floss ja auch Blut. Das Kind schwang das Beil, machte Kleinholz und kam sich groß und mutig vor. Dann wieder dachte es an die Oma. Deren alter Lehnstuhl lag auf den gespaltenen Holzstücken hinter ihm.

Absalom

Der Vati konnte so schön erzählen. Dann saßen alle drei Kinder auf der Wohnzimmercouch und er im Sessel gegenüber. Er trank ein Glas von seinem Kallstadter Kobnert. „De Woj schmeckt mer so gud, als ded mer e Engelsche uff die Zung pisse."

Seine Geschichten spielten im Dorf. Der Teich, in den der Fuchs, vom schlauen Raben übertölpelt, seinen Schwanz steckte, damit die dicken Forellen anbissen, worauf der dumme Fuchs so lange wartete, bis sein Schwanz eingefroren war; der gefrorene Teich, wo sollte er denn sonst zu finden sein, wenn nicht ganz hinten in der Lindersbach, wo der Bach sich im späten Winter in die drei hintereinander liegenden verspiegelten Flächen verwandelte? Eishockey spielten die Kinder hier ohne Schlittschuhe, mit einer flachgetretenen Konservendose und einem Stock, der vorher ein Ast war, und nachts traf der Fuchs hier auf den Raben, wollte ihn fressen und ließ davon ab, weil ihm der schlaue Vogel mit den Forellen eine fettere Beute versprach.

Wo der Boxkampf zwischen dem Bloch und dem Geenen stattgefunden hat, das Kind wusste, wo's war, vor der Bäckerei Matheis nämlich, in der Hauptstraße. Anton, der Ackersmann, hatte richtige Gäule, keine Ackergäule, und fuhr sein *Gerstel* zu Isemanns Mühle. Und so ein vorgespannter Gaul, der hat Temperament. Der Anton sei viel zu schnell mit seinem Gespann durchs Dorf gejagt, und beinahe habe er seinen Sohn überfahren, behauptete der Bloch. Aber das war nur der pure Neid, weil der Anton so schneidig fuhr und immer an der frischen Luft sein konnte und der Bloch den ganzen Tag hinterm Tresen von seiner Eisenwarenhandlung stehen musste. Ein Wort gab das andere, und als die beiden mit den gewechselten Worten fertig waren, gingen sie zu den Faustschlägen über. Einen richtigen Boxkampf lieferten sie sich, so ähnlich wie der nachts im Fernsehen, der zwischen dem Clay und dem Liston. Und vielleicht könnte man sagen, das Boxen sei im Unterdorf erfunden worden, damals, lang ist es her. Natürlich hat unser Anton gewonnen, sogar durch K. o.

Oder die andere Geenen-Geschichte. Der versteckte, verletzte, später ausgewanderte junge Mann erinnerte das Kind an das jüngste, vor dem bösen Wolf im Uhrenkasten versteckte Geißlein. Aber den Schrank sah es nicht bloß als Zeichnung in seinem Märchenbuch, er stand ja *beis Gänee* im dunklen, das Vorder- mit dem Hinterhaus verbindenden Flur, höher als mannshoch, und er stand auf runden Füßen, ähnlich groß wie die der Elefanten, die das Kind im Karlsruher Zoo gesehen hatte; ein sonntäglicher Ausflug mit Tante Liesl und ihrem Opel Rekord hatte dorthin geführt.

Die nächtliche, väterliche Fahrt mit dem Pferdefuhrwerk nach Merzalben, wo die zwei toten, schon ganz steifen französischen Soldaten lagen, die der Vater aufladen musste, um sie ins Dorf zu überführen, diese Fahrt mit den Leichen, umschwirrt von Nachteulen, die, vom Laternenlicht des Fuhrwerks angezogen, mit der Pferdepeitsche abzuwehren waren, diese einsame, vom Hufschlag der Pferde begleitete Fahrt des auf den Beinen eines der Toten sitzenden Vaters, die konnte doch nur einem passieren, der ausgezogen war, um das Fürchten zu lernen. Und Vater war doch so einer!

Der *Frankescho*, noch so eine Geschichte. Der stammte aus dem großen Haus an der Ecke, in dem der Vater geboren war. Ging das Kind an dem Haus vorbei und bog vor dem Café Dreher nach links, kam nach ein paar Schritten die Rodalb und hinter der Brücke das Lederwerk, aber der *Frankescho*, der trieb sich in der ganzen Welt herum, weil er ein so tüchtiger Doktor gewesen war. Wo liegt Wien, wo Vilnius, Padua und wo Sankt Petersburg, und wer ist der Kaiser Napoleon? Den hat der Johann Frank geheilt und auch den Russen ihren Kaiser, den Zaren. Gesund bleiben, lehrte der Doktor, ginge ganz einfach; immer frische Luft, immer die Fenster auf, auch im Winter beim Schlafen. Und immer den Oberkörper mit kaltem Wasser und dem Waschlappen abreiben, wie die *Soldade*. Wer das beherzige, der bekäme nie *die Kränk*. Der Kaiser von den Franzosen, der hatte die Kränk gehabt, und die hat der Johann geheilt. Eine Dose hat er zum Dank bekommen, so groß wie Muttis Kaffeedose, und darin lauter goldene Frankentaler. Und auf der schönen Dose hat der Name des berühmten Doktors gestanden, Johann Peter Frank, und der Name war mit Diamanten geschrieben.

Gitta tauchte häufig in Vatis Erzählungen auf. Wer war Gitta, war sie eine von uns, das Mädchen, das alles viel besser konnte als der Sepp, die *Majan* und der Kleine? Schneller rechnen, früher lesen, schöner singen, besser musizieren? Hinten im Schrank mit der Kinderkleidung lehnte eine Gitarre, der fehlten zwei Saiten, und niemand aus der Familie konnte sie spielen. Und die Gitta, die konnte das. Oder war die Gitta vielleicht gar selbst die Gitarre? Vaters Geschichten über die Gitta kamen dem Kind wie die Geschichte vom Schneeweißchen vor. Wo wohnte sie, konnte man mit ihr sprechen? Hätte sie einem verraten können, wie man es anstellt, beim Rechnen besser zu werden? Besser als *de Bumbe ihr Wutz*. Das war die ärmste Familie im Dorf, die Familie Pump. Sich Geld zu pumpen, war das Allerletzte, und die hießen noch so! Wer sowas macht, ist dumm, und dessen Wutz ist das Allerdümmste.

Oder die Geschichte vom armen Bauernsohn, der als Schuster sein Glück machte und den sein Herr nach Madrid schickte, um dort Rindsleder zu kaufen, damit die Soldaten ordentliches Schuhwerk bekommen, eine Reise mit Abstecher ins Stadion Bernabéu, wo im Mittelfeld Di Stéfano zauberte und Ferenc Puskás, den Mittelstürmer, mit klugen Pässen in die Spitze versorgte; die Reise, wann hatte sie stattgefunden? *No de arm Zeit, wie es widder gut ging.*

Von den Soldaten sprach Vater oft, in vielen Geschichten kamen sie vor, bevor es hieß: „Ab in de Kaschee!" Beim Einschlafen beschäftigte das Kind die Frage, warum Vati nicht bei den Soldaten dabei gewesen war, als sie marschierten und lustige Lieder sangen. Die Soldaten hatten doch keine Furcht, so wie Vati auch. Die Soldade, das Wort gebrauchte Vati oft; ihnen sollte das Kind nacheifern, das hatte es verstanden. Schon das Wort Soldade klang ganz schön, so weich. Es erinnerte das Kind an die *Schoklad*, die es auf der Zunge langsam zergehen ließ.

In der bebilderten Bibel der Großmutter, einem schweren Folianten, sah das Kind einen *Soldad*. Ein dahinjagender Reiter mit einem ärmellosen Wams, mächtigen Oberarmen und einem Schwert am Gürtel. Ein großer Mann, der zierliche Sandalen trug, mit Lederriemen gehalten, die um kräftige Waden gewickelt waren. Sein Kopf wird jäh nach hinten gerissen, während er die Zügel verliert und sein Pferd nach vorne schießt.

Der schwarze lange Haarschopf des Soldaten hat sich im Geäst verfangen, der Fuß im baumelnden Steigbügel schon allen Halt verloren. Auch dem Pferd schaut der Schreck aus dem großen Auge, derweil Absalom hilflos zwischen Himmel und Erde hängt. Das Kind grübelte über einem Detail des schwarz-weißen Drucks. Das lange Haar war um den Ast der Eiche gewickelt, wie Muttis Haare um den Lockenwickler. Wie konnte das angehen? Hat sich Absalom mit seinem *Hü-Gaul* in die Luft erhoben und um den Ast gedreht?

Ein großer Apfel hieß bei Vati *Soldadeabbel*, drei Kugeln Eis waren eine *Soldadeportion*. Einmal werde das Kind auch zu den Soldaten kommen, wenn es dann groß sein wird, versprach Vati. War er auf das Kind böse, wurde ihm prophezeit, es werde bei den Soldaten schon das Parieren lernen. Hatte das Kind die aufrechte Haltung vergessen, hieß es: „Bauch rein, Brust raus." Das Kind begriff, man muss ein richtiger Soldat werden, aber warum war der Vater keiner gewesen? Auch Puskás gehörte als Major dem Militär an, und Fritz Walter war als Soldat aus dem Krieg heimgekehrt, und beide waren die besten.

Oder die Geschichte vom Schuhmachen für die Soldaten; das war ja Vaters Beruf. Das geschah in einer großen, großen Fabrik, die stand nahe bei Holland, und Vati war der Chef. Er überwachte alles, damit nichts schiefgehen konnte. Vati half den Soldaten als ihr Zeugwart, so wie Adi Dassler der Walterelf half, die im Wankdorf gewonnen hatte, obwohl die Ungarn eigentlich die bessere Mannschaft waren. Die Männer um Fritz Walter hatten den besseren Fußballschuh an den Füßen. Die Schraubstollen gaben den Ausschlag. Nasser Rasen, lange Stollen! Die Ungarn, erzählte Vati, liefen mit den genagelten Klötzchen auf, rutschten aus und waren deshalb zu schlagen.

Bevor am Niederrhein alles losgegangen war, hatte ein noch höherer Chef den Vati nach Berlin rufen lassen; das war noch weiter entfernt als *Pariß*. Der oberste Herr sagte ihm, wie der die Soldatenschuhe machen sollte. Die Stiefel sollten vorne und auf dem Absatz hinten mit Eisenplättchen beschlagen sein, Plättchen, die wie kleine Hufeisen aussahen. Solche Plättchen kannte das Kind von den abgetragenen Schuhen des Bruders. Die musste es anziehen, was es doch gar nicht mochte. Nur wie die Beschläge auf dem Kopfsteinpflaster klangen, das mochte es.

Bruderfelsen

Vaters Geschichten wurden rarer, der Sohn wurde älter. Aus dem Sanatorium kam Vati weniger mitteilsam zurück, kam es dem Jungen vor. Und gerade jetzt hätte er doch Zeit zum Erzählen gehabt, war er doch nicht mehr der Schuhmacher. Er musste in keine Fabrik mehr, er konnte morgens lang schlafen, lag nach dem Mittagessen im Gartenhaus, und auf dem Spaziergang durch den Wald fiel kaum mal ein Wort. Das Kind verstand, man durfte nicht reden; denn das vertreibt die Rehe, und es wollte doch mal ein Rehkitz sehen oder einen Frischling.

Für die langen Spaziergänge durch den Pfälzer Wald zog der Vater eine seiner vielen Krawatten an. Schon als junger Mann sei er ein begeisterter Krawattenträger gewesen; immer den neuesten Schlips habe er haben wollen, erzählte die Tante *Angnes*. Die Wanderungen durch den Wald nach Vaters Mittagsschlaf gingen unterhalb der hohen, rotbraunen Felsen vorbei. Die Felsen und die Höhlen hatten schöne Namen: der Kuhfelsen, der Bruderfelsen, der Schweinefelsen, der Bärenfelsen, die Kanzel. Es gab geschlossene Höhlen mit einem Eingang, der nur gebückt zu passieren war, und in denen es nach Pisse und Kacke roch, es gab eine, viel größer und höher als Onkel Hans' Autowerkstatt, die von einer kleinen Rinne durchzogen war, durch die das Quellwasser floss. Man sagt auch Höhle zu einer Felsenplatte über einer abschüssigen, über und über mit Laub bedeckten Sandkuhle. Es sah recht gemütlich aus unter so einem Felsen. In der Höhle im Lindersbach-Tal stand der kleine, wie ein dickes Ofenrohr aussehende Ofen. „E Kanoneofe", sagte der Vater, und „hier haw isch meim Vader soi Kieh unnergeschdeld." Wann das gewesen war, fragte der Sohn, und wieviel Kühe der Großvater denn gehabt habe? - „Fünf Kieh, und im Kriech, do sin die Fliecher mit de Bombe kumm." - „Und warum sin die Fliecher mit de Bombe kumm?" - „Des verzehl isch dir mol, wann de älder bischt."

Der Krieg war nicht schön, und es gab mehrere. Es gab Kriegsgefangene, die abhauen wollten. Zwei Brüder aus Frankreich waren flüchtig und wollten *no driwwe*, wie der Vater erzählte. Es war nachts, und sie konnten nicht sehen, wo sie langliefen. Einer lief über die Felsplatte hinaus, stürzte ab, und sein Bruder, der ihn verzweifelt suchte, stürzte ebenfalls den Felsen hinunter. Den Bruderfelsen konnte das Kind vom Balkon aus sehen. Kam ein Gewitter *vun driwwe*, und traute es sich, vom hinter ihm stehenden Vater ermuntert, dem Gewitter zuzusehen, erhellten die Blitze die beiden nebeneinanderliegenden, riesigen Quader. So wie ein Gewitter kracht, so müssen auch Bomben krachen, dachte das Kind. Und dann dachte es noch an sich und den großen Bruder. *Hoffendlisch passierd uns mol nix.*

Vater redete wenig und das Kind dachte, es sei gut so, wenn man schweigsam sei. Manchmal redete er aber viel, was immer dann geschah, wenn der Onkel Werner kam. Der Onkel Werner war sein Liebling, gegen ihn konnte das Kind nicht ankommen, der hatte eine Schuhfabrik. Mit einem vom Fach ließ es sich besser reden. Onkel Werner machte Damenschuhe mit feinen, hohen Absätzen und Riemchen, und auf den Riemchen waren kleine silberne oder goldene Plättchen, manchmal auch lustige Puscheln. Die feinen Schuhe nannten die Erwachsenen *Schigelscher*. Onkel und Vati lachten über die *Schigelscher* und das Kind verstand nicht recht warum: „Die hat Merzalwer Fieß un Parißer Schigelscher." Was hatten die Füße einer Merzalbener Frau mit den *Parißer* Schuhen zu tun? Und wieso *Pariß?* Der Onkel ließ die Hochhackigen doch in Erlenbach machen. Die waren ganz anders als die Wehrmachtsstiefel vom Vater. Aber eigentlich ist ein Schuh ein Schuh; man braucht Leder, er muss besohlt werden, man braucht Zwicker, es gibt Ärger mit der Firma für die Kartons. Onkel Werner erzählte, und Vati hörte so gerne zu. Den Kerl, der den Liefertermin nicht eingehalten hatte, den nahm sich der Onkel Werner zur Brust. Er packte ihm am Hemdkragen und drehte ihm den Kragen rum. Das habe geholfen; nächsten Tags seien die Kartons da gewesen. Und ordentlich mit dem Firmenschild bedruckt. Auf dem Schild unter der Krone stand der Familienname.

Kam der Onkel, gab es feine Schnittchen. Fast war es wie beim Besuch vom Herrn Pfarrer Ackermann. Mutter band ihre Schürze um, überbrühte den Bohnenkaffee, deckte den Tisch mit einer Tischdecke ab, nahm das feine Geschirr aus der Anrichte. Das Kind musste schnell die feine Salami und den Ring Lyoner vom *Knochekall* holen, ja nicht die Wurst aus Hofmanns Metzgerei, obwohl die näher war, gleich unter der Bäckerei Meckes. Salami auf Butterbrot-Hälften mit Gürkchen drauf, Kochschinken mit Mayonnaise garniert, Lyoner mit Senf, Leberwurst ebenso. Die Liebe zur Pfälzer Leberwurst teilte der Neffe mit seinem Onkel. Der Werner war dem Kind der Onkel. Großonkel, Enkel, Neffe, Nichte, Cousine, Stiefmutter - wer kannte sich da aus?

Werners Stimme kam durch die Nase. Vielleicht sprachen die Leute, die so weit weg wohnten, noch hinter Frankfurt und Heusenstamm, alle so. Von der TSV Heusenstamm kamen die Kunstturner, von Salamander Kornwestheim die Leichtathleten, das wusste das Kind. Im Fernseher, beim *Boldekall*, hatte es mit Vati die Deutschen Meisterschaften gesehen. Nach der Kinderandacht hatte es sich zu den Zigarre rauchenden Vätern vor den Fernseher gesetzt. Von Onkel Werner bekam das Kind zur Kommunion die Junghans-Uhr geschenkt. Die Uhr konnte nur innen am Handgelenk getragen werden, sonst hätte es kindisch ausgesehen. Der Weiße Sonntag war vorbei, und die Kinder krabbelten durch die vorm Haus liegenden Zementrohre. Die Freiheitsstraße war aufgegraben; die Rohre der Kanalisation lagen noch oben am Rand des Grabens. Das Kind robbte durch ein dickes Rohr und plötzlich war das Glas der Junghans aufgeratscht.

Sankt Pirmin

Schlug sich das Kind beim Fußball die Knie auf, fragte der Vater: „Unn, Lack ab?" Das Kind wollte auch so knapp reden und ansonsten viel schweigen, so wie der Vati. Denn wenn geschwiegen wurde, war alles in Ordnung. Die Mutter wollte den Jüngsten aufs Internat schicken, so wie die beiden anderen auch. Denn der *Bimbo* wollte lieber Fußball spielen, als viel für die Schule lernen. Wenn er nicht lernt, geht er halt in die Fabrik. „Da mache ich kurze Fufzehn", so der Vater zur Mutti. Oder sagte er es zum Kind? Das Kind wollte doch lernen: *Agricola*, der Bauer, *femina*, die Frau, *ancila*, die Magd. Die ersten drei Vokabeln konnte es gut, aber der Rest! Das Gymnasium in der Stadt war mit dem Bus vom *Braunesepp* gut zu erreichen, aber zum Fußballplatz ging's um die Ecke.

Die Sache mit dem Internat gefiel dem Kind. Dort gab es drei Fußballfelder, eins hatte sogar links und rechts der Mittellinie ein bisschen Rasen. Ein richtiges Schwimmbad lag innerhalb des eingezäunten Geländes. Eine Tischtennisplatte stand im Keller, und hinter dem von Aula und Kapelle geteilten Gebäude gab es einen Tennisplatz aus Beton. Auf dem ließ sich Fußballtennis spielen. Das Internat sah von weitem wie ein komisches Kreuz aus, bei dem der Querbalken lang und der Längsbalken kurz war. Der Name der Anstalt gefiel dem Kind auch: Studienheim Sankt Pirmin. Pirmin, Pirmasens - das war ja fast wie zu Hause.

Mit zehn Kindern in einem Saal schläft sich's gut; denn man ist nicht allein. Vor dem Schlafengehen die Liegestütze, das imponierte den anderen. Hatte Herr Völker das Licht ausgemacht und war in den Nachbarsaal verschwunden, konnte man noch miteinander flüstern. Aber wehe, er stand vor der Tür! Raustreten auf den kalten Flur und eine Viertelstunde strammstehen; die Schlappen sind anzuziehen. Die Älteren erzählten, Herr Völker habe ein Stahlplatte hinter der Stirn, die komme vom Krieg. Daher habe Herr Völker oft Kopfschmerzen und bekomme schnell die Wut. Das Kind fürchtete sich gleich vor ihm.

Die Schule vom Studienheim trug einen schönen Namen. Im Otfried von Weißenburg-Gymnasium lief es gut für das Kind, konnte es doch schon ein paar Brocken Latein. Schließlich war es ja Messdiener gewesen und hatte schonmal ein Gymnasium besucht. Vom Altsprachlichen in der Stadt hatte die Mutter ihn runternehmen müssen, erklärte Mutti dem Jüngsten. Besser für ihn wäre das Studienheim. Morgens Schule, mittags Fußball oder Schwimmen, nachmittags Studium, abends Tischtennis, das hörte sich gut an. Okay, nach der Abendfreizeit mussten die Kinder noch einmal am Schreibtisch sitzen. Aber man durfte basteln mit den Bauteilen von Revell und mit Uhu-Alleskleber. Eine Korvette der Deutschen Marine und die Stuka von Junkers bastelte sich das Kind zusammen.

Das Kind kam im Sommer, und im Herbst gefiel es ihm schon gar nicht mehr. So früh dunkel und der Nebel und der Fußballplatz matschig und die Eisdiele mit der Musikbox geschlossen. Das Kind summte das Lied vom *John B*. Es war bald kein Kind mehr, und verstand halb schon Englisch. *I feel so broken, I wanna go home*. An manchen Sonntagen kam der Onkel Karl mit seinem Escort und brachte die Eltern mit. Ein solcher Sonntag hieß Besuchswochenende, aber der Besuch dauerte gerade vom Mittagessen bis zum Kaffeetrinken. Das Mittagessen im Gasthof mit Wildschweinbraten und mit Kartoffelklößen, dazu Rotkraut und ein Glas Portugieser, das freute den Vati. Aus dem Vati war für das Kind ein Vater geworden, nun, da es selbst kein Kind mehr war. Der Vater gab gute Ratschläge: Beim Essen immer die Mitte als Sitzplatz wählen, da kämen die Schüsseln zuallererst hin. Saßen Vater, Mutter und Onkel wieder im Auto, und rollte der Wagen vom Parkplatz fort, rannte der Junge wie wild hinterher. Der Wagen bog in die Kurve ein und dann in die nach draußen führende Allee.

Lange Haare, kurzer Verstand

So gelangte ich denn auf der Wanderung von der Kindheit zur Gegenwart ins Knabenalter, oder vielmehr es kam zu mir und folgte auf die Kindheit.
Augustinus, Bekenntnisse

Alle im Internat kannten die Beatles; dann kam *Don't Ha, Ha* und nun kannten auch alle *Casey Jones & The Governors*. Der Song kam zur rechten Zeit, denn zu Hause gab es nichts zu lachen. Sein Bruder, der Sepp, musste das Heim bei den *Patres* verlassen. Er sehe es nicht mehr als sein Heim an, erklärte er den Eltern, und seine Haare wolle er auch nicht schneiden lassen. Der Junge saß in der Küche mit dabei, als der Sepp seine Heimkehr, die als Rauswurf gelten musste, erklärte. Die Sache mit dem geklauten Moped sei eine Farce gewesen; er und sein Freund Bernd hätten sich die Kreidler des Internatsleiters nur einmal ausgeliehen, um nach Handrup zu einer Fete zu fahren. Der Sepp benutzte plötzlich neue Wörter; der Junge wusste nicht, was man sich unter einer Farce und unter einer Fete vorzustellen hätte.

Vater und Mutter saßen am Tisch, dazu die Schwester, die bei den *Schwestern* unterrichtet wurde und jedes Wochenende nach Hause durfte. Der Sepp und der Junge hatten den Platz auf der rot gepolsterten Eckbank eingenommen. Die größte Sorge der Mutter galt den Nachbarn. Was *denge die Leud*, wiederholte sie immer wieder, und der Vater wusste nicht, was die Leute denken, und schwieg. Zuerst müssten die langen Haare runter, befand die Mutter, dann müsste sie den Gang nach Canossa antreten und beim Herrn Direktor um Aufnahme ihres missratenen Sohnes bitten. Canossa lag oben in der Kreisstadt und der Direktor stand dem städtischen Gymnasium vor.

Der Sepp blieb stur, die langen Haare blieben dran; *Casey Jones*, sein Vorbild, der Bandleader der *Governors*, ließ sich doch auch nichts vorschreiben, schon gar nicht von seiner „Alten“. Die Mutter nannte er so, als sich die Brüder ins Schlafzimmer der beiden zurückgezogen hatten. Das war nun ihr neuer Name. Dann war der Vater dran. Wieso herrschte *die Alte*, wieso verzichtete er auf den *Governor*? Ihn plagte doch bloß dieselbe Sorge: Was denken denn *die Leud*? Seine *Leud* saßen mit ihm sonntags morgens beim Frühschoppen. Dort musste er sich Scherze gefallen lassen. Ob er nochmal eine Tochter bekommen habe, lautete so ein Scherz. Der Sepp fand's lustig, aber der Vater gar nicht, wie er am Küchentisch erklärte. Vati wollte zum *Boldekall* schon gar nicht mehr hingehen. Der Sepp würde ihm sein Vergnügen vermiesen.

Dem Sepp gefiel seine Rolle als der bunte Hund. Der Junge wäre auch gerne ein bunter Hund gewesen. War Fasching, bekam der Bruder seinen großen Auftritt. Im Nachbardorf gab's *Gammlerball*. Was ein Gammler ist, wusste man aus dem Fernsehen. Der liegt faul in der Sonne rum, vorzugsweise in *Pariß*, säuft Rotwein und klimpert ein wenig auf der Gitarre. Beim *Gammlerball* errang den ersten Preis, wer diesem Bild am nächsten kam. Der Sepp schaffte das spielend. Er zog das ärmellose, zottelige Schafsfell vom Opa an, die schwarzen, spitzen Stiefel unter der Hose mit Schlag, kämmte seine Haare in die Stirn und fasste sie hinten mit einem von Marianne geliehenen schwarzen Samtschleifchen zusammen. Das Ballpublikum war entzückt, aber nur während der *Faasnachd*.

War Fasching vorbei, hörte der Spaß auf, und der Sepp musste sich seiner Haut erwehren. Zog er am Wochenende mit seinem Freund Bernd los, um in einem Tanzschuppen Musik zu hören, wurde er häufig attackiert. Mancher Besoffene fühlte sich von Sepps langen Haaren provoziert und wollte sie ihm, von den Umstehenden ermuntert, abschneiden. Der Sepp stand in den als Diskothek dienenden Dorfkneipen immer mit dem Rücken zur Wand. Von hinten konnte ihn schon mal keiner anpacken. Der *Bimbo* galt dem Sepp nun als Kumpel und Zuhörer. Das machte den Jungen stolz.

Nie mehr ging der Sepp aus dem Haus, ohne seinen Schlagring und seinen Sipo einzustecken. Den Schlagring kannte der Junge, die vier miteinander verbundenen Ringe, durch die man die Finger steckt, um den Griff zu umklammern und aus seiner Hand eine eiserne Faust zu machen.

Was denn ein Sipo sei, wollte der Junge wissen. Der Sepp demonstrierte: Er nahm den kleinen, mit einer Handschlaufe versehenen, in die Hosentasche passenden Stab in die Hand, schleuderte seinen Arm nach unten, als wollte er auf etwas draufhauen, und aus dem kleinen Stab flog ein in einer Eisenkugel endender, zum Draufhauen tauglicher Schlagstock heraus.

Der Junge wollte sein wie der Bruder, also langhaarig. Die Mutter duldete aber keinen weiteren Aufruhr. Der Jüngste musste zum Friseur. Mit größtem Widerwillen machte der Junge sich auf den Weg. Im Unterdorf traf er auf den Kirchendiener, der den gewesenen Messdiener wiedererkannte. Herr Tretter erkundigte sich freundlich nach dem Befinden des Vaters, lobte das vom Jungen besuchte christliche Studienheim und gab ihm noch einen Rat: Er solle doch nachts dem schlafenden Bruder mit einer Schere die Haare abschneiden. Lange Haare, kurzer Verstand, so stehe es wohl mit dem Sepp.

Der Junge hatte drei Friseursalons zur Auswahl. Er wählte den auf dem Weg zum Bahnhof neu eröffneten. Der Meister war mit einer Dame und dem Dorfklatsch beschäftigt. Also durfte der Stift ran. Der rasierte die Haare bis zur Hälfte des Schädels. Ganz schnell ging die Schur, und der Junge, zu verdutzt, um zu protestieren, ergab sich dem Schicksal. Er kam sich wie ein geschorenes Schaf vor. Voller Wut auf den Lehrling und die Mutter ging er nach Hause. Dort sah er sich das Werk noch einmal im Spiegel an. Er sah jetzt aus wie der in seiner HJ-Uniform posierende, auf einem Foto festgehaltene Onkel Paul, fand der Junge.

There is a season

Der Junge hatte Heimweh, aber durfte er in die Ferien, fuhr er mit der Bahn zu seinem nun in Freiburg studierenden großen Bruder. Das Internat schloss für zwei, für vier, für sechs Wochen, und der Junge verbrachte die Zeit beim Sepp. Der Junge bekam für die Reise eine Dauerwurst, einen Christstollen oder ein zum Braten vorbereitetes Huhn eingepackt. Wenn der Sepp, der sich nun Franz nannte, mit ihm sprach, war vom *Bimbo* nicht mehr die Rede; Franz nannte den Jungen nun *Hombre* oder *Pietro*, seiner Vorliebe fürs Spanische wegen. Wurst, Kuchen und Braten landeten auf dem Tisch der Kommune; der Junge war ein gerne gesehener Gast.

Überall durfte er mit. Es war gar kein Dürfen und kein Um-Erlaubnis-Fragen, er trank, er rauchte, er spielte 66 einfach mit. Nur mitdiskutieren ging nicht. Kaum traute sein Bruder sich sowas zu. Franz fand in einem Studentenverein Aufnahme, der sich SDS nannte, weil der Verein einen harten Verteidiger gut gebrauchen konnte. Der Junge glaubte, sein Bruder würde in einer studentischen Sportvereinigung mit angeschlossener Fußballabteilung spielen; der *Karpfen*, die Gaststätte gegenüber dem soziologischen Institut, wäre das angegliederte Vereinsheim.

Der Bruder trank mit seinen Kumpels seine Gutedelschorlen, der Junge sein mit Limo gestrecktes Ganter-Bier. Studieren schien eine schöne Sache zu sein, Freiburg ein Ort, wo man es sich gut gehen ließ. Auf langen Bänken saßen die Bärtigen und neben ihnen mit dickem Lidstrich geschminkte Frauen, deren lange Haare von bunten Stirnbändern gehalten waren. Männer wie Frauen trugen die gleiche weiße Jacke aus Schafspelz, deren Zotteln nur am Bund der Ärmel, am Kragen und an der Knopfleiste herauslugten, da das Fell als Innenfutter der Jacke zu tragen war. Der Junge dachte an Winnetous Schwester Nscho Tschi. Er traute sich nicht, die stolzen Schwestern anzusehen. Besonders die Freundin des Bruders schüchterte ihn ein. Sylvia richtete einmal sogar das Wort an ihn. Sprach sie, dampfte der Rauch im Rhythmus der Sätze aus ihrem Mund. Der Junge hatte beim Kellner *ein strammer Max* bestellt. Sie lachte mit ihrer tiefen Stimme und korrigierte ihn: „Das heißt einen strammen Max."

In Freiburg schien, was sonst verboten war, erlaubt zu sein. Die Buchhändlerin Sylvia wusste von den Diebstählen in den Läden der Stadt zu berichten, begangen von den am Wirtshaustisch sitzenden Kommilitonen ihres Freundes. Das Klauen rief allgemeine Erheiterung hervor, und der Junge grübelte. Kommunisten, Kommilitonen, Kommunarden - meint das das Gleiche? War Bücher klauen in Ordnung? Auch er wollte das einmal probieren. Welche Bücher von Interesse waren, wusste er; alle Taschenbücher aus der Regenbogenreihe. In der Kommune standen die in sämtlichen Bücherregalen. Wie stiehlt man ein Buch? Auf der Kirmes im Dorf hatte er einmal Magenbrot gestohlen; es lag in der Auslage des Verkaufswagens ganz links unten, und die Verkäuferin war in ein Gespräch mit einem am rechten Wagenrand stehenden Kunden vertieft.

Das Walthari zog die studentische Kundschaft besonders abends sehr an. Der Junge stand in der Suhrkamp-Ecke, blätterte und luchste dabei nach den Buchhändlerinnen. Alle berieten Kunden, eine bediente die Kasse. Das blaue Bändchen nahm er, die Buchhandlung im Rücken, die Kasse im seitlichen Blick, in die rechte Hand, und ließ es in seiner eng anliegenden Jacke unter der linken Achsel verschwinden. Er zog den Reißverschluss hoch, und nun folgte der schwerste Teil: Weiterblättern in einem anderen Buch und dann mit gleichmütigem Gesicht und mit „Auf Wiedersehen" aus dem Laden schlendern. Das Schlendern durfte durch keine starre Armhaltung auffällig sein.

In der nach der Immentalstraße fahrenden Straßenbahn sichtete er seine Beute: *Heinrich Hannover, Der Mord an Rosa Luxemburg und Karl Liebknecht: Dokumentation eines politischen Verbrechens.* Sein eigenes Verbrechen erfüllte ihn mit ziemlichem Stolz. Nichtsdestotrotz, er unterzog seine Tat einer Manöverkritik. Er schalt sich wegen des heftigen Herzschlags und der zu raschen Armbewegung. Das musste auch ruhiger gehen, und die zum Bücherklau geeignete Jacke musste enger anliegen. Ein Pullover unter die Jacke könnte die Lösung sein.

Musste er seine Tat beichten? *Ich habe gesündigt in Gedanken, Worten und Werken: durch meine Schuld, durch meine Schuld, durch meine übergroße Schuld.*

Galt das noch? Und wie sollte er es mit seinem Nachtgebet halten? Die Beschäftigung mit den Nacktfotos der *konkret* und dabei mit sich selbst, das gebrochene *Du sollst nicht stehlen*, das gemeinsame Fluchen über die Eltern zu Hause, *die Alten*, da kam was zusammen. Der Junge beschloss im Erkerzimmer der Immentalstraße: Es gibt keinen Gott, und einen lieben schon gar nicht. Von nun an musste es ohne ihn gehen. Mit dem Nicht-mehr-Beten vorm Einschlafen fing er gleich an.

An Weihnachten fuhren alle Kommunarden nach Hause. Die Brüder blieben in der Kommune alleine zurück. Der Junge war mit dem Weihnachtsgebäck der Mutter in der Reisetasche gekommen. Die Kokosmakronen mit ihren Oblaten erinnerten an die Heilige Kommunion; die Makronen aßen die beiden am liebsten. Auch die Zimtsterne der Mutter schmeckten gut. Stark dagegen fiel das Spritzgebäck ab, auf das die Mutter so stolz war, und dessen Teig sie durch den Fleischwolf drehte. Der mit einem Aufsatz versehene Fleischwolf verarbeitete den Teigkloß zu kleinen Portionen. Die fielen auf Mutters Hand und wurden auf dem Backblech verteilt. Der Junge teilte die Meinung des Bruders über das Weihnachtsgebäck und die Familienmitglieder.

Der Vater sei ein alter, kranker, von seiner Frau tyrannisierter Mann, die Mutter ein herrschsüchtiger Drachen, der den Katholizismus ihrer Familie mit Löffeln gefressen habe, die Schwester ein ihr gehorchendes braves Mäuschen, der Bruder Werner ein mit seinem Straßenkreuzer angebender Kapitalist, dozierte der große Bruder. Sie saßen im Wienerwald.

- „Der Onkel Werner ist doch nicht unser Bruder."
- „Du Schalwes, natürlich ist er das."
- „Aber wieso unser Bruder?"
- „Er stammt aus der ersten Ehe des Vaters."
- „Was, Vati hatte schonmal eine Frau?"
- „Klar, aber die ist längst tot."
- „Wieso tot, und wann war er mit der verheiratet?"
- „Im Krieg ist sie umgekommen, als er der Fabrikleiter war."

Am Abend vor Heiligabend waren alle Gaststätten noch offen, auch die Bierschwemme des Wienerwalds, mit dem Spielautomat, dem Flipper und der Musikbox. Hier saß man gerne kartenspielend und hörte mit halbem Ohr *Turn, Turn, Turn*. Permanent warf Franz die Münze für den Song ein, den der Junge so liebte, genauso wie das Wort „permanent“. Beim Aufbruch drehte sich ihm alles, und er konnte am Kleiderständer seine Jacke lange nicht finden.

An Heiligabend war selbst die Hühnerpuff genannte Gaststätte am Martinstor geschlossen, und nur die Bahnhofsgaststätte war offen, eine dem Bahnhof angeflanschte Baracke. Die Brüder standen mit dem Glas Export und dem Glas Gutedel am Tresen. Vor dem Zapfhahn ging ein für die Ganter-Brauerei werbendes, immergrünes Tannenbäumchen an und aus, und hinter ihnen saßen drei, vier Gäste, jeder an seinem eigenen Tisch.

Die Wurlitzer bot zwar keine *Byrds*, dafür aber den von seinem Bruder so geliebten Peter Kraus. Franz sang leise mit:

„Wenn dieser Abend dann zu Ende ist
Und mich das wunderschöne Fräulein küsst
Und wir gehen beide durch die dunkle Nacht
Dann geb' ich auf das Fräulein acht
So wie ein Tiger, oh, oh, oh
Ja, wie ein Tiger, oh, oh, oh“

Der Junge hatte es gut, solange die Ferien dauerten. Gingen sie zu Ende, musste er das während seiner Freiburger Tage bewohnte Zimmer räumen. Eins war immer frei, weil sein Bewohner die Eltern besuchte oder Skifahren war. Das Ende seiner Freiburger Freiheit kam den Jungen schwer an: Im Flur hockend, auf dem vom Sperrmüll geretteten Sofa, die schwarze Reisetasche neben sich, flossen die Tränen. *E Soldad heild ned*, wäre Vaters Kommentar gewesen, aber er wollte ja nicht mehr Vaters Soldat sein.

Zurück im Internat und dem kleinen Dorf am Ende des engen, vernebelten Tals musste der Junge den Pfaffen wieder gehorchen. Er musste ihnen sogar mehr gehorchen als die meisten Mitschüler, zahlten seine Eltern doch nicht den vollen Preis für das *Studienheim*. Wie es in der Schule eine *bibliotheca pauperis* gab, kostenlos auszuleihende Bücher, so gab es auch eine Vergünstigung für die wenig betuchten Schüler. Zu ihnen gehörte der Junge. Für den Billigtarif war eine Gegenleistung fällig, die Verpflichtung, beim regionalen Kirchentag ein Helfer zu sein. Die anderen durften an diesem Wochenende nach Hause fahren, er musste dableiben und auf Johanniskreuz seinen Dienst versehen.

Der Bauernsohn Peter aus Fehrbach teilte sein Leid und die Liebe zu Werder Bremen. Dorthin war *Zick, Zack Matischak* abgewandert. Der kam vom ihrem Lieblingsverein, dem FKP. In Abneigung gegen das Regime der schwarzen Herren war man miteinander verbunden. Den beiden war übertragen worden, den als Eintrittskarte dienenden Plastikanhänger zu verkaufen. Der war mit einem Bändel und dem Logo des Speyerer Bischofs, dem Bischofshut, versehen. Sein Preis: fünfzig Pfennig. Die Besucher des Kirchentags, in der Mehrzahl ältere Frauen, stiegen aus den Bussen aus, und die beiden empfingen sie.

- „Was koschdn des Ding?“

- „Ensfuffzisch.“

Die beiden kassierten eine Mark fünfzig, und die katholische Kundschaft zog ab. War eine Oma erstaunt über den hohen, beim letzten Kirchentag doch viel geringeren Preis, kam es zum sofortigen Preissturz. Für die alte Dame galt der reguläre Preis:

- „Eins kostet fünfzig Pfennige, wie letztes Jahr auch.“

Ein vom mangelhaften Hochdeutsch verursachtes Missverständnis also, und alles ging in Ordnung. Die beiden fleißigen Helfer hatten die Taschen voller Geld. Im Waldgasthof Johanniskreuz genehmigte sich jeder ein Schnitzel mit Pommes und eine große Cola.

Walmersbach

T*o everything there is a season*, sangen die *Byrds*, und im Internat konnte er das Lied manchmal hören, wenn er samstagnachmittags während der Studierzeit heimlich *Europawelle Saar* einschaltete. Das Transistor-Radio in der geschlossenen Schreibtischschublade, das Kopfhörerkabel durch den Hemdärmel geführt, den Arm auf dem Tisch aufgestützt, den Kopf in Denkerpose in die Hand gelehnt. Für einen echten Antiautoritären ein ziemlich beschämender Trick. Auch dass er die in der Dorfbuchhandlung gekaufte *konkret* zwischen dem Hemdenstoß verstecken, *Katz und Maus* heimlich auf dem Klo lesen musste, machte ihn niedergeschlagen. Katz und Maus mit den Pfaffen spielen, nichts Halbes und nichts Ganzes.

Im Frühsommer entdeckte er seine Liebe zum Fahrrad. Man kam in vier Stunden ziemlich weit damit. Um ein Uhr war das Mittagessen beendet, um fünf Uhr mussten die Schüler wieder zum stillen Studium an ihren hintereinander aufgereihten Schreibtischen hocken; vier an der Fensterfront, drei in der mittleren, drei in der dem Flur nächstliegenden Reihe. Falls einer der Jungs fehlte, fiel dies dem Präfekten mit einem Blick auf. Nach Hause betrug der Weg 21 Kilometer, der Entfernungsmesser in Onkel Karls Ford Escort hatte die Distanz angezeigt. Das konnte der Junge in anderthalb Stunden schaffen. Er fuhr los, war aber, nachdem er die B10 erreicht hatte, daran erinnert, dass ein lang ansteigender Berg zu überwinden war: Den Berg mit dem Namen eines Bachs hatte er ganz vergessen. Die Steigung am *Walmerschbach* kostete ihn eine halbe Stunde, und bis er sein Dorf und das auf dem Spatzenhügel gelegene Elternhaus erreicht hatte, war die Hälfte seiner vier Stunden rum.

Die Mutter bat ihn höflich, sich doch zu setzen. Die Küche und der Küchentisch waren in peinlichster Ordnung. Die auf dem Tisch stehende Schale mit den Kirschen rückte ihm der Vater heran. Die Herzkirschen hatte der Junge so oft in einen von einem Gürtel gehaltenen Korb gepflückt. Damals lobte der Vater das Kind mit dem immer gleichen Spruch: „Du bischt mei beschtes Pferd im Schdall.“ Die Obstschale war rasch geleert.

Vater gab dem Jungen den Rat, die *Walmerschbach* zu umfahren. Vor Münchweiler links in den Wald, dann dem Waldweg immer folgen: So käme er in Hinterweidenthal raus. Auf den Tipp mit der Abkürzung gab der Junge nichts. Die *Walmerschbach* rauf, dann den Schwung mitnehmen und runtersausen. An den Rat, den er sich selbst gegeben hatte, hielt sich der Junge.

Im Sommer musste er das Internat verlassen. Er musste *gehen*. Sein Gehen war ein Fliegen, er flog aus dem Internat hinaus. Sein Müssen war aber auch ein Dürfen. Endlich war er frei. Warum fliegt einer aus dem Internat? Weil er nicht hört. Der Junge hatte das Hören verlernt, vielleicht bei der väterlichen Lektion, die dem verlernten Fürchten galt, vielleicht bei den Antiautoritären des Immentals. Nichthören lag ja in der Luft. Er fühlte sich jetzt den Antiautoritären zugehörig, von denen der große Bruder erzählte, wenn alle drei Geschwister zu Hause waren, die Schwester und der Jüngste vom Internat, der Große von der Freiburger Uni. Das SDS-Plakat mit dem Slogan - *Alle reden vom Wetter. Wir nicht* - hatte der Junge noch in seinen Spind geklebt, und das rote Plakat mit den drei Oberkommunisten verfehlte seine Wirkung auf die Pfaffen nicht. Du kannst nicht hören, hatte der Junge häufig von ihnen gehört. Seinem Fehlverhalten fehlte der politische Grund; der FKP und sein Höhenflug waren schuld; es war die Zeit des Kapitulski, und der Junge wollte ihn im Mittelfeld zaubern sehen. Also nutzte er die von der Internatsordnung freigegebenen vier Sonntagsstunden, indem er sich am Ortsausgang an die Straße stellte und trampte. Er war jetzt ein Tramp. Die Musikbox im Venezia besang solche Rebellen.

Wer meist anhielt und ihn mitnahm, waren die GIs. Die wohnten nahe dem Ortsausgang in einer Barackensiedlung, einem Camp, wie auf der Toreinfahrt stand, und stellte der Junge sich hinter die Einfahrt, klappte es ziemlich schnell mit dem Fahren per Anhalter. *Where do you drive to, sir?* Endlich stimmte es einmal: Nicht für die Schule, für das Leben lernen wir. Die Fußballspiele im Schnee waren die schönsten; die Blauen vor dem weißen, plattgewalzten Untergrund, der kleine Techniker in der Mitte, der linke Verteidiger, an dem keiner vorbeikam, und der sogar aus dem Heimatdorf stammte. Waren der FC aus Saarbrücken oder die Borussia aus Neunkirchen wieder einmal geschlagen, hieß es, schnell ins Internat zurückkommen. Der Schneeberge wegen musste er zum Daumenwinken hart auf der Fahrbahn stehen. Langsam wurde es dunkel, und um fünf Uhr abends musste man doch im Studierraum sein, sonst fiel der Ausflug auf. Hatte der FKP gesiegt, hielt schon bald ein Auto, mit dessen vom Spiel noch begeisterten Fahrer sich über das Derby fachsimpeln ließ. Nachdem *Ruppertswiller* und die *Walmerschbach* passiert waren, stieg der Junge aus, musste er doch ins Dahner Tal, und der Fremde fuhr die B10 weiter Richtung Vorderpfalz. Das ganze lang gestreckte Hinterweidenthal mit seiner gewundenen Hauptstraße lag jetzt vor ihm, und wenn in dem Kaff niemand hielt, brauchte der Junge eine halbe Stunde, bis er an dem Dorfende angelangt war und an einer dem Anhalten günstigen Stelle. Ein VW-Käfer hielt. Der Fahrer beugte sich rüber und öffnete die Tür, statt erst einmal die Scheibe herunterzukurbeln und nach dem Wohin zu fragen. Der Junge stieg beglückt ein, dann schaute er erstaunt seinen Präfekten an.

Der Präfekt, Herr Schüssler, immer im Talar des Pfarrers, hatte die Mittelstufe unter sich. Ein besonnener Mann, kein Schläger wie der Herr über die Unterstufe. Er verstand Spaß, nahm es nicht krumm, dass ihm bei der Kissenschlacht, in die er einmal geraten war, ein Kissen über den Schädel gezogen wurde, als er die Tür zum tobenden Schlafsaal durchschritt, ein Schlag, der ihm die Brille von der Nase fegte. Einmal übte der Junge mit seinem Freund Josef die lateinische I-Konjugation; zum Vokabelabfragen durfte man auf den Balkon. Herr Schüssler machte Stichproben. War das Abfragen auch Zweck der Übung oder nur Vorwand für das heimliche Rauchen? Der Junge konjugierte: „Ficto, ficti, fictum, ficere.“ Der Präfekt hatte hinter der Balkontür gelauscht. „Peter, gibt’s das Wort überhaupt?“, fragte er mit seiner Nuschelstimme. Am Abend des Folgetags, zum freien Studium, gab er dem Jungen eine Aufklärungsbroschüre, die die weibliche Physiognomie unter Rock und Pullover schraffiert behandelte.

Das Abhauen per Autostopp konnte Herr Schüssler nicht durchgehen lassen, zumal es nicht das erste Mal war.

- „Was hat der Junge nur in der Kreisstadt zu suchen?“, fragen sich die geistlichen Würdenträger.

- „Der geht in Sexfilme!“, war die der Mutter mitgeteilte Vermutung.

Oswalt Kolle war auch in tiefster Provinz der Renner, also lag es nahe, dass auch der Junge da hinrannte. Dass er bald darauf, statt wie verlangt an der Fronleichnamsprozession teilzunehmen, mit drei weiteren bösen Buben das Wirtshaus besuchte, ließ dann das Fass seiner Sünden endgültig überlaufen. Das Mittagessen im Refektorium, das eher an eine Skihütte als an ein Kloster erinnerte, war vorbei, der Junge ging ins mittlere Stockwerk an seinen Platz, da räumte die Mutter seinen Spind aus, packte seine Kleidung in die zwei mitgebrachten Koffer und sprach dabei kein Wort.

Der Direktor rief ihn in sein Büro, bat ihn, Platz zu nehmen. Er redete dem Jungen ins Gewissen. Es war das erste Mal, dass der Mann im schwarzen Anzug und dem kleinen Kreuz am Revers an ihn die Rede richtete. Vorher hatte er ihm nur einmal eine runtergehauen. Da hatte der Junge die Abendfreizeit überzogen und durch den vom Direktor bewachten Hintereingang ins Studienheim reinschlüpfen wollen. Ob der Junge wisse, wie sehr er den Eltern Sorgen bereite? Er solle an das vierte Gebot denken und Vater und Mutter ehren, stattdessen lese er Marx und Engels, was nichts Gutes verheiße.

Dass der Junge sich in der Dorfbuchhandlung die vierbändige Fischer-Studienausgabe gekauft hatte, war der Internatsleitung also nicht verborgen geblieben. Der Junge befand, dass seine Lektüre den Pfarrer nichts angehe, worauf dieser ihm einen Merksatz fürs Leben mitgab: *Es gibt mehr Ketten als würische Hunde.* Wieso wütend und Hund, und wieso der Dialektausdruck, fragte sich der Junge. Er hätte dem Kerl an den Hals fahren mögen, damit der einen wütenden Hund mal erlebte. Stattdessen stand er auf, ging aus dem Büro, steckte sich eine Zigarette an und schlenderte an seinen alten Platz, wo seine Mutter auf ihn wartete. Sie fuhren in Onkel Karls Ford Escort nach Hause, kein einziges Wort fiel. Dabei blieb es von Mutters Seite für lange Zeit.

Karl May, Karl Marx

Ei wer schdeht do uff de Brick
mit de Batschkapp im Gnick
Pfälzer Traditional

Mit Vater hätte er wieder klarkommen können. Die Jahre im Internat, Vaters langer Sanatoriumsaufenthalt und die verbrachten Ferien im Immental standen dem nicht im Weg. Aber an die Mutter konnte der Junge sich nicht gewöhnen. Sprach sie einmal wieder mit ihm, hielt sie ihm vor, was die Eltern alles für ihn getan hätten. Und nun seien all ihre Opfer umsonst. Der Junge fühlte sich schuldig; was er aber nicht zeigen wollte. Er begriff, dass es viel Geld war, was die Eltern in seine und seiner Geschwister Ausbildung steckten. Die Rente des Vaters, die Miete der beiden US-Soldatenfamilien, die im Dach- und im Erdgeschoss wohnten, all dieses Geld bekamen die Kinder reingebuttert, und statt Butter lieferte er saure Milch.

Die Ratschläge seines Vaters kamen ihn sauer an. „Isch geb der am Sunnda zwä Maag, dann gesch de enner dringe, un die Mudder losch de im Glauwe, du wärschd in de Kersch." Solchen Rat fand der Junge empörend. Er war nicht gewillt, klein beizugeben. Um die Mutter und den Vater zu ärgern, las er seinen Karl Marx. Vater kommentierte: „Erst Karl May, jetzt Karl Marx." Mutter beschwor die tote Großmutter; im Grab würde sie sich umdrehen, käme auf den ungeratenen Sohn nur ein Fitzelchen ihres Erbes. Der Junge besaß nun zum ersten Mal ein eigenes Zimmer. Er fühlte sich darin wie ein Maikäfer in einer mit Luftlöchern versehenen Kiste.

Im Wirtshaus Zum Ochsen saß er ganz hinten allein am Tisch. Das bewilligte Taschengeld reichte für jeweils zwei Schöppchen an zwei Tagen die Woche. Vater steckte ihm manchmal unter der Woche ein Zweimarkstück zu. Dann sah er sich wie der *Schmidfilb* behandelt. Das Altsprachliche der Kreisstadt hatte er schon einmal vergeblich besucht. Ihn dort wieder anzumelden, weigerte die Mutter sich. Das musste er selbst erledigen, was einen soldatischen Mut erforderte. Aber den hatte er ja verloren, also behalf er sich mit einem antiautoritären. Alles Arschlöcher, befand der Junge, und der Direktor befand, dass es sich um ein ziemliches Früchtchen handeln musste, das da vier Wochen vor Schuljahrsende das Gymnasium wechselte und bei ihm anklopfte. Der Aufnahme begehrende Schüler entpuppte sich für den in seinen Unterlagen blätternden Schulleiter als der Bruder des langhaarigen Kerls, mit dem er schon einmal nichts als Ärger hatte.

Die großen Ferien vor dem neuen Schuljahr verbrachte der Junge mit seinem Bruder und dessen Freundin Sylvia in Saintes-Marie-de-la-Mer. Dort trugen die Zigeuner die schwarze Madonna bei ihrer Wallfahrt ins Meer. Der Junge wäre gerne mitgelaufen. Den Direktor, das bescheuerte Gymnasium, die ganze beschissene Heimat hätte er am liebsten hinter sich gelassen. Aber es half nichts, er musste dorthin zurück. Es war Sonntagnachmittag, als er das Haus auf dem Spatzenhügel erreichte. Mutter und Vater hatten Gäste. Für Pfarrer Meckes, seine Schwester und Mutters Freundin Paula war im Wohnzimmer feierlich eingedeckt. Das Kaffeegeschirr mit dem blauen Zwiebelmuster kam zu Ehren, das messingfarbene Rechaud mit seinem Kerzenlicht wärmte die Kaffeekanne. Den blauen, kleinen Tropfenfänger am Schnabel der Kanne hielten zwei am Henkel eingespannte Gummis fest. Den Deckel der Kaffeekanne zierte ein Schmetterling, auch er in Blau.

Die Mutter bat den Jungen, er möge sich doch in der Küche aufhalten. Sie lud ihm drei Tortenstücke auf den Teller. Mutter konnte sein, wie sie wollte; ihre Schwarzwälder, ihr Frankfurter Kranz, ihr Apfelstrudel schmeckten wunderbar. Der Sohn unterhielt mit ihr einen Wettbewerb. Wer hat wem am meisten Leid zugefügt? Mutters Tabelle wies die viel höhere Punktezahl auf, er lag hoffnungslos zurück. Er war aus dem Internat geflogen, trug die Haare lang, ging nicht in die Kirche. Der Junge hielt dagegen: Wer stellte ihm kein Frühstück mehr hin, wer hatte ihn im Altsprachlichen nicht angemeldet, wer war überhaupt an seinem nervösen Magen schuld? Die Verbannung in die Küche nach seiner Rückkehr aus Südfrankreich hielt er der Mutter permanent vor.

Setzen, böser Junge!

Das neue Schuljahr geriet katastrophal. Seine Internats- und seine neue Schule, die ja seine alte war, wiesen unterschiedliche Lehrpläne auf. In Latein war er weit vor, in Physik ganz zurück, Chemieunterricht hatte er noch nie gehabt. Der Französischlehrer hatte den Jungen auf dem Kieker. Herr Brunner war Vorsitzender des örtlichen Nudistenvereins und fuhr zum Nacktbaden an die Nordsee, deshalb galt er als progressiv. Der Junge schlug ihm vor, Gedichte von Francois Villon zu lesen; die hatte er, von Klaus Kinski gesprochen, auf einer Schallplatte gehört und hätte sie gerne im Original gelesen. Herr Brunner fand den Lesestoff gar nicht angemessen, und dass ein Schüler dem Herrn Lehrer Lektürevorschläge machte, noch weniger.

Der den Jungen in Latein unterrichtende Lehrer war noch recht jung, hatte in Freiburg studiert und schien Diskussionen nicht abgeneigt. Über den Krieg in Vietnam zu diskutieren war allemal besser, als den schweren Sallust zu lesen, befand die ganz Klasse. Sympathie und Antipathie für die USA gingen hin und her. Die US-Soldaten wohnten in der Nachbarschaft; hinter dem Wasserturm fing ihre *Housing Area* an. Ein Mitschüler wiederholte, was er zu Hause gehört hatte: Wegen den *Amis* sei man nur Gast im eigenen Haus. Der Junge verglich den Krieg in Vietnam mit dem Völkermord der Nazis; den Vergleich hatte er auf einem Plakat gelesen. Das Wort Nazi und der Vergleich brachten den die Bankreihen auf- und niederschreitenden Studienassessor dermaßen auf, dass er augenblicklich stehen blieb und einen Schlüsselbund nach dem Jungen warf. Er verfehlte ihn knapp. Die eben noch lauthals diskutierende Klasse war schlagartig still. Der Junge war so erschrocken, dass er die Schlüssel aufhob und an den Rand seines Pultes legte. Der Lehrer schrie ihn an: „Du kannst mich nicht aus der Ruhe bringen." Der Junge kam über diesen Vorfall lange nicht hinweg. Er machte sich den Vorwurf, er habe gekuscht. Er hätte den Schlüssel nehmen und dem Lehrer an den Kopf schmeißen müssen.

Der Junge sah sich als Vorhut der in den Unistädten tobenden Revolte, und die Studienräte taten ihm den Gefallen, ihn auch so zu sehen. Er war fünfzehn, okay, aber warum soll ein Fünfzehnjähriger kein großer Revolutionär sein? Herr Greiner, der *Greiner Schorsch*, galt als der Kumpel der Sportlichen. Der Junge sah sich als sportlich an, aber den Kumpel-Status verweigerte ihm der Schorsch. Die eine Hälfte der Doppelstunde: Geräteturnen. Am Barren und beim Seitpferd, da leuchtete kein großes Licht. Aber in der zweiten Hälfte, beim Fußball, da drehte der Junge auf. Dem Bürgermeistersohn aus dem Heimatdorf missfielen die Sturmläufe am linken Flügel. Er grätschte den Jungen permanent um, der Schiedsrichterpfiff blieb permanent aus. Der Jungunionist sah in dem Jungen einen langhaarigen, linken Vogel. Verlangte Schorsch, sich an dem von der Decke herunterhängenden Seil hoch zu hangeln, war der Robert immer als Erster oben. Militärische Übungen lagen ihm. Schorsch belobigte gute Leistung mit Schokoladerippchen. Die weniger Tüchtigen feuerte er mit saftigen Sprüchen an: „Die Arschbacken zusammenkneifen, damit ein Fünfmarkstück die Prägung verliert!"

Im Deutschunterricht gab es keinerlei Konzession an die Grass' und die Bölls. Theodor Storm war zu lesen, und Viola Tricolors *Was doch die Guckindiewelte heutzutage klug sind!* hätte das Motto der Lehrerin sein können, dachte der die Novelle lesende Junge. *Die Scherb* sah sich als Fels in der Brandung, aber die Brandung landete in der beschaulichen Provinzstadt doch gar nicht recht an. Der Junge hatte Angst vor ihr. Die Deutschlehrerin hatte ein Bein verloren und trug eine Holzprothese, mit der sie sehr einschüchternd auftreten konnte. Die Schüler dichteten *der Scherb* noch ein Glasauge an. Das Wort spielte auf ein zerdeppertes Gefäß an, eine Scherbe. In einer Klassenarbeit ließ sie einen Besinnungsaufsatz über den Respekt schreiben, den die jüngere der älteren Generation schuldig wäre. Der Junge konstruierte den Fall einer Lehrerin, die die Klassenarbeit eines aufmüpfigen Jungen zensiert, dabei aber voreingenommen ist und die ordentliche Leistung des Jungen nicht objektiv beurteilt, worauf dieser ihr den Respekt versagt. „Vier Minus", sagte die Deutschlehrerin beim Überreichen der Arbeit und: „Setzen, böser Junge!"

Bei seinem Chemielehrer hatte der Junge ebenfalls verloren. Das Fach war ja Neuland für ihn. Einen Stoff in Buchstaben und Zahlen aufgelöst zu denken, fiel ihm schwer. Der Chemielehrer sah die Not seines neuen Schülers, konnte aber das Fortschreiten mit dem durchzunehmenden Stoff nicht verlangsamen und dem Neuen während des Unterrichts nicht noch private Nachhilfe geben. Seine Eltern um Geld für Nachhilfeunterricht zu bitten, traute der Junge sich nicht. Der junge Chemielehrer war ihm gewogen, das spürte er, doch Hilfe konnte er von ihm nicht erwarten, das spürte der Junge auch.

Die Schüler hatten Herrn Heckmann zu ihrem Vertrauenslehrer gewählt. Dieses Amt, die Schülermitverwaltung und die Schülerzeitung *Ceterum Censeo* sollten als die zivilisierte Antwort der Schulleitung auf das unzivilisierte Begehren der langhaarigen Revoluzzer gelten. Als Exemplar dieser Gattung musste der Junge herhalten, ansonsten las man von der unbotmäßigen Sache bloß in der Zeitung. Dem Direktor kam das Recht zu, die Artikel von *Ceterum Censeo* zu sichten und ihm nicht genehme auszusieben. Die Wortspielerei mit Censeo und Zensur lag nahe. Auf dem Pausenhof gab es Lagerbildung. Boykott der zensierten Schülerzeitung, lautete die Parole aus der Raucherecke. Die ganz Jungen aus Quinta und Quarta griffen die Parole auf und gaben sie lautstark weiter. Eine Gaudi lag in der Luft.

Der Junge sah in dem Pausenhof-Gaudium den Vorboten eines antiautoritären Aufstands. Den galt es, nun richtig anzuheizen. Die Revolte verlangt es, die zündenden Parolen an die Wände zu schreiben; aus Freiburg hatte er solche Erkenntnis mitgebracht. Also packte er gegen Abend seine Schultasche, diesmal mit der roten, vom Vater fürs Hoftor verwendeten Rostschutzfarbe und einem Pinsel versehen. Brauns Buslinie stellte ab acht Uhr den Pendelverkehr mit der Kreisstadt ein; per Autostopp ging es hoch. Auf dem *Exe*, dem Zentrum und Markplatz angelangt, ging es noch höher, auf den *Horeb*. Pirmasens ist wie Rom auf sieben Hügeln gebaut. An der Schulmauer angelangt, machte sich der Junge ans Werk. Längst war es dunkel, und die Mauer warf im Mondlicht noch Schatten. Er pinselte seinen Spruch an die Wand. Dem „Boykottiert die zensierte Schülerzeitung“ fehlte eigentlich nur noch das Ausrufezeichen.

Über seinem Kopf hört er plötzlich Schritte. Die Eingangstür wird abgeschlossen und jemand geht die Treppen herunter. Der Junge drückt sich in die Ecke. Eine Wagentür wird geöffnet und zugeworfen, ein Motor angelassen; der Wagen fährt los. Nochmal gut gegangen! Der Junge steht plötzlich im gleißenden Scheinwerferlicht. Er zieht sich die Kapuze des Parkas über den Kopf und rennt los. Die Wörth-, die Herzog-, die Luisenstraße runter, das Auto immer hinter ihm her. Die Stadt weist überall Treppen auf, nur jetzt, wo man sie hätte gebrauchen können, gibt es keine. Am Leibniz-Gymnasium wirft er sich in die Büsche und drückt sich flach auf den Boden. Er liegt eine Zeit lang, als er Stimmen hört. „Do isch er nin." Die Kartoffelrose mit ihrem dichten Gestrüpp, der dunkelgrüne Parka, die Unlust des Polizisten, dem Strahl seiner Taschenlampe hinterherzusteigen - nach zehn Minuten ist die Visite vorbei. Er bleibt liegen, eine Stunde und noch eine Stunde, bis die Geräusche der Stadt verstummen. Die Knolle der Kartoffelrose weist ein viel intensiveres Rot auf als mein Rostschutzrot, denkt sich der Junge.

Zum Messegelände runter, hinter der Messe hoch, rechts die endlose, zu den Kasernen der Husterhöhe führende Straße lang - um diese Uhrzeit fuhr kaum mehr ein Auto. Also musste der Junge die kurvenreiche Bärenhalde hinunterlaufen. Irgendwann hielt doch noch ein amerikanischer Straßenkreuzer. Ein schwarzer US-Soldat ließ ihn einsteigen und stellte sich ihm gar vor. Auf Jimmys Armaturenbrett prangte das Firmenlogo des Automobils. Mit einem Chevy glitt man so schön durch die Kurven. *Thank's a lot*, und den Spatzenhügel hoch. Der Junge schloss die Haustür auf und empfing eine Ohrfeige. Seine Mutter zitterte vor Zorn. So spät in der Nacht war er noch nie aufgetaucht. Er hielt Mutters Armgelenke fest und sagte sachlich: „Du schlägst mich nicht mehr."

Am Folgetag stand ein aufwendiger Versuch im Chemieunterricht an. Stativ, Bunsenbrenner, Reagenzglas, Rundkolben und Messzylinder waren schon aufgebaut. Herr Heckmann hatte am Vorabend alles vorbereitet. Den Jungen strafte er mit Nichtbeachtung. Zum Unterricht etwas beitragen konnte der sowieso nicht. Einmal schweiften die chemische Themen betreffenden Fragen und Antworten ab; die Notstandsgesetze standen zur Debatte. Der Junge, voller Verdruss über das bisher Geäußerte und über seine übersehene Wortmeldung, legte los. Da herrschte ihn der Vertrauenslehrer dermaßen an, dass alle in der Klasse erschraken. So kannte man den Herrn Heckmann nicht.

Republikanischer Club

Der Junge brachte schon bald ein ganzes Jahr auf der neuen Schule zu, da machte er eine ihn beglückende Entdeckung. Neben all den Spießern und Angepassten gab es Genossen. Einer fuhr jeden Morgen im Schulbus mit. Wolfgang führte ihn in den Republikanischen Club ein. Im RC kamen die Freaks der Stadt zusammen. Man war ja schnell ein Freak oder ein „Gammler", wie Frau Günzel, Herr Brunner, Herr Scheuer und all die Honoratioren die aufmüpfige Corona nannten.

Das vom Fremdenverkehrsamt als Stadt der sieben Hügeln gerühmte und mit dem ewigen Rom verglichene Pirmasens kam dem Jungen als ewig hinter sieben Hügeln liegendes Nest vor. Es gab zwei Jugendszenen, die *Scene* genannte Drogenszene und die Antiautoritären aus der Winzeler Straße. Die Übergänge waren fließend, das Bewusstsein erweitern wollten beide. Der Junge fand Freunde in beiden Gruppen. In beiden lebte man nach dem Motto: „Nichts wie raus". Die Stadt galt als ein Ort, den man so bald wie möglich verlassen musste. Hatte es einer zum Studium nach Heidelberg oder zumindest nach *K-Town* geschafft, beneideten ihn die Zurückgebliebenen.

Wolfgang stand kurz vor dem Abitur; er wollte Stadtplaner werden. Seine Familie besaß ein diagonal dem Spatzenhügel gegenüberliegendes, beinahe im Wald verschwindendes Haus. In Wolfgangs Familie ging es lebhaft zu, hatte er doch einen jüngeren Bruder und eine Schwester, während in dem Elternhaus des Jungen eine Stille lastete, die nach der *Tagesschau* und dem väterlichen Zubettgehen in eine Grabesstille überging. Wolfgang besaß Gelassenheit, und wenn der Junge das ganze Kollegium seiner Schule mit einer Versammlung von Schafsköpfen verglich, machte der Ältere auf die interessanten Herdenmitglieder aufmerksam. Auf den Zeichenlehrer, *die Emma*, zum Beispiel, Bruder des amtierenden Speyerer Bischofs Emanuel, einen Maler und Bildhauer, mit einer jungen Volksschullehrerin ihres Dorfs ohne Trauschein zusammenlebend. Oder den *Stalin*, Physiklehrer, der nur im Telegrammstil sprach und in merkwürdigen Bildern vor den Gefahren des geschlossenen Stromkreislaufs warnte. *Sitzt Vogel mit Füßen nur auf einem Oberleitungsdraht, passiert nichts. Sitzt Vogel mit beiden Füßen auf beiden Drähten, fällt Vogel ohne weiteres tot herunter.* Stalins Tochter, mit Wolfgang in der gleichen Abiturklasse, hatte lange schwarze Haare, rosafarben geschminkte Lippen, mit Make-up hervorgehobene hohe Wangenknochen, und ihre mit einem feinen Lidstrich umrandeten dunklen Augen standen eng beieinander. War Stalin nicht Kirgise?

Im Republikanischen Club erlebte der Junge eine Lachlust, die mit der Freudlosigkeit der Eltern und Lehrer in völligem Kontrast stand. Als hätten die Alten nichts mehr zu lachen, weil hier alles weggelacht wurde. Dabei wäre es manchmal eher zum Heulen gewesen. Bernd, den alle „Joe" nannten - Jimi Hendrix' „Hey Joe" war ihre Hymne -, wurde von seinem eigenen Vater, einem Schullehrer, angezeigt, hatte der in Joes Taschen Flugblätter gegen die NPD gefunden. Ein Impressum fehlte, und Ordnung musste sein.

Gustav kam aus dem gleichen Ort wie Joe, war schon verheiratet, und sein kleiner Sohn Bibov, brachte er ihn abends manchmal mit, war der Liebling der linken Republikaner. Gustav ließ keine Festlichkeit seines Dorfs aus, nicht einmal den Feuerwehrball. Einmal stand er am Eingang des Festzeltes und wurde militärisch knapp befragt. „Mitglied?" - „Ohne Glied!", bekannte Gustav, und verzichtete ehrlicherweise auf den ermäßigten Eintrittspreis. Ohne Glied war übertrieben, nur die Vorhaut war weg, Gustav war als Jude beschnitten.

Martin, der Sohn des Pastors, kochte im Club, aber immer nur Spaghetti mit passierten Tomaten. Schon der Parmesan galt als verzichtbare Beigabe. Martins weiße, hohe Kochmütze zierte der klassische Spruch: „Hier kocht der Chef". Das „F" war durchgestrichen; alles war ja politisch. Neben dem Ackermann, dem Geschäft für Herrenoberbekleidung für den gehobenen Bedarf, gab es eine Rasenmäher und Schlagbohrer führende Eisenwarenhandlung. Martin machte sich und seinen Freunden einen Spaß, indem er sich jeden zur Bohrmaschine passenden Aufsatz erklären ließ, den Schnellspannbohrer, das Einschlagwerkzeug, den Winkelbohrkopf. „Und das alles kann der Schlagbohrer von Bosch", lautete Martins immer wiederkehrende, rhetorische Frage.

Mit Edwin und seinem VW-Käfer, mit Wolfgang und Martin fuhr der Junge auf die Burg Waldeck. Martin ließ nur *Guru Guru* gelten, dem ganzen deutschen Protestsong, inklusive Degenhardt, gewann er nichts ab. Alles Wandervogel-Romantik, befand er, eigentlich nicht zu ertragen, und wer Hans Dieter mit Vornamen heiße, könne zur Neuen Linken gar nicht gehören. Edwin, schon ein erwachsener Mann, war durch keinen Gag zu erheitern; in einen Unfall verwickelt, hatte er einen jungen Mann totgefahren. Er litt darunter unendlich. Seine Familie behandelte ihn als Aussätzigen. Im RC, bei den Außenseitern, konnte er über sein Leid sprechen.

Die NPD war bei der Bundestagswahl an der Fünfprozenthürde nur knapp gescheitert. Willi, der Vorsitzende der örtlichen Ledergewerkschaft und RC-Mitglied, konnte eine Presseerklärung in der *Rheinpfalz* unterbringen. Willi bezeichnete die NPD als Gefahr für die demokratischen Institutionen. Er erwähnte die Behandlung, die die Gewerkschaften von den Nazis erfahren hatten. Die örtliche Gliederung der NPD fühlte sich provoziert. Willi schlief auch im Winter gerne bei offenem Fenster. Schneebälle flogen hinein, geworfen von „dene Nazibuwe", wie er sich ausdrückte. Die Jungen des RC sannen auf Rache; der Vorsitzende der örtlichen Partei war ihnen bekannt. Warum ihm nicht auflauern und ihn ordentlich durchprügeln? Willi mit seiner tiefen Stimme hatte zu tun, um seine Jungs zu besänftigen. „Ihr Buwe, des bringd ga nix." Er lud zu einer über das NPD-Programm aufklärenden Versammlung ins Gewerkschaftshaus ein. Außer den jungen Linken kam niemand. Willi erzählte von früher. Er und sein Bruder seien selbst einmal Nazis gewesen, er wisse, wovon er rede. Zum Fähnleinführer in der Hitlerjugend habe er es gebracht. Sein Freund Degenhardt habe ihm ein Denkmal gesetzt. Das Lied vom Horsti Schmandhoff – die Jungs würden es doch kennen. Willi zitierte:

„Auch als er dann als Fähnleinführer, Hand mit Siegelring
am Fahrtenmesser, das ganz los' am Ehrendolch da hing,
in Halbschuhen, weiße Söckchen und mit Tänzelschritt
und Wackelhintern neben seinem Fähnlein einherschritt ..."

Der Horsti mit dem Willi identisch? Ihr Idol ein gewesener Brauner und mit ihrem anderen Idol, dem roten Degenhardt, befreundet? Es gab was zu bequatschen, als man beim Bier in der Kneipe wieder unter sich war.

Einmal fragte der Junge seinen Vater, ob auch er Mitglied der Gewerkschaft Leder gewesen sei. Entrüstet verneinte der Vater; Gewerkschaft, das sei für ihn nichts gewesen. In seinem ganzen Leben sei er nie auf den Gedanken gekommen, einmal zu streiken. Gegen wen auch? Er habe die Leitung der Fabrik innegehabt. Ja, als junger Mann, *in de arm Zeid*, da habe er einmal Kurt Eisner reden hören, und die Rede sei ihm eingegangen. Aber später sei alles besser geworden, und für ihn als Fabrikleiter doch allemal. Welcher Fabrik? Ja die am Niederrhein, wo die Stiefel für die Soldaten gemacht wurden. Ob es ihn nicht gestört habe, für den Krieg der Nazis zu arbeiten? „Die Nazis, her mer bloß uff!"

Solche Gespräche brach Vater sofort ab. Dabei war der Junge gar nicht mehr das Kind, das man auf später vertrösten konnte. Das „Ich erzähl dir das mal, wenn du älter bist" klang nach Ausrede. Sein Sohn war ja nun älter geworden. Und dass der Werner sein Bruder war, wusste er nun auch. Als er an Allerheiligen noch mit auf den Kirchhof ging, wurde jedes einen Familienangehörigen beherbergende Grab mit einem Vaterunser bedacht. Der Vater zündete eine Kerze an und stellte die kleine, rote Laterne, das *Ewige Licht*, auf das schmale Grabviereck, wo seine erste Frau Johanna und die Tochter Brigitte lagen. Das Todesdatum der beiden war identisch, ein Septembertag im Jahr 1944. Der Junge fand den Ausdruck „im Grab liegen" immer merkwürdig. Wie kann man liegen, wenn man tot ist, das passt doch nur für Lebendige?

Das laufende Schuljahr hakte der Junge ab. Der Rückstand in den kritischen Fächern war nicht aufzuholen. Die Klasse musste wiederholt werden. Das war schon nach wenigen Monaten klar. Noch ein Jahr mehr bis zum Abi und dem ersehnten Auszug aus der vermeintlichen Freiheitsstraße. Er konnte sich ganz dem Politischen widmen. Das Politische galt es theoretisch zu unterfüttern. Er war auf das *Kursbuch* abonniert. Dort las er, was sich in den Unistädten tat. Parteien gründeten sich, aber all diese Parteien schienen Vereinigungen merkwürdiger Personen zu sein. Nach Pirmasens kamen Studenten der Saarbrücker Universität, und hatten sie letzten Sommer noch lange Haare, tauchten sie nun mit dem alten, verhassten Fassonschnitt auf. Das Proletariat sollte die Diktatur übernehmen, die Schüler und Studenten hätten dem Volke zu dienen. Willi von der Gewerkschaft Leder runzelte bloß die Stirn.

An den Wochenenden schlief der Junge kaum mehr zu Hause. Überall in der Pfalz gab es Treffen der Neuen Linken. Er besuchte das Neustädter

Schülerkollektiv, die Sozialistische Werkstatt in Kaiserslautern, die Politrocker Zwei in Zweibrücken. Die Politrocker machten sich mit ihrem Namen einen Spaß; sie imitierten die Berliner Politrocker Eins. Auf dem Hambacher Schloss stand eine Preisverleihung an; der Preisträger, so hatte *Der Spiegel* recherchiert, hatte die Niederschlagung des Ghettoaufstands in Warschau literarisch gefeiert. Sein Werk über das *Ausräuchern* hatte er 25 Jahre vorher geschrieben. Eine genügend lange Schamfrist, um einen gewandelten Demokraten und großen Literaten zu ehren, fand die Deutschland-Stiftung, und überreichte den Konrad-Adenauer-Preis.

Die Preisverleihung wollten die jungen Linken verhindern und die Politrocker Zwei mit Molotow-Cocktails. Die Demonstranten übernachteten in einem Naturfreundehaus; dort fand die Besprechung des kommenden Tages statt. Die Festgesellschaft auf ihrem Weg hoch aufs Schloss musste ganz in der Nähe vorbeikommen. In einem Busch hatten die Politrocker ihre Brandflaschen versteckt. Willi und sein Freund, ein DKP-Mann mit dem abenteuerlichen Namen Karl Mai, wollten den jungen Wilden den Brandanschlag ausreden, aber vergeblich. Auch der Junge votierte dafür, die Mollis zu werfen. Mollis, das klang so harmlos und war doch nichts gegen die vom Preisträger einmal gefeierten Flammenwerfer. Als die Zweibrücker Rocker am nächsten Tag ihr Versteck aufsuchten, waren ihre Molotow-Cocktails verschwunden.

Die Demonstranten zogen hoch auf den Bergrücken. Je näher sie der Hambacher Anhöhe kamen, desto mehr Polizisten tauchten auf. Kein Durchkommen, kein Protest; die Festgäste wollten ihren Preisträger ungestört feiern. Der Junge verließ die Straße und stieg den steilen, bewaldeten Hang hoch. Vielleicht gab es oben ein Schlupfloch. Mit ihm, dem Siebzehnjährigen, kletterte beinahe auf allen Vieren eine Siebzigjährige hoch. Die betagte Dame war aus Mannheim herübergekommen. Sie teilte die Empörung der Jungen über die Ehrung des Altnazis auf dem symbolträchtigen Schloss. Ihr gemeinsamer Aufstieg endete erfolglos am Fuß des Schlosses. Beim Abstieg vom Hambacher Hügel kam die Frau ins Reden. Im Mannheimer Singsang erzählte sie von ihrer Jugend und von einer Kundgebung gegen den Krieg. Rosa Luxemburg habe mitreißend gesprochen.

Blutwurst

Frau Wagner, das ewige Fräulein, bei dem Mutter und Sohn einmal übernachteten, als der Mann vom Gesundheitsamt die elterliche Wohnung der TBC wegen einnebelte, zog aus, und Mister Littlefield und Familie zogen ein. Lieutenant Littlefield, der später einmal der ganzen pfälzischen US-Truppe vorstand, hatte in Korea gekämpft, Vietnam hinter sich und vielleicht wieder vor sich. Hal, Scott und seine Frau Susan zu verlassen, um wieder in den Krieg zu ziehen, war nicht das, wonach ihm der Sinn stand.

Die US-Familie fühlte sich bei ihren *landlords* wohl, die deutsche Familie mochte den bebrillten großen Mann mit dem Silberblick. Die Mutter hütete die Kinder, wenn die Eltern ins Kino gingen. Der Vater gab den Fremdenführer, wenn die beiden Familien in einem riesigen, olivfarbenen Achtzylinder durch den Pfälzer Wald fuhren. Den Platz im Chrysler aufzuteilen, übernahm der Lieutenant: Frauen und Kinder nach hinten, die Männer auf den Vordersitz. Die eigentliche, für einen Familienausflug ungeeignete Sensation stand aber vorm Haus, der Porsche 911, Littlefields ganzer Stolz.

Der Junge hatte sich einen Offizier der US-Armee als einen Haudrauf vorgestellt, nach Art der ihm vom Vater als Vorbild gepriesenen Soldaten. Dass viele einfache GIs dem soldatischen Ideal nicht entsprachen, wusste er. Bei seinen Autostopps, seinen *lifts*, hatte er wenig kriegerische Jungs kennengelernt. Die mussten ihre Haare ganz kurz tragen; eins der Dinge, die ihnen die *army* verhasst machten. Mit seinem ausrasierten Nacken hatte Mister Littlefield kein Problem, aber er erinnerte keineswegs an einen *redneck*, über den die in Uniform gesteckten Hippies fluchten. Der Offizier gab unverblümt zu verstehen, wie wenig ihm die weltpolitische Rolle seines Arbeitgebers behagte. „We have to stop beeing the worlds policemen", sagte er einmal dem Jungen. Der war über dieses Statement ziemlich erstaunt.

Mister Littlefield und Familie stammten aus *Maine*, und in diesen Bundesstaat zog es sie wieder zurück. Die Kiefernwälder Neuenglands würden ihn an die pfälzischen Wälder erinnern, erzählte Herr Kleinfeld gerne. Alle paar Jahre kam er nach *Germany*, um sich in Zuffenhausen einen neuen Porsche zu kaufen, den er nach Bremerhaven kutschierte, nicht ohne seine altgewordene *landlady* besucht und ihren Kranzkuchen gegessen zu haben. Zu Hal und Scott war eine Kim dazugekommen; Littlefields hatten eine vietnamesische Waise adoptiert.

Die US-Soldaten erschienen dem Jungen wie die Botschafter einer ihm noch verschlossenen Welt, Vietnam hin, Vietnam her. Auch seine Freunde aus dem RC standen den GIs ohne Groll gegenüber. Man sah in ihnen Kriegsdienstgegner, denen zu helfen war. Ein vor der Husterhöh-Kaserne verteiltes Flugblatt forderte zur Desertation auf. Das Verteilen dauerte nur wenige Minuten; zwei riesige Militärpolizisten mit weißen Gamaschen über den grünen Stiefeln erschienen und nahmen den Jungen in ihre Mitte. Ab in den Jeep und runter in die Polizeistation am *Exe*. Die seine Personalien notierende *military police* krümmte ihm kein Haar, trotz seines Buttons am Revers, den Farben des Vietcongs.

Die US-Armee, von den Einheimischen am Biertisch gerne mal als Besatzerarmee beschimpft, galt neben der Schuhindustrie als ein Wirtschaftsfaktor. Man konnte in ihren *camps* Arbeit finden, man konnte von ihnen Miete kassieren. *Hald isch mer e Wutz, oder hald isch mer a Ami*, war eine beliebte Redensart der zum Scherzen geneigten Pfälzer. Man hatte ja im Krieg „alles verloren“ und war nun dabei, sich wieder etwas davon zurückzuholen. Man hatte alles verloren, diesen Satz hörten die Jungen immer wieder, und ihm folgte nach einer unbekannten Grammatikregel der nächste: „Ihr wisst gar nicht, wie gut es euch geht.“ Auch der Vater sparte nicht mit dem Hinweis auf seine Herkunft als Kind armer Leute. Sonntags habe er immer wählen müssen: Zucker in den Kaffee oder Marmelade aufs Brot. Die Marmelade und die ihr anhaftende Botschaft bekamen seine Kinder dutzende Mal aufs Brot geschmiert; den Satz, er habe alles verloren, hörten sie von ihrem Vater nie.

Wie Herr Littlefield und die ihm als Mieter folgenden US-Militärs ihre deutschen Vermieter sahen, hätte der Junge gerne gewusst. Sie mussten doch davon ausgehen, dass die erwachsenen Deutschen dem Hitler gefolgt waren. Die *Amis*, wie sie knapp hießen, mieden solche Gespräche, wahrscheinlich einer von der US-Armee erlassenen Richtlinie folgend. Der Unterschied zwischen dem Erziehungsstil der Amerikaner und dem seiner Eltern frappierte den Jungen. Musste die auf Miss Littlefield folgende Miss Watson ihren Sohn ermahnen, wandelte sie das liebevolle *Billy* in ein nach einer rhetorischen Frage klingendes *William* um. Mit einem *William Watson* gab sie einem gesteigertem Unmut Ausdruck. Die deutsche ungehaltene Miss wäre da schon längst beim Kochlöffel angelangt. Nur einmal sah der Junge eine *US-Mom* ihrem Kind eine Ohrfeige geben; der Kleine hatte den Kinderwagen als eine Seifenkiste genutzt, um die Haustelstraße hinunterzusausen. Miss Watson, eine kräftige Dame, ohrfeigte ihren Sohn, und weil sie schon dabei war, watschte sie demokratisch auch die umstehenden *German kids* ab.

Eine Irritation über die deutschen Gastgeber nahm der Junge beim Essen wahr. Man lud sich gegenseitig ein. Die *soldiers* grillten hinter dem Haus, die *Germans* ergänzten die Steaks mit Kartoffelsalat und Mutters Spezialität, der Salatkombination aus Sellerie und Karotten. Einmal fuhr Mutter die klassische pfälzische Schlachtplatte auf; bei *Knackers,* der besten Metzgerei des Dorfs, war gerade geschlachtet worden. Dazu gab's Flaschenbier von der Parkbräu. Ihr Budweiser könne da nicht mithalten, befand der Vater, und Mister Watson widersprach nicht. Bei der Leberwurst langten die Gäste noch zu, den Schwartenmagen sahen sie schon kritisch an, die Blutwurst ekelte sie, das war ersichtlich. „What is this made from? From blood?" In Miss Watsons Gesicht zeichnete sich ein Bild ihrer Gastgeber ab, das wenig schmeichelhaft war.

Die Reise

Die Mutter lernte Englisch, und sprach es rasch fließend. Den amerikanischen Ehefrauen gab sie ihren Einkaufszettel für die PX mit, den Supermarkt für die US-Soldaten. Die Waren von der Husterhöhe wälzten die pfälzische Küche um. Das Kokosfett aus der Dose, so groß wie ein Sauerkrautfass, verwandelte die Kartoffeln, die *Grumbeere*, in die begehrten Pommes; den Ketchup von Heinz gab's obendrauf. Heißes Wasser auf das Maxwell-Granulat sorgte für eine schnelle Tasse Kaffee. Der *turkey* ersetzte das traditionelle Brathuhn am ersten Weihnachtsfeiertag. Unter der Marmelade, der *Gudselschmer*, lag nun dick die *peanut butter*. Das Beste aber bot die *american ice cream*. Ein nato-olivfarbener Karton, lang wie eine Stange Kippen, aber doppelt so dick, darin ein Erdbeer- und Vanilleeis, an das selbst das vom Café Wilhelm nicht rankam.

Die deutsche Familie wurde im *Amischlitten* sonntags hingefahren, wo die Pfalz am schönsten ist, und das Familienoberhaupt kannte sich aus. Auf Johanniskreuz, so der Vater, sei der Wald am tiefsten. Zwei Gasthöfe links und rechts der Fahrstraße standen zur Auswahl. Derjenige, der Wildschwein, Rotkraut und die berühmten Schneebällchen bot, wurde angesteuert, die Schnitzelbude gegenüber mied der Vater. Oder das Merzalber Schloss, gleich hinter dem Nachbarort, eine der vielen, auf Bergrücken liegenden Buntsandsteinburgen, mit seinem massigen Burgfried. Burrweiler, oberhalb und unterhalb von Weinbergen umgeben, war ein beliebtes Ausflugsziel.

Eine entfernte verwitwete Verwandte, eine *Witfrau*, besaß einen *Wingert* dort, mit zugehörigem Weinkeller. Neben dem Hauseingang waren die beiden Flügel einer schräg auf dem Boden liegenden Tür zu öffnen, um in den Weinkeller zu gelangen. Die rötlichen Steintreppen führten tief hinunter. Unten lagerten die mit Jahreszahl beschrifteten Weinfässer, und es roch nach modrigem Holz und gärigem Wein. Licht spendeten nur die Kerzen, aber die Wirtin spendete ihren Ruländer Kabinett. Ihre Warnung blieb dem Jungen haften: Nur ein Glas, das zweite hätte schon manches Mannsbild von den Beinen geholt, nachdem es oben wieder frische Luft geatmet habe.

Bei den Ausflügen mit den *Amis* blühte Vater auf. Er konnte ihnen stolz seine Heimat zeigen. Obwohl das Wort Heimat bei ihm nur musikalisch Verwendung fand, sang er doch im Liederkranz mit. Das Wort „Vaterland" kam in Vaters Wortschatz gar nicht vor, und die Phrase vom *Stolz auf mein Vaterland* hätte man von ihm nie hören können. Dass Vater aufblühte, fiel dem Jungen auf, damit aber auch, wie niedergeschlagen er ihn oft erlebte.

Die US-Amerikaner lernten mit ihrer Gastfamilie die Pfalz und ihre kulinarischen Seiten kennen, der Sohn der Familie lernte US-amerikanische Lebensart. Wie alt waren Herr und Frau Watson? Nicht zu alt für *Santana*. Das Doppelalbum von Woodstock war noch gar nicht erschienen, da konnte der Junge schon *Jingo* und die ganze LP aus der PX bekommen. Heintjes *Heidschi Bumbeidschi* erklomm gerade die Hitparade, doch in seinen Charts stand *Jingo* ganz oben.

Von einem GI bekam er die olivfarbene, auf Taille geschnittene Armeejacke geschenkt; an das Revers den roten, emaillierten, kleinen Stern geheftet: Damit sah er toll aus. Die Jacke gab es umsonst, für Haschisch und Marihuana musste man zahlen. Der Rote Libanese, der Schwarze Afghane, der Grüne aus Marokko galten als Markenware, und die Technik, Haschisch zu konsumieren, schauten die jungen Deutschen sich bei den jungen *Amis* ab. Die *shut gun* galt als beliebte Methode, da aber die *gun* in der Husterhöh-Kaserne blieb, kam eine Ersatztechnik zum Einsatz. Über ein Glas eine Alufolie spannen, die Folie am Rand mit dem Fingernagel eindrücken, am gegenüberliegenden Rand mit einer Nadel kleine Löcher stechen, darauf das Harz legen, anzünden und durch das Loch den Qualm tief einatmen.

Auf der Höhe des Pfälzer Walds lag die Kreisstadt mit der Kaserne, unten im Tal waren die Bunker der Nazizeit in die Berge der Westpfalz getrieben, verschlossen mit grüngestrichenen Flügeltüren, groß wie ein einstöckiges Haus. Im Innern befand sich nun das Kriegsmaterial der US-Armee, und deren *soldiers* hatten den Auftrag, regelmäßig zu kontrollieren, ob Riegel und Schloss noch ordnungsgemäß den Zugang versperrten. Der Junge stand am Fuß der Bärenhalde, um ein Auto zu stoppen, das ihn hoch in die Kreisstadt bringen sollte. Ein Jeep der *army* hielt an, zwei GIs boten ihm Platz auf der Rückbank an. Sie hätten noch einen kleinen *job* zu erledigen, dann gehe es hoch.

Man fuhr die Talsohle lang ins Nachbardorf. Dort parkte der Jeep vor einem der im Wald gelegenen, einst zum Westwall, zur Siegfried-Linie gehörenden Bunker. Die Aufgabe der beiden war schnell erledigt. Dass das Tor unversehrt war, konnten sie sehen, ohne ihren Wagen zu verlassen. Der eigentliche *job* schloss sich an. Ein GI, die MP über den Knien, bastelte einen *joint*, der in Gemütsruhe kreiste. Der *german boy* durfte natürlich mitrauchen; deutsch-amerikanische Freundschaft!

Haschisch zu kaufen und zu verkaufen, galt den jungen Linken als ein legitimes Geschäft, gerade weil das *dealen* illegal war und der Drogenkonsum bei den Asbach- und Parkbräu-Trinkern im übelsten Ruf stand. Der Republikanische Club brauchte Geld für eine neue Druckmaschine: Die Studenten besorgten aus ihrer Unistadt *shit-Platten*, so groß wie eine Tafel Schogetten. Die Platte wurde in Stückchen geteilt und verkauft. Um Geld zu verdienen, zog die Truppe auch in den Wald, mit Äxten und einer Sägemaschine bewaffnet, um unter Schneemassen umgeknickte junge Tannen und Birken zu beseitigen. Der Förster bezahlte gut, und seine Hütte stellte er auch zur Verfügung. Nach der getanen Arbeit kam das Vergnügen dran, Bongos, Gitarren und *shut guns*.

Der Junge wollte auch einmal die härtere Droge probieren. *Purple haze* auf Löschpapier geträufelt bot man ihm an. Für zwanzig Mark gab es eine Langspielplatte, aber auch einen ganz langen Trip. Der fing romantisch an, Sonnenuntergang über dem Kirchberg, mit Blick Richtung Biebermühle, hoch auf einem Fels, der *Kanzel*, sitzend. Vor Einbruch der Dunkelheit ging der Junge nach Hause. Der Vater löffelte einen Teller Suppe; vom Flur aus war er zu sehen. Das geriffelte Glas der Küchentür warf dem Jungen das Bild in tausend Farben zu. Die Farbenflut wollte gar nicht mehr enden. Er trat in die Küche. Der Vater hob den Kopf, hielt den Löffel in der Hand, sah ihn von unten her an und begrüßte ihn knapp: „Unn, wie?“

War das ein Gruß, eine Frage? Das Echo des Satzes wollte gar nicht aufhören. Der ganze Trip wollte gar nicht mehr aufhören. Der Junge versuchte dem LSD durch Schlafen zu entkommen, er wollte den Rausch ausschlafen. Seine Zimmertür war wie die Küchentür verglast, kein Schutz also vor den reinknallenden Lichtblitzen. Er stand wieder auf, zog sich an, rannte aus dem Haus, runter ins Dorf, dorthin, wo der Ort anfing, bei Omas altem Bauernhof. Aus dem Felsen daneben floss das Wasser des Armesünderbrunnens. Er kühlte seine Stirn, dachte über Omas Erzählung nach. Wer auf die Galgenwiese geführt wurde, durfte hier ein letztes Mal trinken. Jetzt trank er und kam sich vor, als würde es mit ihm zu Ende gehen. Er hastete die Dorfstraße lang Richtung Apostelmühle, dem anderen Dorfende zu. Das Wort Apostel kam ihm in den Sinn und wollte von dort nicht mehr verschwinden. Apostel helfen doch, wieso halfen sie jetzt nicht? Und was war mit den von der Großmutter gepriesenen Nothelfern? Judas Thaddäus fiel ihm ein, aber bei dem war er abgeschrieben. Der Firmenname auf dem Gebäude der Apostelmühle: APO. Der Junge fühlte sich verhöhnt.

Zurück Richtung Taubenhof. Er passierte den Fußballplatz jenseits der kleinen Brücke, genannt „Rote-Erde-Platz". Lag der FC vorne und waren nur noch wenige Minuten zu spielen, schossen die Verteidiger jeden Ball ins Aus, darauf hoffend, dass er in die *Rodalb* klatschte. Bis der Ball aus dem Bach mit dem an einer Stange befestigten Netz wieder herausgefischt war, vergingen wertvolle Minuten. Die Nachspielzeit war kürzer als die zum Rausfischen nötige Zeit. Die vom LSD vorgeschriebene Nachspielzeit wollte gar nicht enden.

Der Junge kam an Isemanns Getreidemühle vorbei. Er kannte die Mühle von seiner Kindheit her; sie war ihm immer wie aus der Max-und-Moritz-Geschichte entsprungen vorgekommen. Im Mahlwerk des Zubers verschwanden die beiden und rieselten, zu Hühnerfutter zermahlen, unten heraus. Der *purple haze* mahlte in seinem Gehirn, die Mühle am rauschenden Bach klapperte dazu. Es hörte sich wie ein Lachen an. War er ausgelacht, kaputtgelacht? Er erreichte Tante Antoinettes großes Haus. Wieso wohnte die Tante nicht mehr hier? Sie war ihm doch immer gut gewesen; vielleicht hätte sie helfen können.

Als er damals die *Walmerschbach* mit dem Fahrrad heruntergerauscht war, hatte er es bis Hinterweidenthal schön ausrollen lassen. Jetzt gab es kein Ausrollen. Lange nach Mitternacht kam der Junge den Spatzenhügel hoch, kleidete sich aus und wartete auf den Schlaf. Gegen Morgen schlief er ein. Diskotheken mit Stroboskoplicht und Spiegelglaskugeln betrat er nicht mehr, Drogen rührte er keine mehr an.

Simpelfransen

Man musste den Verhältnissen militant zu Leibe rücken, das war klar. Die *Black Panther Party for Self-Defense* machte es vor. Zwei von ihnen gerieten am Eingangstor der Ramstein Airbase in eine Schießerei. Die Kasernen der US-Armee in der Pfalz, ehemals Kasernen des Dritten Reichs, jetzt Versorgungsbasen für den Krieg, der von Vietnam auf Kambodscha übergriff. Auf der größten pfälzischen US-Basis wollten die beiden *Black Panther* ihre Flugblätter verteilen. Der sie kontrollierende deutsche Wachmann hatte als ein Rassist zu gelten, versuchte er doch, den beiden den Zündschlüssel abzuziehen.

Die *Black Panther* ließen ihren Wagen zurück und flüchteten. Mit deutschen Schäferhunden wurden sie aufgespürt, kamen nach Zweibrücken ins Gefängnis und Monate später vors Gericht. Ein Solidaritätskomitee hatte sich gegründet, jedes Flugblatt des RCs endete nun mit „Freiheit für die Ramstein Zwei“. Was gehen die Bürger von Zweibrücken die Ramstein Zwei an? Warum verweigern sie die Annahme eines Flugblatts und wollen den Flugblattverteiler samt Flugblättern über die Brücke in den Schwarzbach werfen? Das Städtchen am Bach sah seine erste Demonstration. Es galt, sich gegen die fremde Horde zu rüsten. Die Freiwillige Feuerwehr aus Bottenbach verstärkte die Polizeitruppe. Im letzten Eck der Provinz gab's keinen Wasserwerfer. „Am Samschtah gehn mer no Zwäbricke, Demonschrande spritze“, berichtete ein Bottenbacher Feuerwehrmann seinem jungen Kollegen, dem als Ferienjobber bei der Paketpost angestellten Wolfgang. Die Demonstranten erstaunten über die Wut, die ihnen entgegenschlug. Sie steigerte ihre eigene.

Das Solidaritätskomitee lud nach *K-Town* zu einer Veranstaltung ein. Die *Black Panther* sprachen von einer *rally*. Unter einer *rally* verstanden die deutschen Genossen etwas anderes. Otto entwarf das Einladungsplakat und per Siebdruck wurde es reproduziert. Die *brothers*, wie man sie vertraulich nannte, schauten sich das Plakat an und bekamen einen Lachkrampf. Otto hatte keinen gefährlichen Panther gemalt, sondern ein

Miezekätzchen. Ottos schwarze Katze saß auf ihren Hinterbeinen und hielt ihre abgeknickten Vorderpfötchen parallel. An der Sache mit dem verhunzten Plakat schien etwas dran zu sein. Vielleicht kam deshalb niemand zum *teach-in*.

Vater und Sohn sahen den Vietnamkrieg in der *Tagesschau*. Der Sohn versuchte dem Vater Empörung beizubringen. Der Bericht über von Napalm verbrannte Frauen und Kinder; das Bild des Polizeichefs, der dem gefangenen Vietcong die Pistole an die Schläfe setzt und gleich abdrückt; das Foto vom brennenden Reisfeld und der flüchtenden Mutter, das Entsetzen im Gesicht und das weinende Kind mit sich ziehend. „Wir bomben Vietnam zurück in die Steinzeit": ob ihn eine solche Aussage des Oberbefehlshabers kalt lasse? – „Du hasch jo kä Ahnung." Mit Vater ließ sich so wenig reden wie mit Zweibrückens Bürgern. Aus seinem Blättchen bezog er die Weisheit: „Die Kommunisten sind doch viel schlimmer." Er plapperte das Gelesene einfach nach. *Fitnam* sagte der Vater, und der Sohn machte sich heimlich über ihn lustig. Noch nicht einmal den Namen des Landes konnte der Alte richtig aussprechen.

Vater hielt die Lokalzeitung vor allem des Sportteils wegen; Mutter las die Spalten Gemischtes. Einmal war ein Foto des *Maikäwers* abgebildet. Der Bürgermeister hatte für die Angestellten der Gemeinde ein *Grumbeerebrode* organisiert. Der Müllmann, der Xaver, saß an einer Hauswand, hatte einen Jägerhut auf und lächelte in die Kamera, während sein vor ihm sitzender, ihn halb verdeckender Kompagnon mit einer Flasche Bier prostete. Mutter kommentierte:

„De Serfeer is ahrisch krank und dud niemand was, außer wenn de ihn äjersch, was jo fer viel im Dorf so e Ard Volksschbord is. Wanner e ebiledische Ahfall had, irchendwo, unn lähd uff de Schroos, losd mer ihn leie unn verzeehld, er is vollgesoff, debei drinkt er nie Alkohol. Helfe duud ihm niemand, noch net ehmol e Dokdor rufd mer fer ne. De Serfeer schprechd perfekt Franzesisch unn Deitsch, dess känne net viel vunn sisch behapte. Des is, weil soj Babbe midem in Pariß wa un an dene ehre Medro midgeschaffd had."

Hilflos auf dem Rücken zu liegen und im epileptischen Anfall mit den Gliedmaßen zu zucken: daher also der Uzname *Maikäwer*. Wollte die

Mutter dem Sohn für das bisschen Ärgern des Müllarbeiters ein schlechtes Gewissen machen? Da war er doch noch ein Kind gewesen und noch gar nicht politisch. Und wem galt es denn heute zu helfen? Doch den Black-Panther-Genossen!

Der Junge durfte sich als Mitglied ihres Solidaritätskomitees sehen. Es galt, die Unschuld der *Ramstein Two* nachzuweisen. Der deutsche Wachmann hatte doch als Erster geschossen. Wie im Western: Wer zuerst zieht, zwingt zur Notwehr. Flugblätter reichten nicht mehr aus, sie fabrizierten eine kleine Zeitung. Es galt zu berichten über die *Black Panther Party for Self-Defense*. Das faschistische FBI brachte die einzeln um; der eine lag im Bett, der andere hatte eine Kugel im Rücken. Auf den per Hand aus der Druckmaschine gekurbelten, dann zusammengehefteten *Roten Blättern* klärten die Jungen ihre Mitschüler über vorsätzliche Morde auf: „Zehn kleine Negerlein ..., dann waren es noch neun ..." So fing der Text an. Der die Pause beaufsichtigende Lehrer verwies den Jungen des Schulhofs. Der wollte nicht gehen, verteilte die Broschüren einfach weiter. Den Schulhof begrenzte zur Straße hin das Gestrüpp aus Kartoffelrosen und Hagebuttenknollen, unter dem er wenige Wochen zuvor gelegen hatte. Der Lehrer ging ins Gymnasium zurück, um die Polizei zu rufen. Der Junge warf die restlichen Blätter in die Luft und verschwand.

Anzeigen des Amtsgerichts eine solche Straftat betreffend sind wohl mit dem Dienstwagen zuzustellen. Das Polizeiauto fuhr bei dem Jungen zu Hause vor; der Uniformierte überreichte die Strafanzeige: Hausfriedensbruch. Als Zeuge war der auf dem Pausenhof diensthabende Studienrat benannt. Der Vater des Studienrats war einmal der Volksschullehrer des Jungen gewesen. Mohrbacher senior liebte den Rohrstock, Mohrbacher junior liebte die Strafanzeige. Das Auto der Gendarmerie vor dem eigenen Haus, der *Schandam* mit der weißen Schirmmütze, den Brief überreichend - was konnte es Schlimmeres geben? Vater und Mutter sprachen wieder einmal kein Wort mit dem Jungen.

Er sollte hier raus, aber wohin? Er sollte nach *K-Town*, in die SW, ziehen. Ein Zimmer in der Sozialistischen Werkstatt, in einer WG, das wäre die Lösung. In der Hasenstraße verkehrten Junge und Ältere, und die Älteren gaben den Ton an: Der Apotheker aus Winnweiler und der die

Kriegsdienstverweigerer beratende Pastor, beide Initiatoren des Ostermarschs, und eine Lehrerin, die keine sein wollte, Polly. Susanne und Adele kamen hierher. Ihre Mutter hatte sie in ein Waisenhaus gesteckt, nachdem der Vater bei einem Autounfall ums Leben gekommen war. Adele hatte den Unfall mit einer Stirnnarbe überlebt. Die Narbe zog sich schräg von der linken Augenbraue bis zum Haaransatz.

Adele mit den blonden, nach hinten gekämmten, zu einem kleinen Pferdeschwanz zusammengefassten Haaren - eine Freibeuterin hat eine offene Stirn und keine Simpelfransen -, mit ihren blauen, aber skeptischen Augen, den vollen, meist spöttisch verzogenen Lippen nannte den Jungen Peterchen. Er kam sich bei ihr gar nicht verkleinert vor, besuchte er, was nun öfter geschah, am Wochenende die WG und Adele.

Adele lebte bei Onkel und Tante in einem Vorort *K-Towns*. Das Erziehungsrecht, dem ihre Schwester Susanne unterworfen war, lag bei mit Polly befreundeten Pflegeeltern. Die hatten Susanne aus dem Waisenheim zu sich genommen. Mann und Frau, Mitglieder der örtlichen CDU, vertrauten die Jugendliche dem weiblichen Oberhaupt der Sozialistischen Werkstatt an. Es war ein *deal* und ein pädagogisches Experiment. Susanne versprach, ihre Ausbildung zur Arzthelferin ordentlich abzuschließen, und Polly versprach, dafür Sorge zu tragen. Solange Susanne sich an die Abmachung hielt, durfte sie in ihrer geliebten WG leben. Polly genoss bei den CDU-Leuten ebenso Autorität wie bei den jungen Antiautoritären.

Für den Jungen konnte Polly nichts tun. Schließlich war er kein Waisenkind, und ein Zimmer war auch nicht frei. Dem Jungen galt die Hasenstraße als der Ort, wo er unbedingt hinwollte.

In seiner Hinterwelt war er zum Glück nicht völlig vergessen. Genossen aus Frankfurt kamen, Großgenossen, wie sie spöttisch genannt wurden, und luden zu einer Pressekonferenz in den Nebenraum einer Gaststätte ein. Der Prozess gegen die Ramstein Zwei begann. Eine Pressekonferenz, das gab es noch nie. Außer den beiden Großgenossen und den Leuten vom Republikanischen Club kam ein einziger Journalist. Der Reporter fragte die Vertreter des *Black-Panther*-Solidaritätskomitees nach ihren Namen. Sie stellten sich vor: Anton Pannekoek und Herman Gorter. Nach der Pressekonferenz lachten die Großgenossen und klärten die kleinen Genossen auf. Zwei holländische Rätekommunisten als Inkognito. Was es alles gab: Rätekommunisten, Trotzkisten, Anarchisten, Marxisten-Leninisten, Linksradikale, Rote-Armee-Fraktion. Und radikale Politik galt den Großgenossen als Gaudi. Wie konnte der *Rheinpfalz*-Schreiber nur so blöde sein! „Anton Pannekoek und Herman Gorter aus Frankfurt sehen in Jackson und Burell die Opfer eines versuchten Totschlags, während die Staatsanwaltschaft in Zweibrücken von folgendem Tathergang ausgeht ..."

Die Genossen aus der Großstadt fuhren den großen Peugeot 504. Den Jungen brachten sie in seinem Dorf vorbei, bevor sie Richtung Autobahn weiterfuhren. Auf der Bärenhalde griff Bonni unter die Fußmatte und reichte dem Jungen eine Broschüre. „Hier lies mal, und dann gib's weiter." Das weiße Heft zierte eine Maschinenpistole, quer über einem fünfzackigen Stern. *Das Konzept Stadtguerilla* - was es nicht alles gab.

Piff, Paff

In Vietnam die Befreiungsbewegung, der Aufstand in Watts, die Stadtguerilla in Rhein-Main, und der Junge kam sich nun wie eingesperrt vor, als Soldat einer Bewegung, die vergessen hatte, ihn zu rekrutieren. *Watts* gab's als Film im Republikanischen Club. Eine Handvoll *black men* von der Husterhöhe sah, wie die Nationalgarde gegen ihre *comrades* vorging: Der auf den Asphalt gesprühte *banana-split* machte die Straßen spiegelblank, sodass es den Straßenkämpfern die Beine wegzog und sie lächerlich wirkten. Die wütenden Schwarzen verließen den Club, und auf ihrem Weg in die Kaserne hinterließen sie eine Spur der Verwüstung: umgeworfene und in Schaufenster gedonnerte Mülleimer, gegen Hauswände geschleuderte Bierflaschen. *Watts* in Miniatur.

Die Frau des Black-Panther-Anführers kam nach *K-Town*. Ihr Mann lebte im algerischen Exil. Wer im Exil lebt, galt als ein Antiimperialist. Die schwarze Lady mit ihrem Afrolook unter dem schmalen, vogelhaften Gesicht hielt eine aufrüttelnde Rede. Von vielen Vietnams war die Rede, von einer weltweiten Front, vom Mut der *brothers and sisters* im Kampf gegen die *pigs*. *Richard the pig*, Hans Dietrich *the pig*. Der deutsche Innenminister hatte ihrem Kameraden, dem *big man*, die Einreise verweigert. „Hans Wüterich, Wanst hüte dich", stand auf den kommentierenden Flugblättern.

Die *Black Panther Party* kannte Innenminister, Außenminister, Verteidigungsminister. Sie teilte die Welt in Sektionen auf. Die deutsche Sektion gab ein mit einem vorgedruckten Logo versehenes Parteiorgan namens *Voice of the Lumpen* heraus, nicht bloß lumpige Flugblätter. Bei den Militanten, den *black men*, hatte der kindische, antiautoritäre Spaß offensichtlich aufgehört. Die Propagandistin der schwarzen Befreiungsbewegung machte großen Eindruck. In der Küche saß man anschließend mit ihr zusammen. Zwei ihrer *comrades* lebten als Gäste in der Hasenstraßen. Die bekamen von ihr ordentlich die Meinung gegeigt. Ihr Auftrag sei es, den Funken der Revolte auf die Vogelweh zu tragen, nicht den *German girls* nachzusteigen. Jenseits von *K-Town* begann die Vogelweh, hier lebte die größte US-Community in Europa.

Um gegen die *pigs* nicht schutzlos zu sein, hatten sich die *Black Panther* bewaffnet. Schwarze Lederjacke, Sonnenbrille, Barett schief auf dem Kopf, Patronengürtel und Winchester über der Brust gekreuzt. Die Broschüren vom Roten-Stern-Verlag zeigten es: Wer wirklich radikal sein will, hat vor Waffen keine Scheu. Hannes, einer der Großgenossen, erzählte, er schliefe keine Nacht mehr ohne Handfeuerwaffe unter dem Kopfkissen. Musste man bald in den Untergrund, war der neue Faschismus da?

Unter der Woche Sinus und Cosinus, am Wochenende Weltrevolution. Der Junge fuhr nun freitagnachmittags regelmäßig nach *K-Town* und sonntags wieder zurück. Wie die schwarzen *comrades* lebte er als Gast, wenn auch bloß zwei Tage die Woche. Einer der Schwarzen platzierte auf seinem Nachtschrank eine Handgranate. Die sei bloß eine Attrappe, versicherte er. Die Granate in die rechte Hand nehmen, den Sicherheitsring mit der linken ziehen, den gespannten Hebel mit dem Zünder lösen, dann das Ding werfen, das gäbe bloß einen Knall wie an Silvester.

Adele besaß nicht das Privileg eines eigenen WG-Zimmers; Susanne überließ das ihre; der Junge konnte mit seiner Piratin zusammen sein.

Die Düsenjets und die Galaxy, der An- und Abflug via Ramstein, gehörten zum Alltag. Der dröhnende Hubschrauberlärm war der Lärm seiner Kindheit. In den Wäldern konnte man, unter Moos oder Felsspalten versteckt, verrostete Karabiner finden, weggeworfene Bajonette oder das Gerippe einer 08-Pistole. Die gefundenen Waffen kamen in den Heuschober, das Versteck über dem väterlichen Hühnerstall. Ein geschwungener, verrosteter Säbel mit einem korbartigen Handschutz gefiel ihm am meisten. Als er ein Kind war, besaß er eine auf der Kirmes gekaufte Spritzpistole, ein der Luger, der Wehrmachts-Pistole, nachgebildetes schwarzes Spielzeug.

Dass eine Uzi auf einem politischen Pamphlet auftauchte, konnte das älter gewordene Kind nicht überraschen. „Die Macht kommt aus den Gewehrläufen", der Mann mit der Warze am Kinn hatte es gesagt. In der SW gab es eine große Debatte. Sollte das Flugblatt mit dem RAF-Symbol vor Pfaffs Werkstoren verteilt werden? Helmut wollte es so; er war dort als Lehrling rausgeflogen; sein Jähzorn war auf das „Zack-Zack" seines

Ausbilders getroffen. Der junge Arbeiter musste doch wissen, wie die Arbeiter dachten, dachten die Schüler, und votierten in ihrer Mehrheit für Flugblatt und RAF-Logo.

Helmuts Begründung leuchtete ihnen ein. Die Arbeiter seien gar nicht gegen Gewalt; die Bereitschaft zum Zuhauen sei allemal da. Diese Gewalt gälte es bloß in die richtige Bahn zu lenken. Helmut benutzte ein Bild: Fünf ins Bergwerk zum Malochen abgeordnete Leute und nur vier Schippen. War der ohne Schippe der Kapitalist? Lässt sich ein Argument widerlegen, das gar keins ist? Der Junge fand das Flugblatt verkehrt. Der die Missstände der Lehrlingswerkstatt attackierende Text sei okay, nicht zu begründen sei die gesuchte Nähe zur RAF. Leninisten mit Knarre würden nicht ins Lager der Antiautoritären gehören. Das Bedürfnis nach Emanzipation müsste sich spontan entfalten, angestoßen höchstens von einer Aktion. Von einer Avantgarde könne es nicht aufgepfropft werden. Sein Argument bezog der Junge aus einem *Kursbuch*-Artikel. Zur Frühschicht stand er gleichwohl mit den anderen vor den Fabriktoren, das Flugblatt mit dem RAF-Logo verteilend. Die Arbeiter kamen kolonnenweise und passierten zuerst den Mann mit der weißen Schirmmütze, zahlten zwanzig Pfennig für ihre *BILD*, dann nahmen sie wortlos, was es kostenlos gab.

Helmut fand an Diskussion wenig Spaß. Er konnte den Motor seines NSU-Prinz aus- und wieder einbauen, um einen Kolbenstecker zu beheben, oder die Druckmaschine, deren Kurzschluss die Sicherungen ständig raushaute, wieder gängig machen. Gab es in der Hasenstraße nichts zu essen, weil alle blank waren, packte Helmut fünf Leute in den Prinz und fuhr mit ihnen zu seinen Eltern. Die Siedlung lag hinter der Bahnlinie auf dem halben Weg zur Vogelweh, kleine Häuschen, von Bahn- oder von Pfaff-Arbeitern bewohnt. Helmuts Vater fuhr den Lastwagen einer Straßenbaufirma, die Mutter kümmerte sich um die vier Kinder. Hatte Helmut angerufen und sich mit seinen Genossinnen und Genossen angekündigt, bekamen alle ein Mittagessen vorgesetzt. Die Mutter machte kleinere Frikadellen, dafür mehr Kartoffeln, Soße und Salat. Man aß am Wohnzimmertisch, die Küche war zu klein. Helmut genoss das Vorrecht des ältesten Sohns. Die Nähmaschinenfabrik hatte ihn rausgeworfen, na und, die Eltern standen trotzdem zu ihm, im Unterschied zu den Eltern des Jungen.

Die Scham ist schon eine Revolution

Noch hatten Baader, Ensslin, Meinhof und Co. keine Bomben vor den US-Quartieren gelegt, aber sie hatten die Polizei schon bald zwei Jahre an der Nase herumgeführt. Dem Jungen kamen sie vor wie die Kimmel-Bande seiner Kindheit. Wer war Bernhard Kimmel? Ein Halbstarker aus einem religiösen Elternhaus, der es Anfang der sechziger Jahre auf Raiffeisenfilialen der Vorderpfalz abgesehen hatte. In solche Filialen marschierte er mit seiner bewaffneten Bande hinein, so einfach, als ginge man in den REWE zum Einkaufen. Sein Spruch und Markenzeichen: „Hände hoch, hier Al Capone!" Seine Waffen fand er anfänglich im Pfälzer Wald, Überbleibsel des letzten Krieges. Kimmel, wusste die ihm atemlos hinterherberichtende Presse, hatte eine Freundin und traf sich mit ihr heimlich in dem von der *BILD*-Zeitung „Liebesnest" genannten Unterschlupf.

Als einer seiner Leute einen Hüttenwart erschossen hatte, bot die Polizei eine große Fahndung gegen die Bande auf. Kimmel sah sich in die Enge getrieben, stellte sich der Polizei, kooperierte mit ihr, bot an, zur Aufklärung des Mordes beizutragen. Lokaltermin am Tatort mitten im Wald. Kimmel begehrt zu Pinkeln, seine Handschellen werden geöffnet, er stellt sich an den Rand eines Abhangs, springt hinunter, holt aus einer unten versteckten Milchkanne eine automatische Waffe, hält die Verfolger damit in Schach und kann mit seiner Tilly fliehen. Bernhard Kimmel, ein Mann rasch sich ändernder Entschlüsse.

Sprunghaft auch der Sinneswandel der jungen Linken. Die älteren Genossen, der Pfarrer, der Apotheker, galten in der SW plötzlich als nicht mehr ernst zu nehmen. Wer ist ein Reformist? Einer, der die Revolution nicht will. Wie macht man Revolution? Waffengewalt kann dabei wohl nicht schaden.

Die als wirkliche Revolutionäre galten, statteten *K-Town* ihren Besuch ab. Sie taten es im Rahmen eines Banküberfalls. Der gelang reibungslos. Ein Banküberfall ist gelungen, wenn Beute und Räuber verschwunden sind. Ob dabei jemand ums Leben kommt, ändert daran nichts. Der Streifenpolizist wollte den Fahrer des übers Eck geparkten VW-Busses zur Ordnung rufen. Näherkommend realisierte er, was da im Gange war. Seine Dienstwaffe sollte die Tat verhindern, da rannten die Bankräuber gerade aus der Schalterhalle, und einer der ihren schoss. Der Polizist verblutete. Wo er starb, auf den Marmorplatten des Eingangs zur Bank, lagen bald Blumen, brannten bald Kerzen. Der Erschossene, Herbert Schoner, hinterließ seine Frau und zwei Kinder.

Waren die Jungen der Sozialistischen Werkstatt von der Tat schockiert? Keineswegs. Sie sprachen über die Details des Raubs, über das Filmreife. Auf den Tresen der Hypotheken- und Wechselbank stellte das Räuberteam einen Kassettenrecorder ab, beschallte mit *Rolling Stones* die Schalterhalle. Die Ein- und die Ausfahrt des Polizeipräsidiums versperrten von Bandenmitgliedern quer gestellte Autos, sodass die rasch alarmierte Polizei am Tatort nur verspätet auftauchen und die Verfolgung aufnehmen konnten. Und der getötete Polizist, ein *showdown*, Ende eines spannenden Films?

Tage danach, am späten Abend, brachte der unter dem Dach wohnende Markus eine vom Tatort entwendete Kerze mit. Warum hatte er die Kerze geklaut? War sie wieder zurückzubringen? Sollte man sie auf den Tisch stellen und anzünden? Vielleicht wie beim Italiener, auf eine bauchige Bastflasche draufgesteckt? War das in Form der Kerze bekundete Beileid zu verulken? Oder das Symbol der Trauer einfach in den Mülleimer zu werfen? Es brannten Fragen auf den Nägeln. Man suchte nach einer Antwort, fand aber keine.

Angehende, noch in der Ausbildung sich befindliche Revolutionäre haben unendlich zu tun, und das Tun reicht nie hin. Eigentlich hätten die *Ramstein Two* befreit werden müssen. *Free Bobby Seale, free the Ramstein Two.* Der vorsitzende Richter folgte dem plädierenden Oberstaatsanwalt Weibel und verurteilte Burell und Jackson zu langjährigen Haftstrafen. Die „Ratte Weibel“, schrieben die Jungen vom Solidaritätskomitee in ihrem Flugblatt.

Bei der Urteilsverkündung schrie Jacksons sich im Zuschauerraum befindende Ehefrau auf; sie war gekleidet ähnlich wie ihr Mann, in einen schwarz, gelb und braun gemusterten afrikanischen Burnus. Der Richter ordnete ihren Verweis aus dem Saal an. Ein Polizist packte sie am Oberarm, um sie abzuführen, was Jackson ausrasten ließ. Er wurde nun seinerseits von zwei kräftigen Justizbeamten von der Anklagebank gezerrt und durch eine Hintertür abgeführt. Im Zuschauerraum protestierten nun alle laut. Der Richter ließ den Saal räumen. Friedrich Carl Weibel, der Staatsanwalt, hatte eine weitere Karrierestufe genommen, nachdem er schon gegen den erneut verhafteten Kimmel auf langjährige Freiheitsstrafe plädiert hatte.

Overstolz

Es galt zu handeln, sich nicht anzupassen, „den Kaiser vom Pferd zu zerren", Worte des Vorsitzenden Mao Tse-tung. Nur, wer war der Kaiser, wer war „das System"? Beamte der Politischen Polizei, Kriminalhauptkommissar Schnarrs Leute, ermittelten in der Nachbarschaft der Sozialistischen Werkstatt. Welche Autos fuhren die jungen Leute, hatten sie neulich vermehrt Besuch? Die Nachbarschaft fiel aus den Wolken. Was, die *junge Leid* von gegenüber, alles Baader-Meinhof, die rote Fahne vorm Fenster gar nicht wegen dem FCK? Die SW-Mitglieder fühlten sich ernst genommen. Der Junge sah sich längst als einer der ihren, auch wenn er mit dem letzten Zug sonntagabends in sein Kaff fuhr und montags wieder das Gymnasium der Kreisstadt besuchte.

Seit er aus der Internatsschule geflogen war, waren zwei Jahre vergangen. Im Internat hatten sonn- und werktags das Beten und Singen in der internatseigenen Kapelle angestanden. Nun ging es an Wochenenden in Kalkofens Diskothek. Der Kalkofen in *K-Town*, die Bronx im Kleinen; die Disko für Weiße eigentlich *off limits*, nur Prostituierte und die jungen Freunde der *Black Panther* durften mit rein. Wilson Pickett und Otis Redding statt Gregorianische Gesänge. Die Tanzschuppen der Innenstadt mieden die SWler aus Solidarität mit den GIs, weil man die dort draußen halten wollte. Ein Disko-Besitzer verfiel auf den Trick, mit einem an die Eingangstür gehängten Ho-Chi-Minh-Plakat die *Amis* abzuschrecken.

Der Junge wiederholte die Obersekunda, und nun kam er mit dem Lehrstoff ungefähr mit. In Chemie hatte er sich aufs reine Auswendiglernen verlegt. Eine Formel in der Klassenarbeit reproduzieren, ohne zu verstehen, wofür die Formel stand: für eine Vier reichte das. Der junge Lateinlehrer hatte sich etwas ausgedacht, um den Schülern die ständig verteilten Flugblätter über *Black Panther Party* und Ramstein Zwei zu verleiden: Sie waren zu übersetzen. *Quod pantera nigrum salit.*

Der Studienassessor für Latein und Griechisch schwärmte von der Adenauer-Ära, obwohl er der Jüngste des Lehrerkollegiums war. Der

Kanzler, Willy Brandt, hieß in seinen Kreisen „Willy Branntwein". Strikt antikommunistisch und katholisch gab er sich. In der Adventszeit verteilte er Papierbögen, die, gefaltet und gefügt, zu den kleinen Sparbüchsen der Caritas wurden. An die „Negerkinder in Afrika" gehe die diesjährige Sammlung. Der Junge bastelte seinen Bogen zusammen und bat den Lateinlehrer in der großen Pause um dessen eigenen Obolus. Der wollte sich nicht lumpen lassen, steckte einen Fünfmarkschein hinein und verschwand im Lehrerzimmer. Der Junge entfaltete die Büchse und nahm sich den Schein. Er kaufte zehn belegte Brötchen bei der Hausmeisterfrau und verteilte sie an seine Klassenkameraden.

„Die Negerkinder", das hatte den Jungen gewurmt. Sein Onkel hatte in Botswana als Mitglied des Comboni-Ordens missioniert. Der Orden sah es als seine christliche Pflicht an, die Neugeborenen der Stammesreligion zu entreißen und sie zu taufen. Ein Taufakt kostete anscheinend Geld. Der Orden forderte zu Spenden auf. Als Katholik gab man Geld, und als Gegengabe bekam man das Recht, den Namen des Getauften zu bestimmen. Die Familie des Jungen nahm dieses Recht dreimal wahr. Also liefen ab Ende der fünfziger Jahre drei Kinder in Botswana herum, Franz-Josef, Maria-Anna und Peter-Paul mit Namen.

Sein Vater schien dem Jungen damals verändert, lebensfroher. Einmal sah er vom Balkonfenster aus, wie er im vorm Garten gelegenen Hof an einer Zigarette zog. Als der Vater den Sohn wahrnahm, versteckte er die Kippe hinter der hohlen Hand. Als der Junge noch ein Kind gewesen war, empfing er vom Vater einmal eine Ohrfeige, weil der ihn beim Spaziergang im Wald beim Rauchen erwischte. Jetzt war es der Vater, der heimlich qualmte.

Dass der Vater wieder Zigaretten rauchte, wunderte den Jungen sehr. Die früher gepafften „Weißen Raaben" hatte er so gerne gerochen, wenn beide vor dem Radioapparat gesessen und Reportagen gehört hatten. „Tor in Nürnberg" ... Zigaretten zu rauchen, hatte der Doktor dem Vater doch verboten; nach Schömberg galten die Overstolz als passé. Zigaretten verengen die Arterien, und diese Verengung sei gefährlich, gab der Doktor dem Vater zu bedenken. Mit dem Wissen um das heimliche Rauchen hatte der Sohn mit dem Vater wieder etwas gemeinsam. Auch dachten sie gemeinsam über eine Strategie nach, wie ein höheres monatliches Taschengeld zu bekommen wäre. Immer mal wieder *des Tema bei de Mudder falle losse*, meinte der Vater, und steter Tropfen höhle den Stein.

Vater ging nun manchmal unter der Woche Bier trinken. Werktags tat es die der Cäcilie gehörende, um die Ecke und über einem Tante-Emma-Laden gelegene Wirtschaft. Dort kamen weniger honorige Leute zusammen als beim *Boldekall*. Mutter missbilligte den werktäglichen Wirtshausgang noch mehr als den sonntäglichen, und an einem Sonntag ging Vater gar zweimal fort: Stammtisch nach dem Hochamt *beis Bolde*, Stammtisch bei Cäcilie, der *Zilia*, um das WM-Spiel Deutschland gegen England zu schauen. Der Junge kam spät nach Hause, und aus der Kneipe hörte er die *Internationale*.

Die Dorfbewohner, so schwarz, dass sie im Dunkeln Schatten warfen, beherbergten unter sich einen Kommunisten? Und der Vater, statt mit den Hühnern ins Bett zu gehen, trank bis in die Puppen Zilias Flaschenbier? Der Vater klärte ihn nächsten Tags auf. Der späte Sieg über England, die Revanche für Wembley, habe dem betrunkenen Sepp die Zunge gelöst. Josef, der in Hausschuhen und Trainingshose zum Stammtisch kam und nie ein Wort sprach, den hatten die Nazis ins Konzentrationslager Dachau gesteckt. Er überlebte das Lager und galt im Dorf als Kommunist. Oder war er Sozialdemokrat? Es galt für das Gleiche. Was der schlurfenden Schritts die Straße überquerende Nachbar in Dachau erlebt hatte, ließ ihn das Sprechen mit seiner Umwelt einstellen. Dann kam die 108. Minute der Verlängerung und das Müllertor.

Der Vater wollte den Jungen mit dem Ortsvorsitzenden der SPD bekannt machen, einem Cousin, der am Stammtisch sonntags mit dabeisaß und den die Militärbehörde nach dem Krieg als Bürgermeister eingesetzt hatte. Der Wilhelm galt dem Vater als Roter und war damit nicht nach seinem Geschmack. Aber besser die rote SPD als das Dunkelrot, dem sein Sohn nachrannte. Der Junge tat dem Vater den Gefallen und wollte den Wilhelm einmal besuchen. Was konnte er mit einem SPDler anfangen? Der würde ihn auffordern, als Jungsozialist in seine Partei einzutreten. Einmal hatte er einen im Fernsehen gesehen. Das Interessanteste an ihm schien die Frisur. Beinahe wie Jimi Hendrix sah er aus. Was er aber von sich gab, ließ jeden revolutionären Ton vermissen. Der Junge klingelte an Wilhelms hinter dem Bahndamm gelegenen Haus. Keiner zu Hause; der Junge zog zufrieden ab.

Über Politisches sprachen der Vater und der Junge ansonsten kaum. Eher über die nächtlichen, gemeinsam vorm Fernseher verfolgten Boxkämpfe Muhammad Alis. Alis Sprüche waren nach Vaters Humor („So schnell bin ich, dass ich das Licht im Hotelzimmer ausmache und lieg' schon vorher im Bett"); Ali begleiteten die beiden schon, als er noch Cassius hieß, lange vor dem Kampf gegen Mildenberger. Der Fernseher als einzige Lichtquelle des Wohnzimmers, die Mutter im Bett, der Vater am Fachsimpeln über das Boxen heute und früher - den Jungen beglückten die von Ali und ARD spendierten Stunden. Früher, das waren die Kämpfe Max Schmeling gegen den *Braunen Bomber*. „Hier ist Berlin, hier ist der Sportpalast", so wäre es losgegangen.

Fähnlein der Aufrechten

Der Republikanische Club rief, wie die Clubs in den anderen Städten, zu einer Kundgebung mit anschließender Demonstration gegen den Vietnamkrieg auf. Ort und Zeitpunkt schienen gut gewählt. Freitags war Markttag auf dem *Exe*, und der Exerzierplatz, ein gepflastertes, mit Platanen in Reih und Glied umstandenes Geviert, voller Besucher. Als Verstärkung der einheimischen Demonstranten waren zwei Großgenossen aus Rhein-Main gekommen. Um zwölf sollte es mit den Reden losgehen. Erst sprach Gustav über ein Megafon und dann KaDe, aber kaum jemand der Marktbesucher hörte zu. Auch wollten nur wenige das sorgfältig formulierte Flugblatt entgegennehmen. Edwin zog jedes Exemplar einzeln von der auf eine Treppe gestellten Spirit-Carbon-Maschine ab und reichte es, als sei es ein wertvolles Original, an die Passanten. Die lehnten meist kopfschüttelnd ab.

Also keine besonders gelungene Kundgebung, was sich da abspielte. Und die angekündigte Demonstration? Ausfallen lassen, oder mit Edwin, Martin, Wolfgang, Gustav, KaDe und dem Zweitgenossen aus Rhein Main durch die Stadt marschieren? Man entschied sich heroisch fürs Marschieren. Vielleicht war der Genius Loci des Exerzierplatzes schuld. Am linken Flügel hielt Gustav die Vietcong-, am rechten Flügel der Junge die rote Fahne hoch. Die Demonstranten liefen die Schlossstraße lang; sie bogen in die abschüssige Hauptstraße ein, kamen dabei an Kubsch Lotto- und Toto-Annahme vorbei, dem 54er Lokalhelden und Toni-Turek-Vertreter; in der Mitte der ansteigenden Hauptstraße passierten sie Cousine Liesls Modehaus; sie ließen die um diese Uhrzeit noch geschlossene Barkasse links liegen; sie gingen die ihrem Namen Ehre machende Bergstraße hoch; sie erreichten die Alleestraße mit dem Gewerkschaftshaus und dem Hans-Sachs-Hof; sie langten wieder auf der Schlossstraße und bald am *Exe* an. Die Demonstration, bestehend aus einer Reihe Demonstranten, dahinter das große Nichts, ging zu Ende. „Hoch die internationale Solidarität!" und „Von Tokyo bis Rom, Yankee go home!", rief das Fähnlein der sieben Aufrechten. Und: „USA, SA, SS."

Auf dem Exerzierplatz verhökerte eine Marktfrau ihre restliche Ware: „Siese, safdische Erasche, drei fier eni“, rief sie, und die Rhein-Main-Genossen lachten über den komischen Dialekt. Der Junge solle mal übersetzen: „Süße, saftige Orangen, drei für eine.“ Er stieg in den VW-Käfer der Genossen ein, man brach auf. Vorher noch schnell bei der *military police* an der Längsseite des Platzes vorbei: Scheibe runter kurbeln und mit der Zwille eine Schraubenmutter in die Polizeistation jagen. Das Glas splitterte, und jetzt schnell ab. Die Wut auf die Imperialisten musste doch raus. Danach ging es die vielen Hügel der Kreisstadt hoch und die Bärenhalde hinunter. Die Rhein-Main-Leute fuhren ihn nach Hause. Wie gerne wäre er mit ihnen mitgekommen! Wie stolz machte es ihn, mit dem KaDe demonstriert zu haben! Der nannte seine revolutionäre Truppe die „Roten Panther“. Der Republikanische Club, das klang daneben doch schon wie ein Altherrenclub.

Die Zeitung am nächsten Montag schrieb: „Der diesjährige Faschingszug ist ausgefallen“, aber es gab Ersatz. Sollte man dem *Wixerblatt* nicht mal einen Molotow-Cocktail ins Haus werfen? Man sprach darüber, man nahm wegen der über der Redaktion liegenden Wohnung Abstand davon.

Die Neue Linke der Pfalz hatte sich zu einer „Herbstoffensive“ verabredet. Das Wort war geklaut, die „Tet-Offensive“ des Vietcongs zitiert, die Aktion klang gefährlich. Dabei genügte sie kaum dem neu entdeckten revolutionären Elan. Sie war der kleinste gemeinsame Nenner, auf den sich die verschiedenen Gruppen einigen konnten. Diese kleinen Gruppen verstanden sich als undogmatische Linke, und so verstand sich der Junge auch. Da es immer mehr Anzeigen wegen Hausfriedensbruch regnete, verabredete man sich zum wechselseitigen Flugblattverteilen. Die *K-Town*-Leute in der Kreisstadt, die Hinterpfälzer in der Vorderpfalz, das Neustadter Schülerkollektiv in *K-Town*. Wessen Gesicht unbekannt ist, der kann nicht so leicht angezeigt werden. Auch die Berufsschulen sollten nun mit Flugblättern bedacht werden. Der Notenterror in den Schulen betraf doch auch die dort Unterrichteten. Den Leistungsdruck zu attackieren, die Abschaffung der Zensuren zu fordern, humanere Lernmethoden, Gruppenarbeit einzuklagen, die *headlines* schienen gut gewählt. Es sollte keine abschreckende Agitprop sein; als theoretischer Background diente Marcuses *Versuch über die Befreiung.* Otto, der Künstler, der Grafiker, fand ein für die Flugblattserie geeignetes Logo: Donald Duck zielt mit einer Kanone.

Der Junge machte sich unter der Woche als der für *K-Town* vorgesehene Flugblattverteiler auf. Mutter musste wieder einmal eine Entschuldigung für die Schule schreiben, er war ja noch keine achtzehn. Auf dem Pausenhof der Berufsschule war er mit Frank verabredet: erste Pause viertel vor zehn. Um halb war er da, und Frank auch. Um sich die Zeit zu vertreiben, nahmen sie den in einer Ecke liegenden Ball und schossen ihn sich zu. Über den Pausenhof diagonal zu passen, gar nicht so einfach. Frank kannte das brasilianische Stoppen nicht; mit der Sohle nahm er den Ball an, alte Schule, Fritz-Walter-Manier. Die Berufsschüler kamen heraus und die beiden verteilten ihre Blätter. Fast waren sie schon alle los.

Der plötzlich aufgetauchte Streifenwagen verstellte den Ausgang, wohin also rennen? In Richtung der Schule und der zum Schulhof führenden Tür. Die verstopften aber die in ihre Klassenräume zurückströmenden Schülermassen. Frank kam nicht weit, der Junge kam nicht weit; ihn fasste der Jungpolizist am Genick. Wie ein Kaninchen fühlte er sich angepackt. Der den Frank abführende Kriminalhauptkommissar war besorgt um den erfolgreichen Zugriff: „Wenn er widder abhaud, schießde." Auf dem Weg zum grünen Käfer sah sich sein Freund Frank um die Schulter gefasst. Das sah beinahe zärtlich aus, war doch sein rechter, nach hinten gebogener und nach oben gedrückter Arm von vorne nicht zu sehen. Wie in einem *Ami*-Krimi, dachte der Junge, als der ältere Polizist Franks Kopf beim Einstieg ins Auto nach unten drückte.

Das fünfte Polizeirevier in der Königstraße beherbergte die Politische Polizei. *K-Town* und eine Politische Polizei? Vielleicht hatten die alten, angestammten Stäbe, Ränge und Reviere einfach überlebt. Schnarr, zu jung, um noch dem Führer gedient zu haben, fühlte sich nicht dazu aufgelegt, ein paar Linksradikalen ihren Klamauk zu gestatten. „Ihr tanzt mir nicht auf der Nase rum!" Die Personalien hatte der von ihm Kamerad genannte junge Kollege aufgenommen, man befand sich allein mit Schnarr im Raum. Nun kam der Plauderton dran.

– „Wenn ich als Polizist etwas vermurkse, bin ich dran. Wenn ihr etwas vermurkst, seid ihr dran."

- „Und der Polizist, der die RAF-Frau umgelegt hat, wieso läuft der noch frei herum?"

Die Abkürzung mit den drei Buchstaben zog der Junge zu einer Silbe zusammen, stolz, wie es sich für einen in den politischen Kampf Eingeweihten gehörte. Schnarr sprang augenblicklich auf und ihm direkt an den Hals. Den würgte er mit einer gewissen Ausdauer und wäre damit wohl auch fortgefahren, hätte Frank ihn nicht von hinten gepackt und von seinem Opfer weggezogen. Der Junge kam frei, nahm rasch seinen auf dem Schreibtisch liegenden Personalausweis, und die beiden machten sich, von den Flüchen des Kriminalhauptkommissars begleitet, aus dem Staub. Von *good cop* und *bad cop* hatte man schon einmal gehört. In der Königstraße schien wohl Personalnot zu sein, und Herr Schnarr musste beide Rollen ausfüllen.

Einem *good cop* begegnete der Junge wenig später, diesmal beim Autostopp. Es ging nach Pirmasens hoch, zum *jour fixe* in die Kreisstadt. Der Vater seines künftigen Schwagers hatte angehalten, ein Ziviler. Sein Sohn *ging* mit der Schwester des Jungen, bald nach Mariannes Abitur sollte Hochzeit sein. Der ältere Herr warnte den Jungen; er und sein Bruder seien unter Beobachtung, er solle sich vorsehen. Am Sommerwald bog der freundliche Mann nach links ab, und der Junge stieg aus. Von hier bis zum Republikanischen Club musste er bald eine halbe Stunde laufen. Er dachte über diese Warnung nach. Ein Mischmasch kam dabei raus. Der Satz ängstigte ihn, der Satz erfüllte ihn mit Stolz.

Himmlische Unordnung

Der Stolz wuchs, als ihn ein Nachbar ansprach. Beide hörten einen Vortrag des Vorsitzenden der neu gegründeten DKP. Der sprach in den Parkbräu-Stuben, und beide befanden sich unter den an einen einzigen Tisch passenden Zuhörern. Max Reimann sah wie sein Vater aus, bevor der im Sanatorium wie ein Hefekloß aufging, ein hagerer, groß gewachsener Mann mit nach hinten gekämmten Haaren. Allein dass er Hochdeutsch sprach, ließ ihn als jemand von einem anderen Stern erscheinen. Der Junge las in den ausliegenden Broschüren, dass er dem Ehrenvorsitzenden der Partei und Mitglied der illegalen Lagerleitung des KZ Sachsenhausen zuhörte. Reimann sprach über die Konzertierte Aktion. Es sei eine Aktion, um der deutschen Arbeiterklasse den natürlichen Klassenkampfimpuls zu nehmen.

Von diesem natürlichen Impuls nahm der Junge in den Schuhfabriken der Westpfalz nichts wahr. Selbst die Gewerkschaft Leder mit ihrem Bevollmächtigten Willi hatte zu tun, um sich über Wasser zu halten. Oft stellten Mitglieder der Kolping-Familie den Betriebsrat, und der verstand sich gut mit dem vermutlich der gleichen Familie angehörigen Chef. Konzertierte Aktion auf katholisch. Das wäre zu ändern, sagte der Nachbar nach dem gemeinsam gehörten Vortrag. Sie fuhren in seinem Lieferwagen ins heimische Dorf. Der Mann fuhr für eine Großbäckerei und wohnte über dem Spar. Der Junge solle ihm helfen, eine Jugendgruppe der DKP aufzubauen, aber der war nicht interessiert. Die Arbeiterklasse gehöre längst selbst zum System, befand er. Das System umfasse beide, die Fabrikanten und ihre geduldigen Arbeiter, und die Kirche predige die repressive Toleranz. Der Fahrer sprach ihn nie mehr an.

Ihre Mitschüler wollten die Jungen über die in den Schulen herrschenden Zwänge aufklären, nicht die *Schlabbeflicker* über die Verhältnisse in den Fabriken der Schuhindustrie. Die Herbstoffensive fand ihre Fortsetzung in einer Schulbuch-Kampagne. Die Jungen wollten den ihnen vorgesetzten Lehrstoff hinterfragen. Dazu mussten sie lesen. Mick, der angehende Lehrer, schlug Texte vor. *Faschismus und Kapitalismus* hieß das Buch, das sie in ihrer Schülergruppe lasen, dann die *Massenpsychologie des Faschismus.* Wie das Geschichtsbuch der Oberstufe den Faschismus darstellte, konnte demnach nicht richtig sein. Einer Geschichte der Verführung durch den dämonisierten Führer wollten sie die von ihnen recherchierte Geschichte entgegenstellen.

Dem Unterricht in der Schule morgens folgte die Selbstunterrichtung am Nachmittag. Man diskutierte über das Gelesene, stellte sich gegenseitig Verständnisfragen, machte für das anstehende Flugblatt Notizen. Dann kam die schwierigste Übung, das Schreiben. Anfänglich versuchte man, jeden Satz gemeinsam zu formulieren. Das Verfahren misslang, man kam nicht voran. Das Schreibkollektiv bewährte sich nicht. Der Junge schlug vor, einen Entwurf zu schreiben, und sein Vorschlag traf auf ein kollektives „Mach mal".

Schreiben machte ihm Spaß; er zog sich in ein Zimmer zurück und legte los. Die Rückseite alter Flugblätter waren seine Schmierblätter. Was die richtige Theorie des Faschismus von der des Schulbuchs unterschied, galt es zu formulieren. Hier die von den Ruhrbaronen und den Großindustriellen finanzierte Partei, deren Zweck darin bestand, der revolutionären Energie den Stecker zu ziehen, dort der alles erklärende Führerkult. Mit ein wenig Ironie mussten die Sätze daherkommen, nur nicht zu verbissen schreiben! Also den gerne polternden, Deutsch und Geschichte unterrichtenden Direktor ein wenig durch den Kakau ziehen. Namensänderung machte sich gut; Herr Schistel firmierte unter „Faschistel", und Donald Duck zielte auf ihn.

Den kleinen Gags zollten seine Freunde Beifall; der Junge war mächtig stolz auf sich. Das die Schulbuchkampagne eröffnende Flugblatt kam unter die Leute; er selbst verteilte es an der von den Schülern „Keksbunker" genannten Leibniz-Schule. Den Schulhof mied er dabei; die Anzeige wegen Hausfriedensbruch lief noch, und eine zweite galt es zu verhindern. Auf dem Trottoir vor dem Schuleingang sprach ihn ein junger Lehrer an. Ob er nicht Lust hätte, zur zweiten Stunde hoch zu kommen und über das Geschriebene zu diskutieren. Konnte der Junge Pfarrer Goutiers Stunde schwänzen? Der Don Camillo der Stadt, Religion und Sport unterrichtend, konnte sehr ungemütlich werden, aber er erteilte auch rasch Absolution. Der Junge nahm die Einladung an.

Der Geschichtslehrer las Passagen des Flugblatts vor und stellte sie der Klasse zur Diskussion. Die Schüler der Untersekunda akzeptierten manche Sätze, andere verwarfen sie. Gar nicht gut kam die Namensverhunzung an. „Billige Polemik“, lautete das Urteil. Dass die Nazipartei von den Industriellen finanziert worden war, dass ihr Schulbuch *Grundriss der Geschichte* diesen Zusammenhang vernachlässigte, kritisierte die Klasse beinahe einhellig. Ein Schüler machte sich mit einer Wortmeldung unmöglich: Wäre der Russlandfeldzug gewonnen worden, besäße „unser Vaterland“ die ihm zustehende Glorie. Grölendes Gelächter.

Der Lehrer ließ die Diskussion laufen, verwaltete nur die Wortmeldungen. Sein einziger Beitrag bestand in einer Frage: Wenn der Faschismus ein Kapitalismus mit dem Ziel der Ausbeutung des Menschen wäre, warum hätten die Nazis dann die Juden in Auschwitz umgebracht? Die Industrien des Dritten Reichs seien doch auf Arbeitskräfte angewiesen gewesen, die ihnen die angezettelten Kriege entzogen hätten. Der Junge wusste keine Antwort zu geben. Er berichtete seiner Schülergruppe über den Verlauf der Diskussion. Dass das Wort vom „Faschistel“ auf Ablehnung gestoßen war, konnte seinen Genossinnen und Genossen nicht irre machen. Die Schüler wären halt Opportunisten und Konformisten. Auch über das Argument des Lehrers - war es überhaupt ein Argument? - ging man hinweg. Das Wort vom „liberalen Scheißer“ fiel. Es erfuhr aber zugleich Zurückweisung: Es wäre doch gut, wenn die Flugblätter der Gruppe öffentlich diskutiert würden. Eine kritische Öffentlichkeit, das bräuchte man, daran wäre weiter zu arbeiten. Man beschloss, die Serie mit den Flugblättern fortzusetzen. Wie wäre es, den Deutschlehrern ihren Bert Brecht zu entreißen? Konnte man nicht auch Mathematik kritisieren? Alles ließ sich laut Mao Tse-tung kritisieren: „Im himmlischen Palast muss Unordnung gemacht werden.“

Dass in seinem Leben nun mehr Ordnung herrschte, empfand der Junge als wohltuend. Die Mutter fragte ihn ab und an, was er essen wolle. Er bestellte sich ihre Spaghetti mit scharfer Wurst. Die kam von den *Knackers,* der vorzüglichen Metzgerei des Dorfs. Die Rindswurst, kleingeschnitten und scharf mit Knoblauch und Zwiebel angebraten, die Tomaten mitgekocht und mit Tomatenmark gebunden, Petersilie und Parmesan als Garnitur darüber – keine Trattoria konnte da mithalten. Sah Vater den Jungen zwei große Teller Spaghetti verspeisen, kam einer seiner Sprüche dran: „Dir stelld mer aa besser es Gesangbuch als die Koschd." Sein Rauswurf aus dem Internat geriet in Vergessenheit.

Beim Trampen nach *K-Town* traf er auf zwei Mädchen. Sie standen zu dritt am Fuß des Rosenbergs, am Ortsausgang seines Nachbardorfs. Drei Tramper nimmt kaum jemand mit; sie probierten es trotzdem. Die Mädchen erzählten ihre Geschichte. Sie seien gerade vom Rosenberg abgehauen und hofften in *K-Town* irgendwo unterzukommen. *Maria Rosenberg* kannte der Junge als das Ziel über Wald und Wiesen gehender Prozessionen. Dass es eine Erziehungsanstalt für Mädchen war, wusste er nicht. Unter Erziehen schienen die Nonnen auch Schlagen zu verstehen. Die Zöglinge wurden von ihnen in Hauswirtschaftslehre ausgebildet. Ging etwas schief mit ihrer Lehre – ein verkehrt gemachtes Bett, eine versalzene Suppe, ein zu lang ausgedehnter Spaziergang im Klostergarten –, setzte es Ohrfeigen.

Ein Lastwagen mit Rückbank nahm die drei mit. Der Junge marschierte mit den Mädchen in die Sozialistische Werkstatt. Polly, keineswegs erbaut über den illegalen Zuwachs, nahm Silke und Regine unter ihre Fittiche. Wo sollten die beiden schlafen? Eine Luftmatratze und das Sofa im Flur, mehr war nicht zu bieten. Den beiden musste dennoch geholfen werden. Und zwei Gefahren drohten außer Haus: die Polizei und die Drogen.

Jo Mei

Silkes und Regines Aufenthalt ging nicht lange gut. In der SW galt ein absolutes Drogenverbot. Von der *Scene* auf dem Rathausplatz konnte man die beiden aber nicht fernhalten. Die Treppen vorm Rathaus boten Geselligkeit, das bisschen Haschisch kam als Beigabe dazu; ein Basar für die kleine Hippieszene der Stadt. Die kontrollierende Polizei kannte ihre Pappenheimer. Tauchten neue Gesichter auf, klopfte sie auf den Busch. Kein Personalausweis? Mitkommen! Die beiden landeten im Polizeipräsidium in der Logenstraße. Hier gab es erst einmal peinliche Befragung.

- „Ach so, in der SW habt ihr geschlafen? Was habt ihr denn da so gemacht?"

- „Aufgeräumt, gekocht, Betten gemacht, gewaschen."

- „Und mit den Kerlen nix gehabt? Haben die euch ins Bett genommen?"

Verführung Minderjähriger, ein Straftatbestand, den man in der Logenstraße gerne zu Protokoll genommen und gegen die SW-Leute verwendet hätte. Die Aussagen der beiden gaben das leider nicht her. Nach dem Verhör ging's ab in ein Auffangheim, in der „Alten Welt" gelegen. Die „Alte Welt" fängt in einem nordwestlich hinter *K-Town* gelegenen Tal an; an der alten Kammgarnspinnerei vorbei, immer geradeaus Richtung Wolfstein. Die die Mädchen abtransportierende Streife erlaubte ihnen, ein paar Habseligkeiten aus der SW mitzunehmen. Wohin man sie brachte, der Polly flüsterten sie es zu.

Lenins Frage „Was tun?" war nun in einer wenig politischen Sache zu beantworten. Die anwesende SW entwarf eine Befreiungsstrategie. Es galt, mit den beiden Kontakt aufzunehmen; als Vorwand bot sich die Übergabe von Klamotten an. Polly fuhr hin, mit Helmut, ihrem Freund und Fahrer, und sie bekam Einlass. Das Heim erwies sich als kaum bewacht, wiewohl alle Türen nach draußen verschlossen waren. Silke, die Ältere, die bayrische Göre aus Kulmbach, sei wunderbar gewesen, der ihr zugeflüsterte Fluchtplan sofort akzeptiert: der Aufsichtsperson beim gemeinsamen Abendessen zwei Schlaftabletten in den Tee; Punkt ein Uhr in der Nacht Abseilen mit den verknoteten, am Fensterkreuz befestigten Bettlaken; rein in Helmuts NSU-Prinz und ab. „Jo Mei“, seien Silkes erste Worte im Auto gewesen, Regine habe sich vor Lachen kaum halten können.

Helmut fuhr die beiden bis ans Ende der „Alten Welt“, bis nach Wolfstein. Hier wohnte Rolands Vater in einer am Hang gelegenen Villa, ein Jurist und Amtsrichter, wohl ohne Vertrauen in die Güte öffentlicher Erziehungsanstalten. Dort blieben die beiden fürs Erste, später ging es nach Mainz, ins Hinterhaus des Buchladens Roter Stern.

Die Begegnung mit den Fürsorgezöglingen irritierte den Jungen. Es wurde in den Erziehungsanstalten also geschlagen. *Maria Rosenberg,* die heilige Stätte (von einer Marienerscheinung berichtete die katholische Saga) war ein ganz unheiliger Ort? Der Junge schlug eine nächtliche Aktion vor, kannte er pädagogische, von Kirchenleuten verabreichte Ohrfeigen doch aus eigener Erfahrung. Eines Nachts fuhr man beide Orte an, *Maria Rosenberg* und sein früheres Internat. Scheiben einwerfen mit Schottersteinen und mit um die Steine gewickelter Botschaft: „Unser Dank für Eure Erziehung.“

Den Kirchenleuten eins auszuwischen, eine politische Sache? *Alles ist politisch,* und postfaschistische Erziehung allemal. Auch Pawels Liebeskummer mit Vera galt als politische Sache, jedenfalls in der vom Kummer verursachten Folge. Pawel, Student und neu in der Wohngemeinschaft, blickte schon auf eine kleine politische Biografie zurück. In Berlin hatte er sich der SEW angeschlossen, einem SED-Ableger. Der hübschen Genossinnen wegen sei er der Partei beigetreten, deren Phrasen für seinen Verstand ziemlich beleidigend gewesen seien. In *K-Town* beschäftigte ihn die Frage, ob er seine Physik an der neu errichteten Universität fortsetzen oder ob er etwas ganz anderes machen sollte. *Das* ganz Andere fand er erst einmal nicht, dafür aber *die* ganz Andere, Vera also. Auch Vera fand ihn süß, aber sie fand auch Roland süß und wusste sich nicht zu entscheiden, was Pawel mal völlig niedergeschlagen, mal völlig aggressiv reagieren ließ.

Die im *Spinnrädl* genossenen Schoppen brachten ihn in Gärung. Der Weg in die SW zurück, gesäumt von den Geschäften der Innenstadt, gemahnte an Konsumkritik. Was gab es Hässlicheres als Polstergarnituren und Wohnzimmerlandschaften im Möbelgeschäft der Eisenbahnstraße?

Pawel warf einen Mülleimer in den Eingang, dann rannte er weg. Ecke Mozartstraße bekam er Lust auf ein italienisches Eis, was er unentgeltlich zu erhalten begehrte. Höhe C&A griff ihn die Streife auf und fuhr ihn in die Logenstraße. Ihn verhören ging seiner undeutlichen Aussprache wegen nicht, nachdem er seine Wohnadresse genannt hatte, war eh Schluss mit dem Verhör - und mit lustig. Pawel, für einen Moment unbeaufsichtigt, öffnete das Parterrefenster und sprang hinaus. Besoffene werden von Engeln geschützt, also auch Pawel. Kein Beinbruch, nur Ausnüchterungszelle. Am nächsten Morgen kam er humpelnd und mit Veilchen unter dem Auge in seiner Wohngemeinschaft an.

- „Pawel, was war los?"

- „Drecksbullen!"

Sülze

Waren die Bullen das System? Mit ihnen im Kampf befand man sich in einer Art Derbystimmung, immer mit Hin- und Rückspiel. Laut Literatur hatten das Kapital als der Gegner zu gelten und die Arbeiterklasse als der große Verbündete. In Lenins *Was tun?* war's zu lesen, im *Kommunistischen Manifest* auch, aber die neuere Literatur sprach von einer integrierten Klasse und der *Eindimensionalen Gesellschaft*. Der Junge verschlang diese Bücher in seinen beiden Gruppen, der SW und dem RC. Hier konnte er darüber ausgiebig diskutieren, und was er für eine Erkenntnis hielt, floss in die von ihm fabrizierten Texte ein. Es gab eine kollektive Vorliebe für solche Texte und eine Lust an vor nichts haltmachender Kritik. Statt den Linksradikalismus zu geißeln, hielt man es lieber mit dessen Feier als „Gewaltkur gegen die Alterskrankheit des Kommunismus".

Eine Gewaltkur also, je radikaler, desto besser. Man wollte kein bloßer Linker sein, wenn andere schon längst Linksradikale waren. Die Gewaltfrage drängte sich in den Vordergrund; Baader wurde 1970 freigeschossen, Petra Schelm 1971 erschossen. War die Sache mit Baader eine Befreiung, die Sache mit Schelm ein Mord? Wer sich nicht zur RAF bekannte, galt bald als Laumann. Weniger lesen und schreiben, mehr tun, verlangte man sich wechselseitig ab. Fragte sich nur, was. Fahndungsplakate der RAF von öffentlichen Gebäuden abreißen konnte doch nicht alles sein! Die Frage nach dem Charakter der spätkapitalistischen Gesellschaft stellen konnte doch nicht genügen! Solche Debatten galten den Frankfurter Großgenossen als „Theoriegewixe" oder, wie Bonni sagte, als „Sülze".

Die Evangelische Bildungsstätte der Pfalz lud ein; eine Chance, Theorie und Kritik der Gesellschaft einem größeren Kreis vorzutragen. Wolfgang, Martin und der Junge nahmen die Chance wahr und fuhren nach Bad Dürkheim. Was versteht die Neue Linke mit Herbert Marcuse unter Konsumkritik, lautete das Thema. Die drei vom RC trugen vor, was sie von Marcuse verstanden hatten. Einverständnis mit Verhältnissen, die dem wirklichen Glück im Weg stünden, stelle sich her über den Konsum vermeintlicher Glücksgüter. Martin, der Pastorensohn, der die Einladung vermittelt hatte, lief zu großer Form auf. Die Kritik an der mit Konsum kompensierten Entfremdung dürfe selbst kein Konsumartikel sein. Er plädiere für Gruppenarbeit, in der sich jeder einbringen könne, statt dem passiven Anhören schlauer Referate. Die Leiter der Bildungsstätte nahmen den Vorschlag an. In den Arbeitsgruppen lebte die Diskussion endlich auf. Als hätte jemand die Fenster zum Lüften geöffnet: Die verklemmte Schulatmosphäre verduftete augenblicklich.

Die Zusammenkunft im Republikanischen Club und in der Sozialistischen Werkstatt sollte der wechselseitigen Aufklärung dienen. Mitunter referierte jemand thesenhaft ein gerade gelesenes Buch. Der Raubdruck von *Autorität und Familie* war auf dem linken Buchmarkt erschienen; der Junge ergatterte ein Exemplar des von Erich Fromm geschriebenen Teils. Er mühte sich, die innere Topografie von Ich, Es und Über-Ich darzustellen, was ihm mehr Schwierigkeit bereitete, als die Geografie des inneren Afrikas in der Schule vorzutragen.

Wolfgang stellte das erste Kapitel vom *Kapital Band eins* vor. Wer die innere Verfassung der Ware, die Differenz von Tausch- und Gebrauchswert nicht verstanden habe, der habe von der ganzen Marx'schen Theorie nichts verstanden. Die Sache mit dem Mehrwert sei doch das Entscheidende, wandte Martin ein, die müsse man kapieren; das Ausbeutungsverhältnis gründe darauf. Die Ausbeutung beruhe darauf, dass der Gebrauchswert der Ware Arbeitskraft für das Kapital darin bestehe, mehr Tauschwert zu liefern als Tauschwert notwendig sei, um die Ware Arbeitskraft immer aufs Neue zu reproduzieren, entgegnete Wolfgang. Er schaute in ratlose Gesichter. Um den anderen den Unterschied von Gebrauchs- und Tauschwert zu verdeutlichen, zitierte er seinen Onkel, den Schuhfabrikanten: „Die Schuh sinn zum Verkaafe, un ned um drin zu laafe …“

Einige Wochen später kam Wilfried, ein Newcomer der Gruppe, dran. Wie verhält sich die Neue Linke im Israel-Palästina-Konflikt? Er referierte über ein Buch mit dem Titel *Kann Israel noch besiegt werden? oder Die Kommandos kämpfen weiter.* Das in einem großen Verlag erschienene Paperback ließ sich in zwanzig Minuten zusammenfassen. Demnach habe Israel als Unrechtsregime zu gelten; dem Staat sprächen die palästinensischen Gruppierungen völlig zu Recht das Existenzrecht ab. Sympathisch seien Leuten wie Leila Chaled. Die Flugzeugentführerin einer El-Al-Maschine nach Damaskus, schönstes Gesicht des Terrorismus, hatte es dem Referenten angetan. Seine Sympathie wuchs mit der Anzahl der für die palästinensischen Kommandos stehenden Buchstaben. Die PLO tauge nichts, die PFLP sei am radikalsten und somit am besten.

Gustav war bei dem Vortrag nicht anwesend. Vielleicht brachte er an diesem Abend seinen Bibov zu Bett. Der Junge hätte gerne gewusst, wie der linke Jude die Ausführungen Wilfrieds kommentiert hätte. Die anschließende Diskussion fiel ins Wasser, keiner sagte ein Wort. Wilfried war gekränkt.

Kontroversen innerhalb der linken Gruppen wurden seltener, das theoretische Rüstzeug geriet in Abrüstung. Von Manipulation, Emanzipation oder Warenproduktion sprach man immer seltener. Stattdessen tauchten die Klassenfeinde, die „Schweine“ und „Ratten“, im linken Vokabular auf. Waren es nicht die Herrschenden, die die Leute verhetzten, die gleichsam den Bunsenbrenner unter das die öffentliche Meinung fassende Gefäß hielten? Die Republik galt ihnen als von Terroristen und Politrockern umstellt. Willy Brandt sei daran schuld, „Brandt an die Wand“, tönte das Echo der Neonazis.

Wer waren Dregger und Strauß? Der Junge und seine Freunde lasen keine Zeitung, sondern Che Guevara, Frantz Fanon und Régis Debray. Sie liehen sich gegenseitig *Soul on Ice* aus, sahen sich in der Rolle einer verachteten Minderheit. Die Westpfalz lag aber weder im Maghreb noch im bolivianischen Urwald. Wie sollte man „Revolution in der Revolution“ machen, wenn Ordensschwestern auf *Maria Rosenberg* und Oberstudienräte auf dem *Horeb* den Feind abgaben?

Der Junge war in Verwirrung geraten. Er wollte große Brötchen backen, doch die kleinen Konflikte um Geschichtsbuch, Leistungsdruck und aufgeblasene Lehrer schwelten. In seinem Kopf war ein Durcheinander, und nichts hellte sich auf. Es ging um den Widerspruch; Mao hatte ihn beschrieben, und wo Widerspruch sich meldete, konnte die Revolution nicht weit sein. Der Junge verließ sein Elternhaus am Wochenende nun selten, blieb abends öfter zu Hause. Er lag auf seinem Bett, die Zudecke samt Kopfkissen zur Rückenlehne zusammengerollt, darüber eine grüne *Ami*-Decke. Miles Davis blies mit *Bitches Brew* ganz neue Töne. Ihnen im Halbdunkel nachzulauschen und dabei zu rauchen machte großes Vergnügen. Im Sommer setzte der Junge sich mit dem Liegestuhl auf das Rasenviereck vor dem Gartenhäuschen, in dem sein Vater lautstark Mittagsschlaf hielt. Er rauchte Vaters alte Pfeife.

Freitags musste er nicht mehr wie unter Zwang sich nach *K-Town* abmachen, überstand sogar den Sonntag, *wenn's blank und frisch gebadet riecht.* Degenhardt half dabei und das Walhalla der Kreisstadt mit seinen Italo-Western. Wer spielt besser, Juliano Gemma oder Franco Nero? Oder doch Lee van Cleef, der immer noch sympathischer war als alle ihn verfolgenden Gesetzeshüter. Charles Bronson in *Chatos Land,* eine Hommage an den heldenhaften Vietcong, was denn sonst?

Militanz stand hoch im Kurs, Drogen notierten höher. Immer mehr seiner Freunde vergruben sich mit ihnen im *Cage* oder der *Barkasse*. *Led Zeppelin* tauchte als gigantischer Joint am Himmel auf. Der Drogenhandel mit Heroin florierte unter den aus *Nam* zurückgekehrten US-Soldaten. Es war die Zeit, als Adele an die Spritze geriet. Mit dem weißen GI kam sie aus dem Vorraum der Toilette heraus, strahlte und sagte: „Hab mir gerade den ersten Schuss gesetzt.“ In *K-Town* ging es härter zu als in der Kreisstadt.

Beim Blauen Bock

Aufklärung ohne Provokation bringt's nicht, Aktion ohne Aufklärung ist unpolitisch. Dutschke hatte es, lange war's her, auf den Punkt gebracht. Mit der Provokation ging es besser als mit der Agitation. Eine Atmosphäre von Abenteuer und Befreiung waberte durch *K-Towns* Luft. Das zog immer mehr Leute an. Nun kamen die ganz Jungen, Adi, Netti, Maria, Mimi und Tine. Die Sozialistische Werkstatt musste sich vergrößern, die Hasenstraße war zu eng geworden. Auch wollten die Antiautoritären sich von den liberalen Scheißern mit ihrer Ostermarsch- und Burg-Waldeck-Romantik emanzipieren. Gleich zwei neue Häuser wurden angemietet, die Lutrinastraße mit ihrem schönen gepflasterten Hof, und die Weberstraße mit ihrem nach hinten gelegenen Dachgarten. Zur Lutrina- ging es von der Karl-Marx-Straße ab, die Weberstraße kreuzte die Ruhe Almend. Karl Marx und die Straße des Gemeineigentums als Nachbarn, wenn das mal kein gutes Omen war!

Heimlich Parolen ans Schulgebäude zu sprühen, ging als eine beachtliche Aktion durch, Parolen im Inneren des Gebäudes an die Wände zu malen, toppte die Sache. Nachts ins Gymnasium zu kommen, kein Problem. Einmal hielt der Direktor einen Elternabend ab. Auch interessierte Schüler durften dabei sein. Otto hörte ein bisschen zu, ging raus, entriegelte ein nach dem Hinterhof gelegenes Parterrefenster und lehnte es an. Das Sekretariat, das Direktorenzimmer und die Flure dreier Stockwerke wurden nachts mit Parolen verziert. Der Direktor rief am nächsten Morgen die Polizei. Auf dem Pausenhof zwinkerten sich die Beteiligten zu.

Dann kam das auf samstagfrüh angesetzte Rückspiel. Herr Schnarr und die Seinen nahmen die Spurensicherung auf. Der Junge schlief in seinem Schlafsack auf der in der Flurecke stehenden Gästecouch. Die Polizei klingelte artig, dann ging es gar nicht mehr artig zu. Hausdurchsuchung, alle raus aus ihren Zimmern! Schnarrs Kripo nahm sich jedes Zimmer vor. Wer drin wohnte, durfte das Durchwühlen seiner Sachen mit ansehen.

Alles, was rote Farbe aufwies, galt als verdächtig und wurde zur Spurensicherung mitgenommen. Die Jungen nahmen es mit Humor.

Achim, im Obergeschoss wohnend, lehnte sich über die Brüstung und rief seinen Mitbewohnern lachend zu: „Ihr Leid, die wühle in de dreckische Unnerwäsch. Die nemme die Unnerhos aus der rot Woch vun de Susanne mit.“ Neben der Unterwäsche und diversen Parkas wanderte auch die Druckmaschine in Polizeigewahrsam. Der von Helmut reparierte alte Kasten druckte in Schwarz. War auch schwarze Farbe verdächtig? Polly bekam eine Quittung für die beschlagnahmte Linotype.

Der Besuch in Weber- und Lutrinastraße war beendet, nun mussten alle zum Gegenbesuch in die Logenstraße mit. Das Elternhaus von Netti und Maria zu kommentieren, reizte den vernehmenden Oberkommissar: „Tochter vom Gefängnisdirektor, Tochter vom Landgerichtsdirektor! Die Herren Papas werden sich über ihre Früchtchen freuen.“ Sie mussten Klavier spielen. Alle Finger wurden über schwarze Farbe gerollt, dann kam das zweite Abrollen in dem auf dem Formular vorgesehenen Kästchen. Anschließend Platz nehmen auf einem kleinen Holzschemel; zuerst Frontalaufnahme, gefolgt von zwei Profilfotos. Der Porträtierte brauchte sich gar nicht bewegen. Der Fotograf drückte einmal einen Hebel nach vorne; der Hocker samt dem Delinquenten drehte sich zur linken Wand, und es blitzte. Er zog den sinnreichen Mechanismus nach hinten, das andere Profil war dran.

Bis alle durchgeschleust waren, verging eine Stunde. Die mit der Prozedur durch waren, warteten vorm Präsidium. Dann ging's unter Lachen und Scherzen nach Hause. Abends erst realisierten die Jungen, was eigentlich passiert war. Man wollte sie mundtot machen, indem man ihnen die Druckmaschine wegnahm. Und man wollte sie einschüchtern. Die sozialdemokratische Stadtregierung hatte gerade den Grundstein für die Universität *K-Towns* gelegt. Eine APO, einen studentischen Aufruhr, konnte sie nicht gebrauchen. Der vom Sozialdemokratischen Hochschulverband geführte Allgemeine Studentenausschuss solidarisierte sich, aber nicht mit dem SPD-Magistrat, sondern mit den SW-Leuten. Und der Vorsitzende des AStA half gar mit der Uni-eigenen Druckmaschine aus.

Der Mao-Tse-tung-Spruch war unvermeidlich: „Der Stein, den sie erhoben haben, wird auf ihre eigenen Füße fallen.“ Der studentische Vorsitzende und der Junge übernahmen die Aufgabe, das die Polizeiaktion anklagende Flugblatt zu schreiben. Gert, angehender Mathematiker, wohnte möbliert. Sein Zimmerherr, ein Polizeibeamter, saß mit Frau und Kind auf dem Sofa, im Fernsehen gab's *Zum Blauen Bock*. Die beiden Genossen grüßten artig, verschwanden in dem hinter dem Sofa liegenden Zimmer und schrieben drauf los. Der Ton sollte analytisch sein, kein Gekeife: Das Wenige an kritischer Öffentlichkeit, das in der Provinzstadt sprieße, sei den politisch Verantwortlichen noch zu viel. Deshalb würden sie ihre Büttel losschicken, um das Pflänzchen totzutrampeln. Den Herrschenden in der Stadt schwebe ein Biedermeier aus Betzenberg, Uni-Städtchen und Weinchen am Abend vor. Die Sozialistische Werkstatt störe dabei, deswegen hätte man den Stein gegen sie erhoben.

Man sah sich keineswegs als Pflänzchen. Wie sangen die *Black Panther*? „Just like a tree down by the water, we shall not be moved.“ Man begriff sich als auf dem Langen Marsch befindliche politische Kraft. Leider fehlte der revolutionären Kraft augenblicklich das finanzielle Vermögen. Das Flugblatt geschrieben, die 1A-Druckmaschine bereit, wer aber bezahlt die 2000 Blatt zum Drucken? Eine Hinterhofdruckerei verkaufte das Druckpapier und gab vierzehn Tage Zahlungsziel. Die Rechnung ging an die „Soziale Werkstatt“, die aber war unbekannt; bei der Sozialistischen Werkstatt tauchte nie eine auf.

Ein halbes Jahr später lag eine Anklageschrift im Briefkasten. Die Eltern des Jungen befanden, ihr Sohn habe die kriminelle Laufbahn endgültig eingeschlagen. Einbruch und Sachbeschädigung laut Ermittlungsakte, schrieb der ermittelnde Staatsanwalt. Die Straftaten seien kollektiv geplant und durchgeführt worden. Sie jedem Mitglied der Sozialistischen Werkstatt individuell nachzuweisen, erweise sich als überflüssig. Dass die Täterschaft der SW feststehe, zeigten die von ihr zum Kampf gegen den Notenterror aufrufenden Flugblätter. Die identischen Parolen seien mehrfach an die Wände der Albert-Schweitzer-Schule gesprüht worden. Für die kollektive Tat spreche auch das Auftreten der Gruppenmitglieder, denn die Jugendlichen seien einheitlich gekleidet: olivfarbene Armeejacken, mit einem „roten Judenstern" am Revers. Der Oberstaatsanwalt Georg Adolf Schnarr beantrage daher, die Verhandlung gegen jedes einzelne Mitglied der sozialistischen Gruppe zu eröffnen.

Das zuständige Gericht lehnte den Antrag der Staatsanwaltschaft aufgrund der nicht gefundenen Spraydosen ab. Vielleicht war dem Gericht auch nicht wohl dabei, einer Anklage stattzugeben, in der ein „Judenstern" eine Rolle spielte. Die Gebrüder Schnarr mussten sich für diesmal geschlagen geben. Sie waren in *K-Town* eine mit politischen und sportlichen Abwehraufgaben viel beschäftigte Dynastie: einer Oberstaatsanwalt, einer Kriminalhauptkommissar, einer Stammtorhüter des FCK. Wolfgang, mit seinen ein Meter fünfundsiebzig für einen Tormann ziemlich klein, jedoch mit einer enormen Sprungkraft ausgestattet, hieß bei seinen Fans, darunter dem Jungen, nur „der Flieger". Sommers wie winters flog er, mit grauer Trainingshose und dem Trikot der Roten Teufel angetan, durch den Strafraum.

Der Junge flog diesmal nicht von der Schule. Das Gericht schlug die Anklage nieder. Blieb noch die alte Anzeige. Gilt Flugblattverteilen auf dem Schulhof als Hausfriedensbruch? Das Kreisgericht sah dies so und verurteilte den Jungen dazu, zwanzig Sozialstunden abzuleisten. Er durfte wählen: Rotes Kreuz oder Arbeitersamariterbund. Er entschied sich für den Arbeiterbund und schrubbte dessen Notarztwagen.

Heulen verboten!

Der Donnerstags-jour-fixe im Republikanischen Club ging wegen eines ausgefallenen Referats rasch zu Ende. Der Junge machte sich auf den weiten Weg durch die Stadt, am *Exe* und der Parkbräu vorbei, bis hoch zur Kaserne. Erst am Stadtrand konnte mit Aussicht auf Erfolg ein Auto angehalten werden. Einer der zuverlässig anhaltenden *Amischlitten* nahm ihn mit, kurz nach neun kam er wieder in seinem Zuhause an, das er doch gegen sieben erst verlassen hatte. Vater stand in der zum Balkon führenden Tür der Küche. Er trug seinen schwarz-weiß gestreiften Bademantel. Mit seiner Rechten rieb er sich den linken Oberarm und die obere Brustseite, fasste dazu unter den Mantel. Ihm sei schlecht, klagte er. Dass der Vater noch auf war, verwirrte den Jungen. Zu Vaters striktem Tagesablauf gehörte das frühe Zubettgehen, seine Gewohnheit, seitdem er vom Sanatorium zurückgekehrt war. Der Junge schlug vor, Doktor Jordan anzurufen; der Vater wehrte vehement ab. Vater lief die Küche auf und ab, der Sohn machte ihm auf dem engen Raum Platz. Der Vater stieß ständig auf. Das Aufstoßen sollte ihm Erleichterung bringen; Vater rief es absichtsvoll hervor. Mutter stand plötzlich im Raum. Sie kam aus der Abendandacht. Die Wohnungstür hatte sie wie gewöhnlich geräuschlos aufgeschlossen.

Mutter hörte sich Vaters Beschreibung seiner Schmerzen an. Sie nahm das Telefonbuch, fand Doktor Jordans Nummer, ging zu dem an der Flurwand hängenden Apparat und wählte. Der Arzt stand zehn Minuten danach an Vaters Bett. Vater hatte sich wieder hingelegt. Das Fenster stand offen, sein Schlafanzug war aufgeknöpft, der linke Ärmel hochgekrempelt. Der Junge stand in der Tür, sah, wie der Arzt in den Unterarm die Spritze entleerte. Der Arzt bat Mutter, das Rote Kreuz anzurufen. Der Rettungswagen kam aus der Kreisstadt, was eine halbe Stunde dauerte. Mutter kochte Herrn Jordan einen Kaffee, den dieser plaudernd und Mutter beruhigend trank.

Nun musste Vater aufstehen, in seine Hausschuhe steigen und seinen verwaschenen, längsgestreiften Bademantel überziehen. Sich vorsichtig am Treppengeländer festhaltend, schritt er nach unten. Beim Sanitäter hatte er sich mit dem linken Arm eingehängt. Sein Haar, sonst sorgfältig nach hinten gekämmt, stand ihm an den Schläfen ab. Vor dem Untergeschoß bog die Treppe nach rechts, Vaters Rücken verschwand aus dem Bild. Der Junge hatte ihn zum letzten Mal lebendig gesehen.

Der Vater, den er am nächsten Tag im örtlichen Krankenhaus sah, konnte nicht mehr als lebendig gelten. Die Rücklehne des Bettes war steil aufgerichtet, als gelte es, den Liegenden dem Besucher noch einmal möglichst eindringlich zu präsentieren. Vaters Mund und Nase verschloss das Endstück eines dicken, transparenten Schlauchs, ein abgerundetes Dreieck, ähnlich dem Staubsaugeraufsatz, mit dem Mutter die Polster absaugte. In den rechten, entblößten Arm tropfte die Flüssigkeit eines an einer Stange hängenden Beutels. Vaters Augen waren geschlossen, er atmete schwer. Der Junge stand vor ihm. Auf den Stuhl konnte er sich nicht setzen. Er weinte lautlos, der Vater sollte es nicht hören. „Männer heile ned!“ Vater hatte es oft gesagt. Der Junge musste raus aus dem Zimmer.

Der Äthergeruch des Krankenhauses auf dem schummrigen Flur. Er stellte sich auf den rückwärtigen Balkon. Mit den Händen hätte er nach dem roten Lehm des Kirchbergs greifen können. Wo die *Schossee* zum Kirchberg hoch endete, wo der gepflasterte Weg aufhörte und der Wald anfing, lebten unter der vergitterten Grube die Raben. *Fällder in de Sumpf, machd de Reiter blumbs - do unne leid er.*

Er kam am nächsten Tag von der Schule, stieg den Spatzenhügel hoch und bog in die Freiheitsstraße ein. Marianne begegnete ihm vorm Elternhaus, die Milchkanne in der Hand: „Vater ist tot, hol mal Milch.“ Er begriff den Zusammenhang nicht. Da waren verweinte Augen, da war die Schwester, die sich umdrehte und zum Hoftor wieder hineinging. Der Junge trat in das an der Ecke gelegene Lebensmittelgeschäft, ließ sich von Agnes den Liter Milch abzapfen und bezahlte. Agnes hatte das Rot-Kreuz-Auto gesehen. Was los sei? „Vati ist tot.“

Tot kann einer lange sein; bevor er nicht beerdigt ist, ist er nicht tot. Vater aufgebahrt, sah aus wie immer. Sein volles Gesicht, die nach hinten gekämmten Haare, die über der weißen Decke gefalteten, einen Rosenkranz haltenden Hände. Er hatte die Augen zu und den Mund leicht verzogen, als wollte er sich lustig machen. Also konnte es so schlimm nicht sein. Die Lorbeerbäumchen in der Leichenhalle links und rechts von seinem Kopf gefielen ihm sicherlich nicht. Überhaupt war er gegen das Sterben, und wenn ihn Mutter bat, zu Hause zu bleiben, und nicht *ins Bolde* zu gehen, kam als Antwort seine übliche Feststellung: „Dehäm schderwe die Leid."

Vaters Sterben beendeten die drei mit der Schaufel geworfenen Häufchen Erde. Mutti, Marianne, Norbert, Werner, Franz kamen vor dem Jungen dran, die Tanten und Onkel danach. Der Männergesangverein Liederkranz sang ein Lied. Schraubten sich die Stimmen hoch, nahm das Schluchzen der Trauernden zu. Der Vorsitzende des Vereins hielt eine kurze Rede, die den guten Kameraden und das Wiedersehen beschwor. Dann hob er die Arme und dirigierte ein weiteres Lied. Viel rotbraune, schwere Erde lag schon auf dem braunen Sarg, und mehr kam gleich dazu. Vater konnte sich nun die „Grumbeere von unne ahgugge". Hatte er, was manchmal vorkam, von seinem Tod gesprochen, gebrauchte er dieses den Jungen verstörende Sprachbild.

Die Trauergemeinde fuhr ins *Bolde*. Zum ersten Mal saß der Junge wieder wie früher am Tisch in der hinteren Ecke. Der Spaßmacher, der Alleinunterhalter, saß nicht mehr dabei. Nichts mehr mit *Jaköbl*. Und wer sollte jetzt die Geschichte erzählen vom Onkel Emil und seiner Agnes? Der Onkel Emil, der trank beim Frühschoppen immer vier Schoppen Riesling, bezahlte jedes gebrachte Glas sofort, bis auf das letzte. Kam dann pünktlich um halb eins die *Angnes*, rief ihn zum Mittagsbraten und beschuldigte ihn, wieder so viel gesoffen zu haben, führte der Onkel die Tante triumphierend vor an den Tresen und verlangte zu zahlen. „Sieh sche, grad enner haw isch gesoff."

Don't need no doctor

Noch am Abend der Beerdigung eröffnete der Junge der Mutter am Küchentisch, was nun kommen sollte. Er würde nach *K-Town* ziehen und dort in der Kommune wohnen. Der Mutter verschlug es die Sprache. Der große Bruder assistierte dem Jungen; der müsse hier raus. Warum er raus müsse, fragte die Mutter, er habe es hier doch gut. In *K-Town* hätte er es besser, so der Junge. Und wovon er leben wolle? Er bekomme doch nun Waisenrente; die Rente und das Kindergeld, das würde ihm künftig reichen. Die Mutter zog sich weinend in ihr Schlafzimmer zurück. Die beiden besprachen den kommenden Tag. Der Junge bat den Älteren, ihm zu helfen, Flugblätter zu verteilen. Die Herbstoffensive konnte doch nicht wegen Vaters Tod ausfallen.

Vater lag nun im *Läderschdal*, die Blumen auf dem im idyllischen Tal gelegenen Friedhof verwelkten. Auf dem Holzkreuz standen Geburts- und Sterbedatum. *Hier ruht in Gott.* Mutter bat den Jungen, bei ihr zu bleiben. Sie kochte ihm seine Spaghetti mit der Rindswurst vom *Knacker*; die Klöße halb und halb mit Sauerbraten; den Gockel im Wein im schweren Bräter, den Milchreis im Jenaer Glas, gespickt mit Rosinen und Apfelschnitzen, die Leberknödel mit Sauerkraut und die *Rostigen Ritter* in der schaumig geschlagenen Rieslingsoße. Da Vater nicht mehr am Tisch saß, tischte sie wieder die gute, fette Leberwurst vom *Knochekall* auf. Alles verdrückte der Junge, und nach ein paar Wochen war ihm übel.

Nun kochte die Mutter die Haferschleimsuppe. Er musste Maaloxan gegen sein Sodbrennen nehmen. Er teilte sich mit Mutter die Familienpackung mit der schleimigen, widerlichen Sahne. Den schwachen Magen hatte er doch von ihr. Alles, was schwach an ihm war, hatte er von ihr. Sie sei an seinem psychosomatischen Leiden schuld. Sie solle ihn endlich gehen und ihm sein Geld zukommen lassen. Er weinte vor Wut. Die Mutter hielt ihm vor, am Grab nicht geheult zu haben.

Endlich fuhr sie ihn nach *K-Town*; im Kofferraum eine Tasche, ein Koffer, vier Weinkisten mit seinen Büchern, auf dem Rücksitz die Zudecke und die drei Teile seiner Matratze. Erst ging es an der Biebermühle vorbei, und die sich durch die Wiesen schlängelnde *Moosalb* blieb in Sichtweite. Sie kamen an der Wirtschaft „Zum schönen Wiesengrund" vorbei. Hier hatten Vater, Mutter und Sohn einmal gut gegessen, im Biergarten sitzend mit Blick auf die mit Dotterblumen übersäte Wiese. Hinter Schopp und Krickenbach lag der von Ästen verdunkelte, zwischen Straße und Bahndamm gelegene schmale *Eiswoog*, in dem zu schwimmen verboten war. Hinter dem Espensteig ging es steil runter, nach Kaiserslautern hinein. In der Sozialistischen Werkstatt kam er kurz vor Weihnachten an. Er baute sofort seine kleine Musikanlage auf. Bloß kein *John Mayall*, bloß keine *Bluesbreakers*, stattdessen sollten die Wände mit *Humble Pie* wackeln: „I don't need no doctor!"

Sein Zimmer einrichten, die Sache einer halben Stunde: die drei Matratzen auf den Boden, die Weinkisten an der Wand übereinander, Tisch und Stuhl aus der ehemaligen Gaststätte unten. Eine Kommode stand bereits an der gegenüberliegenden Wand. Erste Überraschung: keine Heizung, der fehlende Ofen. Befreundete schwarze GIs von der Vogelweh wussten Rat und schleppten ein mit Kerosin geheizten Kanonenofen an, Kerosingeruch inklusive. Zweite Überraschung: Ohne Gardinen, ohne Fensterladen lebt man gleichsam auf der Straße. Dritte Überraschung: Matratzen auf dem nackten Boden mögen im Sommer angehen, im Winter liegt die Kälte im Bett gleich mit. Das neue Jahr begann mit einer Nierenbeckenentzündung. Vierte Überraschung: In der neuen Schule Anschluss zu finden - ist ja auch ein altsprachliches Gymnasium! - hat altbekannte, bald unübersteigbare Hindernisse zur Folge, die nur mit einer unbezahlbaren Nachhilfe zu überwinden wären.

Kohlen holen

Das Haus in der Weberstraße spiegelte die wechselnde Verfassung seiner Bewohner wider. Im Sommer erträglich, in den beiden Gasträumen der ehemaligen Kneipe, deren Reklameschild - „Zum Apostelbräu“ - noch an der Hauswand hing, sogar richtig schön und für die zahlreichen Feten toll geeignet; im Winter für seine Bewohner eine einzige Zumutung. Die beiden Klos im Treppenhaus ohne Wasserspülung, das Fenster im Bad kaputt, sodass Eis den Boden der Badewanne bedeckte. Vom Sperrmüll besorgte Kohleöfen heizten zwar, aber es fehlte sowohl an Kohlen wie an Kohle.

Mit einem Bollerwagen ging es durchs nächtliche *K-Town*. Unterhalb des Betzenbergs wurden Kohlen und Briketts gelagert. Bald schon im Wald, neben der Bahnstrecke gelegen, kam der Lagerplatz dem Kohlenklau zwar entgegen, aber nur auf halbem Weg. Die Zentnersäcke über den Zaun zu hieven, war unmöglich. Die Eierkohlen einzeln über den Zaun zu reichen, wäre auch keine gute Idee gewesen. Also Umsteigen auf Briketts, die wärmen eh länger. Unglücklicherweise fing es zu schneien an. Das Wägelchen zog seine Spur vom Raiffeisenlager in der Kohlenhofstraße bis zur Weberstraße. Dort lebten die Tricks der Nachkriegszeit bei den Jungen wieder auf. Am späten Abend das in nasses Zeitungspapier gewickelte Brikett ins Feuer werfen, gibt Glut noch am nächsten Morgen.

Glomm die politische Glut? Die Gruppe wuchs, es mussten Kriterien her, wer aufgenommen werden sollte. Einer stellte sich sein Zeugnis mit dem Hinweis aus, er sei auch „gegen die Amis“. Wogegen sein, reiche nicht, und *die Amis* gebe es nicht, wurde ihm beschieden. Wer dabei sein wolle, müsse mitarbeiten. Nur wobei? Das Flugblattverteilen an den Gymnasien galt bald als verzichtbares Unterfangen, als ein Perlen-vor-die-Säue-Werfen. Helmut, der Jungproletarier, gab langsam den Ton an. Er beanspruchte Autorität für sich als dem wirklich Radikalen. Worin sein Radikalismus bestand, erschloss sich nicht. Meist schwieg er vielsagend, und Polly hing an seinen Lippen. Seit sie mit ihm und nicht mehr mit Mick liiert war, seit Mick, der angehende Deutschlehrer, den Schuldienst quittiert hatte und in den Marburger Roter-Stern-Buchladen gewechselt war, verödete die Gruppe.

Als langsames Siechtum nahm es der Junge wahr, und er äußerte seine Wahrnehmung. Helmut hatte ihn dafür auf dem Kieker. Bla bla, Sülze, Laberei, nichts Halbes und nichts Ganzes sei diese Kritik. Helmuts Ganzes: nächtliches Molotow-Werfen auf der Landstuhler Burg; Silvesterspaß lange nach Neujahr. Bei der Belagerung dieser Burg kam der letzte Ritter, Franz von Sickingen, ums Leben. Ein brennender Balken fiel auf ihn. Seine überlieferten letzten Worte: „Nichts ohne Ursach'." Der letzte Ritter habe schon modern gedacht, so charakterisierten ihn die Geschichtsbücher. Jetzt brannte es in der Burg noch einmal. Wer Avantgarde sein will, muss sich auf die Illegalität vorbereiten. Es machen wie die RAF, das wär's. Woher das Kleinkalibergewehr mit Schalldämpfer kam, man weiß es nicht. Auf dem Lehmboden des Kellers in der Weberstraße auf eine an die Wand gelehnte Matratze schießen als Politikersatz.

Die zweihundert D-Mark für das Haus aufzubringen überstieg beinahe schon das finanzielle Vermögen der Sozialistischen Werkstatt. Außer Franks Lohn als Zivildienstleistender und der Waisenrente des Jungen kam nichts rein. Am Monatsanfang ging von seinen 180 Mark meist ein Hunderter gleich für die Miete drauf. Der Hausbesitzer wohnte in der „Alten Welt". Die Gepflogenheiten dieser Welt behielt er bei; er hatte keine Bankverbindung. Also fuhr man am Anfang des Monats zu ihm. Der ehemalige Bauer hatte seine Landwirtschaft und seinen Bauernhof aufgegeben und lebte in einem Reihenhäuschen. Die Jungen legten ihm die zweihundert Mark auf den Tisch. „Was gibt's Neues in Lautern?", frug er dann und stellte jedem ein Glas Schnaps hin.

Otto, in der komfortableren Lutrinastraße wohnend, lag mit seinen Eltern über Kreuz, weil er es nicht hinbekam, morgens trotz drei gestellter Wecker aufzustehen und zur Schule zu gehen. Otto bekam von den Eltern am Monatsanfang dreißig Bons für ein tägliches Stammessen im Grünen Kranz. Otto verteilte die Essen-Bons demokratisch; für alle reichten sie noch keine Woche. Die neben dem Grünen Kranz gelegene Pferdemetzgerei bot Gulasch mit Soße und Spirelli für 2,80. Pawel versorgte die

Bewohner mit im Supermarkt geklauten Wurst- und Fischdosen. Einmal stecke im Gürtel seiner Hose eine von seiner dicken Jacke verdeckte Salami. Es gab Weinkäse, Salami und frisches Brot zum Abendessen, und die Weberstraßen-Leute beschwerten sich, weil der Lutrinastraßen-Otto den Käse fast allein aufaß. Man ärgerte sich, man hatte Spaß.

Dann hörte der Spaß auf. Frank hatte von seinem Kinderheim die Kopfläuse mitgebracht. Wo Kinder zusammenkommen, kommen auch Kopfläuse zusammen. Man bekam die Tierchen in einem zähen hygienischen Ringen mit Nissenkamm, stinkender Tinktur und um den Kopf gewickeltem Handtuch los. Die Krätze, die nächste Heimsuchung, verlangte einen verschärften Kampf an der Hygienefront. Täglicher Wäschewechsel, okay, aber wo die Klamotten waschen, wo duschen? Die Jungen gingen zum Hautarzt, der nur nach der Adresse fragte und Jakutin verschrieb.

Zwischen den Bewohnern der Weber- und Lutrinastraße gab es eine Übereinkunft: Da es sich in der Bruchbude ungleich schwerer leben ließ, besaßen die dortigen Bewohner das Recht auf ein Bad im Vier-Sterne-Haus. Von diesem Recht wollte ein Teil der Lutrinas plötzlich nichts mehr wissen. Golda war ihre Wortführerin. Und Golda, durchsetzungsstark wie Golda Meir, setzte sich durch. Der Junge und seine Kumpanen mussten nach einer Alternative für ihr Samstagsbad suchen. Das im nahen Park gelegene Stadtbad Mitte, Bademeister Karl Mildenberger, bot sich an.

Dem Krach um das Baderecht folgte der Krach um das politische Bewusstsein. Golda und die Ihren, als „Politkloster“ geschmäht, glühten für das Proletariat, dem die Opel AG in *K-Town* gerade ein neues Werk hingestellt hatte. Die Gruppe um Helmut und Polly liebäugelte mit Untergrund und Frankfurts Großgenossen. Die Schülergruppe sollte sich entscheiden. Der Junge entschied für sich, dass keine Entscheidung anstand. Er zog aus.

Der Besitzer eines Friseursalons vermietete ihm ein Zimmer mit Küche für 120 Mark. Adi zog mit ein. Sie konnte ihr Nest *jottwede* und das tägliche Hin- und Herfahren hinter sich lassen. Man legte die Matratzen nebeneinander und war sich gut Freund. Mit dem Sommer waren Väterchen Frost und die Weberstraße vergessen. Der Junge nahm sich Adis Fleiß bei den Hausaufgaben zum Vorbild. Den Studenten Gert bat er um naturwissenschaftliche Unterstützung. Der AStA-Vorsitzende hatte mit der Druckmaschine ausgeholfen, jetzt sollte er bei der Physikarbeit aushelfen. Die Abschlussarbeit begann um acht; was herauskam, ging in die Abi-Note ein. Der Junge ging um neun aufs Klo, versteckte das Aufgabenblatt, erbat sich nach drei Stunden den erneuten Toilettengang, nahm den von Gert bearbeiteten Zettel und übertrug das Ganze. Das Aufgabenblatt hatte lediglich Größenangaben und Maßeinheiten pro Aufgabe ausgewiesen. Was zu errechnen war, stand auf der Tafel. Gert musste raten, was es zu berechnen galt. Der Naturwissenschaftler löste dem Uni-Niveau gemäße Aufgaben, und der Physiklehrer wunderte sich.

Aller Trickserei half dem Jungen nichts, er bekam auch in der neuen Schule kein Bein auf den Boden. Seinen beiden Zimmern gegenüber lebte ein es mit geistigen Getränken haltender Philosoph. Man begegnete sich auf dem Gang, wenn das im Hinterhof gelegene Toilettenhäuschen aufzusuchen war. Der Philosoph gab Lebensweisheit zum Besten. „Des Lewe isch so schwer, wie du ders machschd."

Ich seh' was

Das Wohnen in der unwirtlichen Weberstraße lag hinter ihm, und damit ging ihm ein Trubel verloren, den er sehr vermisste. Frieder sollte ihm die alten Genossen ersetzten, ihm schloss er sich näher an. Der die gleiche Klasse Besuchende litt an demselben schulischen Manko, auch er ein bekennender Naturwissenschaftslegastheniker. Alles, was Zahlen und Formeln auswies, erwies sich ihm als nicht eingängig. „Dumm ist er nicht, er lernt nur schwer", so der Mathematiklehrer, der das vergebliche Abmühen des neuen Freundes vor der Klasse gerne mal kommentierte.

Sie waren miteinander langsam vertraut, da erzählte ihm Frieder, was er vor den anderen verheimlichte: Er hatte mit seiner Drogensucht zu kämpfen. Das Kiffen lag hinter ihm, aber alles, was in Pillenform zu haben war, warf er ein, vor allem Captagon. Um den grassierenden Süchten unter den Jugendlichen zu begegnen, hatte das Rathaus ein Release eingerichtet, sinnigerweise gleich neben dem Kellerclub *Cage*, wo bis spät in die Nacht konsumiert wurde. Das Release suchte Frieder regelmäßig auf und langsam auch mit Erfolg. Der stellte sich auf einem sportlichen Umweg ein: Fußballspielen als Therapie. Die Sozialarbeiter kickten mit ihrer Klientel. Wer da als Süchtiger und wer als Berater in Sachen Sucht dem Ball hinterherflitzte, man hätte es nicht zu sagen gewusst.

Frieder lud den Jungen zum Mitkicken ein. Er war der Mittelfeldmann und galt als der Stratege des Spiels. Ging es gegen die Jungs vom Jugendzentrum, gab er die Marschrichtung vor. Erst mal die anderen kommen lassen, erst mal „hinne dicht", hieß die Order. Er garnierte seine sportliche Weisheit gerne mit seiner politischen; Worte des Vorsitzenden Mao Tse-tung als Alternative zu den Sepp-Herberger-Weisheiten der Väter: „Der Feind greift an, wir ziehen uns zurück. Der Feind zieht sich zurück, wir greifen an." Er fädelte die Angriffe ein, benutzte dabei seine gefährlichste Finte, das Lupfen des Balls über die Abwehrreihe. Da man auf die Abseitsregel verzichtete, sah sich ein hinter der gegnerischen Reihe postierter Mittelstürmer, sofern er nicht umständlich den Ball erst unter Kontrolle bringen musste, von Dieters Vorlagen wunderbar gefüttert.

Wollte er rasch den Ball haben, weil er eine Lücke erspäht hatte, rief er dem Mitspieler zu: „Ich seh' was." Was er sah, brachte der Mannschaft oft den Sieg. *Vorwärts hinne dicht* nannte sich der Drogenverein, dem sich der Junge, fehlte der elfte Mann, anschloss. Frieder fehle politisches Bewusstsein, sagte er sich und dozierte. Dann war es an seinem Kumpel, den Ball aufzunehmen. Seine lockeren Sprüche nahmen dann politische Färbung an, aber der Bierernst, der sich langsam ausbreitete, ging den beiden ab. Mit Frieder stieg der Junge hinauf auf den heiligen Berg der Pfalz, den *Betze*. Mochten die Genossen vom Politkloster den Stadionbesuch auch abfällig kommentieren, die Liebe zum FCK war unerschütterlich. Frieder besaß ebenso wenig Geld wie der Junge. Die fünf Mark für den Stadionbesuch konnten beide nicht aufbringen. Hinter der Ostkurve standen ein paar hohe Bäume, die freie Sicht aufs Spielfeld boten.

Der Bemühung des Jungen, das Bewusstsein seines Freundes zu bilden, kam der auf halbem Weg entgegen. Den gegen die Vietnamesen geführten Krieg sah er als Fortsetzung des an den Indianern verübten Völkermords an. Die *Amis* seien die Schlimmsten, und man schaue sich nur mal ihre Kultur an. *Hillbilly* und *Square Dance*, und alle seien verkappte *rednecks*. Frieder geriet in Rage, wenn die Sprache auf seinen Lieblingsfeind kam. Nichts ließ er gelten, nicht einmal die *Black Panther Party* oder seine Lieblingsgruppe *The Doors*. Waren die *Doors* überhaupt eine amerikanische Band, kam nicht gescheite Rockmusik nur aus Großbritannien?

Die beiden fuhren zum Zweiten British Rock Festival nach Germersheim. GIs nahmen sie mit, sprachen vom „German Woodstock", doch vor Ort fehlte das Geld für *Pink Floyd* und die anderen. Das Festival fand auf einer Rheininsel statt; ein Shuttle per Schlauchboot brachte sie kostenlos rüber. Für den Jungen bot das Festival nichts als Enttäuschung: Seine *Humble Pie* sah er nicht, seine Adele sah er mit einem anderen. Man kam zurück, wie man gekommen war; auf der Vogelweh stationierte US-Soldaten nahmen die *German boys* mit. Die Sache mit der enttäuschten Liebe schien Frieder vertraut. Er gab Ratschläge für den nächsten Versuch:

„If you can't be with the one you love, love the one you're with." Aber die *Isley Brothers* seien doch auch eine *Ami*-Band, gab der Junge halb gequält, halb amüsiert zu bedenken.

Kam das Gespräch auf die *Amis,* fing Frieder das Dozieren an. Eben noch hatte man neben den Jungs aus den USA gehockt und von den endlosen Gitarrensoli geschwärmt. Kaum war man ausgestiegen, ging das Schimpfen gleich los. Kulturlos, barbarisch, wie die Nazis seien die Amerikaner. Aber während die Verbrechen der Nazis den Deutschen ständig unter die Nase gerieben würden, kämen die USA als *god's own country* davon. Der Junge erzählte ihm vom Mister Littlefield. Den wollte der Freund nicht gelten lassen. Ausnahmen bestätigen die Regel. Einmal Weltpolizist, immer Weltpolizist, entgegnete er. Die beiden trennten sich am Ende eines verunglückten Tags.

Verlängerung

Was sich einmal stolz die Sozialistische Werkstatt genannt hatte, schloss die Tore. Mick war weg, Otto ging nach Marburg, um auf einer Privatschule endlich sein Abitur zu machen. Achim und Susanne hatten sich nach bestandener Lehre gemeinsam abgemacht und eine eigene Wohnung bezogen. Der Junge selbst war ja ausgezogen. Es fanden keine *workshops* mehr statt, keine gemeinsamen Diskussionen, kein Produzieren neuer Flugblätter. Eine neue Druckmaschine müsse her, und mit ihr ginge alles nochmal von vorne los. Man könne wieder loslegen, vielleicht sogar eine neue Werkstatt mit Wohngemeinschaft aufmachen. Vom Reorganisieren war die Rede. Was als Phantasie rumgeisterte, warf die Frage nach dem Geld auf. Der Junge besaß kaum mehr als nötig war, um die monatliche Miete zu bezahlen, und die anderen wohnten noch bei den Eltern. Wie kommt man an Geld? Man nimmt es den Reichen ab. Wer ist reich und an wen kommt man ran? Die Dealer.

Dass die Dealer mit Geld nur so um sich warfen, sah man, wenn man ihnen nachts in der Theaterklause begegnete. Das einzige Lokal der Stadt ohne Sperrstunde wurde vom Publikum des Pfalztheaters besucht, aber wenn die Gutgekleideten gegen Mitternacht den Heimweg antraten, kam die *Scene*, stieg die Wendeltreppe in die Kellerräume hinunter und eroberte den eben noch von Kultur geschwängerten Raum. Sie bestellten Hähnchen, sie aßen Schnecken mit Kräuterbutter. Die abgenagten Knochen und die leeren Gehäuse warfen sie hinter sich. Die Kellner ließen es geschehen, denn die Jungs gaben dicke Trinkgelder.

Die politischen Leute saßen an einem Tisch, an dem anderen Hepp und seine Kumpanen. Man kannte sich, es gab personelle Überschneidungen. Reusch hatte seine Dealerei und seinen *shit*-Konsum aufgegeben und versprochen, am politischen Kampf teilzunehmen. Markus und Marc verstießen gegen den sozialistischen Kodex und machten Geschäfte mit den Dealern. Den jungen Linken galten Markus und der aus den USA stammende Marc als Abtrünnige. Es ging das Gerücht um, sie seien von *shit* und Gras auf gestrecktes Kokain umgestiegen. Was sie den Gymnasiasten der nahe dem Rathausplatz liegenden Schulen verkauften, sei so hochprofitabel wie für die Konsumenten gefährlich.

Reusch schien Genaueres zu wissen, hatte er doch erst kürzlich die *Scene* verlassen. Seine schwarzen, ihm in langen Locken auf die Schulter hängenden, in der Mitte gescheitelten Haare warf er unablässig mit dem Rücken der linken oder der rechten Hand aus dem Gesicht. Er sprach ganz schnell und dann kam eine um einen Eckzahn gekürzte Zahnreihe zwischen seinem schwarzen Bart zum Vorschein. Er fixierte sein Gegenüber mit seinen kohlenschwarzen Augen, und wer ihn nicht kannte, konnte leicht Angst vor ihm haben. Auch der Junge hatte einmal Angst vor ihm gehabt, als er ihn vor der Gruppe zur Rede stellte, seine politische Inaktivität kritisierte und mit Rauswurf aus der Weberstraße drohte. „Mich rauszuwerfen, kannst du ja mal probieren", sagte Reusch und baute vor dem Fliegengewicht seinen Mittelgewichtskörper auf. Den Reusch hatte man besser zum Freund als zum Gegner.

Er besaß eine Pistole tschechischen Fabrikats, und die sah bald wie die Walther P38 aus. Auf der *Scene* bekam man alles, auch die zur Pistole passende Munition. Er schlug dem Jungen vor, die Pistole zu nutzen, um Markus und Marc ihr Geld abzunehmen und mit dem Geld eine Druckmaschine zu kaufen. „Deal with dealer now", schrieb die *Black Panther Party for Self-Defense* und forderte dazu auf, die eigene Community vor den Gangstern zu schützen. Eine Karikatur in der Broschüre mit dem roten Stern verdeutlichte die Botschaft: Ein Dealer steckt mit seinem Rumpf hilflos in einer Mülltonne; nur Kopf, Arme und die abgeknickten Beine schauen noch raus.

Die beiden Dealer hatten in einem Vorort von *K-Town* ein Häuschen gemietet. Spät in der Nacht fuhren Reusch und der Junge hin. Sie hatten das Nummernschild ihres Wagens mit weißem Klebestreifen verändert; ein Buchstabe und eine Zahl waren abgeklebt. Aus den Ärmeln eines Pullovers waren mit Augenschlitzen versehene Gesichtsmasken geworden. Einen Zettel hatten sie vorbereitet, auf dem mit Druckbuchstaben stand: „Geld her, dann passiert euch nichts."

Kann nichts passieren? Der Sicherungsbügel der Pistole war abgebrochen, sodass das geladene Ding immer losgehen konnte. Keine Munition darf in der Waffe stecken, keine Gewalt darf in der Aktion stecken, hatte der Junge zur Bedingung fürs Mitmachen gemacht. Reusch war einverstanden. Sie parkten ihren Wagen um die Ecke, zogen ihre geschlitzten Ärmel über den Kopf und der Junge versteckte noch Reuschs Haarzopf unter der Maske. Dann klingelten sie. Markus öffnete, und Reusch schlug ihm seine die Pistole haltende Hand an die Schläfe. Er drängte ihn in den Hausgang, in dem Marc gerade aufgetaucht war. Markus blutete, Marc fragte erschüttert: „What's going on?"

Ja, ein Überfall ging ab. Die Räuber hielten den Überfallenen den Zettel unter die Nase, diese beteuerten, ihnen sofort alles Geld zu geben. Markus hob die Matratze seines Wasserbettes hoch und holte dreihundert Mark hervor. Das sei alles, der Rest auf der Bank. Reusch wollte ihm nicht glauben. Er sperrte die beiden in die Toilette ein. Nun hielt der Junge die Waffe in der Hand, schaute alle paar Minuten in das Klo und drohte mit der erhobenen Waffe wortlos seinen Gefangenen. Markus weinte, Marc versuchte ihn zu trösten. Der Junge ertrug diesen Anblick nicht, er drängte Reusch zur Eile, der jedoch in aller Ruhe die Truhen, die Schränke und die Schubladen eines Schreibtischs durchsuchte.

Der Junge zitterte am ganzen Leib, sein Kumpel war die Ruhe selbst. Mehr an Geld war nicht zu finden. Reusch stach mit einem Taschenmesser ins Wasserbett. Die beiden verließen das Haus, nachdem sie mit dem Haustürschlüssel von außen abgeschlossen hatten. Die Fahrt ging durch die Nacht Richtung Autobahn. In der Autobahnraststätte Hettenleidelheim tranken sie einen Kaffee. *Heddellem* heißt der Ort im pfälzischen Dialekt. Der Dialekt reduziert mitunter Langatmiges aufs Nötigste. Auch der Junge fühlte sich in dieser Nacht, als hätte er sich aufs Nötigste, auf den harten Kern, reduziert.

Am folgenden Mittag begegnete er auf dem Marktplatz dem Markus. Er musste sich ganz unbefangen geben, obwohl ihm die Knie wackelten. Er fragte ihn, ob er nicht wüsste, wo der Reusch anzutreffen sei. Markus verneinte und schaute ihn lange an. Der Junge ging in sein Zimmer und legte sich ins Bett. Ihn plagten Magenkrämpfe, er krümmte sich unter der Zudecke, er umklammerte seine Körpermitte mit beiden Händen. „Wird schon wer'n", sagt die Frau Kern – an den Spruch musste er denken. Wird es mit ihm auch wieder „was wer'n"? Er musste aus *K-Town* raus, seine Zelte abbrechen, und das möglichst bald.

In Hessen gab es einen neuen Schulzweig, „Wirtschaftsgymnasium" genannt; er hatte davon gehört. Er nahm Kontakt mit einer Schule in Offenbach auf. Er könne dort mit dem neuen Schuljahr anfangen, bekam er zur Auskunft. Was hieße, er wäre für Monate von der Schulpflicht befreit. Das ließ sich hören. Gleichwohl wollte er nicht Monate warten, um nach Rhein-Main zu gehen, sondern möglichst bald. Endlich brach der letzte Abend an. Er fühlte sich so allein, dass er die Scheu überwand und in die an der Ecke gelegene Fritz-Walter-Stube ging. Die Kneipe war bei den städtischen Spießern beliebt und bei den Anti-Spießern berüchtigt. Er kannte sie bisher bloß aus dem Buch des Lokalhelden, das er des lapidaren Titels wegen gekauft hatte: *3:2*. („Als Rahn dann zum siegbringenden 3:2 einschoß, glaubte meine Mutter, die letzte Stunde ihrer guten, alten Gastwirtschaft sei gekommen. Die Gäste waren völlig übergeschnappt. Sie sprangen auf Tische und Stühle und warfen die Biergläser um. Ein Wunder, daß sie nicht alles kurz und klein schlugen.")

Diesmal Pokalendspiel, Borussia Mönchengladbach gegen den 1. FC Köln. Kapellmann hätte das Spiel in der zweiten Halbzeit entscheiden können, aber er verschießt den Elfmeter. Es gibt Gesetze, an die man sich halten muss. Wer gefoult ist, ist geladen, und wer geladen ist, sollte nicht antreten, denn das geht schief. Der alte Weisweiler bleibt nach den 90 Minuten ratlos auf der Bank sitzen, während der langhaarige Blonde mit dem völlig erschöpften Kulik spricht, dann seine Trainingsjacke auszieht und sich, ohne den Trainer zu fragen, einfach selbst einwechselt. Er spielt im Mittelfeld einen Pass, erhält den Ball an der Strafraumgrenze zurück und drischt ihn sofort aufs Tor, wobei er ihn gar nicht gut erwischt, sondern über den Schlappen rutschen lässt, ein Missgeschick, das dem Ball einen solchen Drall gibt, dass er unhaltbar im oberen, rechten Winkel einschlägt. Der Torschütze springt, eine halbe Pirouette drehend, in die Luft, seine langen Haare wehen, der Junge ist ganz berauscht. Das Spiel berauschte und auch die paar Schoppen. Bald die ganze Kneipe lag sich in den Armen, aber alle Biergläser blieben heil. Fast hätte der Junge sich mit seinem Tischnachbarn verbrüdert. Er einigte sich mit ihm auf den abschließenden Kommentar: Gut, dass der falsche FCK verloren hat. Am nächsten Morgen stieg er in den Eilzug von Paris nach Frankfurt. Er hatte die Adresse eines besetzten Hauses in der Tasche: Bockenheimer-, Ecke Schumannstraße.

Grimmelkuche

K-*Town* besuchte der Mann, der einmal der Junge war, nicht mehr. Um die Stadt macht er einen Umweg, wenn er seine Mutter besuchte, was selten geschah. Man brauchte nicht mehr quer durch die Stadt zu fahren; die Autobahn bot nun die Abfahrt Vogelweh an. Von hier ging es die längs der diversen Bäche laufende Landstraße lang, bis die *Rodalb* kam und sein Zuhause. Es wäre ihm nicht in den Sinn gekommen, von seinem Zuhause zu sprechen. Mit seinem Verschwinden nach Rhein-Main verschwand der letzte Rest seines Dialekts, seiner Muttersprache. Die Mutter war doch die Böse. Warum der ewige, Beziehungsproblem genannte Krach mit der Freundin, warum die Prüfungsangst, die ständigen Magenschmerzen, die klaustrophobischen Anfälle, die Kopfweh- und Panikattacken, das Schummern vor den Augen, die völlig dunklen Berufsaussichten? Ihre repressive Erziehung hatte ihm das Leben vermasselt. „Die Alte" war schuld.

Dann kam die Mutter ans Sterben. Sie lag unheilbar an Krebs erkrankt im Dorfkrankenhaus. Elisabeth lag im Sankt Elisabeth, im gleichen Gebäudeteil wie bald 25 Jahre vorher der Vater. In diesem Haus ging es per Geburt raus ins Leben und hier ging es raus aus dem Leben, versehen mit einer Entlassungsurkunde in Form einer ärztlichen Diagnose. Der Mann fuhr in seinem Anzug zu seiner Mutter hin. Er besaß Anzüge, weil er einen Beruf gefunden hatte und solcher Bekleidung bedurfte. Er sprach mit ihr alleine. Er wollte sich aussprechen. Mutter würde ein Vierteljahr später tot sein, beide wussten es. Ihrem Sohn, der auf *damals* zu sprechen kommen wollte, erklärte sie ihre gemeinsame Geschichte.

„De Vadder war schwer krank, die TeBe fer eich Kinner richdich gefährlisch. Ihr habd weg gemissd, des wa des Beschde. Ihr wolld jo a ned lerne in Bermesens. Deshalb hab isch eisch ins Indernad geschickt. Mensche, des is mer ned schwergefall, disch Sundas, no de Ferie, do hi se schicke? Hed isch disch bei mer behalde solle? Do hedsche ned schdudiere kenne. Do hedsche in die Fabrik gemissd."

Seine Schwester nahm die Mutter zum Sterben mit in ihr unterhalb der hohen Fichten gelegenes Haus. Mutter lernte hier Sabine kennen, die Frau ihres Sohnes. Sie hakte sich bei ihr ein, um sich an ihren im Garten stehenden Liegestuhl führen zu lassen. Man saß um sie herum, Schwester, Frau, Schwager und Sohn. Die rechte Hand des Sohnes lag auf der Stuhllehne. Die Mutter streichelte sie unablässig mit ihrer linken. Sie starb, wie ihre Mutter gestorben war, in den Armen ihrer Tochter.

Mutter hatte vorbestimmt, was alles zu tun war: „Mei Haus verkaaf'ner. Ich will kä Schdreid unner eisch. Guggd, dass ich im Sarsch ordendlich aussieh. Denoh gehd ihr ins Bolde.“ Also ging es nach der Beerdigung zur Gaststätte Bold. Der alte Wirt, der Herr Karl, war längst tot. Der junge Wirt hatte den Gastraum völlig verändert. Ein Tresen mit Tortenverkauf war dazugekommen und ein Hotelbetrieb. Die Gaststätte eine Wirtschaft zu nennen, hätte den Wirt empört. Er tischte den üblichen Leichenschmaus auf: Brötchen mit Salami und Gurken oder mit Edamer und Paprikastreifen belegt; als Kuchen gab's den pfälzischen *Grimmelkuche*. Mutter konnte mit ihren Kindern zufrieden sein.

Beim Abschied auf dem Parkplatz kam der Mann mit seinem Bruder Werner kurz ins Gespräch. Warum er ihn nie besuchen würde, Hanau liege doch auch in Rhein-Main, fragte Werner. Warum er über zwanzig Jahre an ihm kein Interesse gezeigt habe, fragte der Mann spitz zurück. Man verabredete sich zu einem Treffen. Bei der Verabredung blieb es einstweilen.

Adele, Allele

Er musste doch nochmal nach *K-Town* zurück, seiner Vergangenheit wegen. Dreißig Jahre war es her, seit er wankend aus der Fritz-Walter-Stube gekommen und mit Kopfschmerzen am nächsten Morgen nach Rhein-Main gefahren war. Seither war einiges für ihn Bedeutsames geschehen. Augusto Pinochet putschte gegen Salvador Allende und ließ 3000 Chilenen umbringen, Nixon erlebte sein Watergate und Willy Brandt musste sein Kanzleramt der Guillaume-Affäre wegen abgeben, und der Vietnam-Krieg ging zu Ende, und Franco starb im Bett, und in Stammheim brachten sich die Häftlinge um. Anwar al-Sadat schloss mit Israel das Camp-David-Abkommen und bezahlte dafür mit seinem Leben, und die UdSSR marschierte in Afghanistan ein, und Helmut Kohl gründete die *Bimbes*-Republik, ein deutscher Historiker erklärte Auschwitz zu einer nachgeahmten asiatischen Tat. Gorbatschow wollte erfolglos die Sowjetunion reformieren, was zu ihrem Ende führte und auch die Teilung Deutschlands in zwei Staaten beendete, und der Mob in Rostock belagerte vier Tage ein Asylheim für Flüchtlinge, warf Molotow-Cocktails, während die Polizei zusah und die Bevölkerung applaudierte. In Solingen starb eine vierköpfige türkische Familie, weil Neonazis nachts ihr Haus anzündeten, und Karadzic, Milosevic und Mladic begingen Völkermord, während eine Linke ihren Pazifismus entdeckte und gegen die Nato protestierte, welche die Massenmorde verhindern sollte; und Al Quaida bombardierte mit zwei Flugzeugen die Twin Towers und 3000 Leute kamen ums Leben. Männer und Frauen paarten sich, machten Kinder und die Kinder machten wieder Kinder.

Es gab nun das Internet und Achim schrieb ihm eine E-Mail. Adele hatte sich umgebracht, aber das hatte er schon erfahren. Wie diese Nachricht zu ihm gelangt war, wusste er nicht mehr. In einem Waldstück hinter *K-Town* hatte sie ihr Leben auf grauenhafte Weise beendet. Auch dass Adele einen Sohn hinterlassen hatte, war dem Mann bekannt. Nun schrieb ihm Achim, Adeles Sohn laufe in *K-Town* herum und suche seinen Vater.

Er sollte sich seiner Verantwortung stellen. Achim, der Scherzbold, machte sicherlich einen Spaß. Der Mann rief Adeles Schwester an und fragte, was sie von der unterstellten Vaterschaft halte. Susanne, erstaunt, wen sie nach mehr als einem Vierteljahrhundert am Telefon hatte, wich einer klaren Antwort aus. Ihre Schwester habe sich über den Vater ihres Sven nicht geäußert. Sehe sie den Jungen an, glaube sie an eine Ähnlichkeit mit dem Anrufer.

Er schlug ihr einen Vaterschaftstest vor. Susanne sprach mit Adeles Sohn, und der erklärte sich sofort dazu bereit. Sie suchte eine geeignete Arztpraxis in *K-Town*. Hier ließen sich der Sven und der Mann, wiewohl zu versetzter Zeit, Blut abnehmen. Eine Begegnung sollte erst nach der bestätigten Vaterschaft stattfinden. Der Mann hatte sich einen Tag frei genommen und war mit dem ICE Frankfurt-Paris in seine Vergangenheit gefahren. Nachdem er die Praxis aufgesucht hatte, ging er in Susannes Haus. Es lag nur zwei Straßenzüge oberhalb der Weberstraße, damit in Nähe des ihm aus unerfreulicher Begegnung bekannten Polizeipräsidiums.

An Susanne wäre er auf der Straße vorbeigelaufen; hätte er ihre Stimme gehört, hätte er sie sofort erkannt. Sie gingen außer Haus, um in einer schattigen Einkaufspassage eine Schorle zu trinken. Sie kamen ins Erzählen; sie hechelten die alten Genossinnen und Genossen durch. Susanne schilderte ihm, wie aus der Sozialistischen Werkstatt ein „Verein der Freunde des bewaffneten Kampfes“ geworden war. Zur Zeit des Stammheim-Prozesses seien die dort tätigen Anwälte oft in *K-Town* gewesen und hätten die zweite Generation der RAF rekrutiert. In den deutschen Gefängnissen würde gefoltert und die politischen Häftlinge der ersten Generation seien umgebracht worden, gaben die Anwälte vor.

Die Gruppe war stark im Glauben, und die Glaubensstärksten gingen in den Untergrund. Die dazu nötige Einstiegsluke kannten die Anwälte. Tine und Gert stiegen nach unten, und als sie in der *Tagesschau* wieder auftauchten, geschah es infolge ihrer Verhaftung. Beide hatten Polizisten lebensgefährlich verletzt. Gert kam im Gefängnis zur Besinnung, sagte sich von seinem Kampfbund los, und als er aus der Haft entlassen war, suchte er den holländischen Polizisten auf, den er beinahe umgebracht hatte, und bat ihn um Verzeihung.

Tine, Tochter eines protestantischen Pastors, blieb dem Kampfbund treu und dem lutherischen Motto: „Hier stehe ich, ich kann nicht anders." Von ihrer früheren Freundin Netti im Lübecker Knast besucht, verfielen die beiden ins Pfälzische und ins Weißt-du-noch. Tine konnte kein „Es-Ce-Ha" sprechen und schämte sich, als sie jung war, ihres Sprachfehlers. Ihre Freundinnen nahmen ihr damals die Scham, indem sie die Sache ins Lustige zogen: „Tine, sa mol Subbeschissel." Der das Gespräch beaufsichtigende Vollzugsbeamte forderte Hochdeutsch von den beiden ein; im unverständlichen Dialekt, in der Suppenschüssel, könnte ja eine Botschaft versteckt sein.

Die beiden ehemaligen SW-Leute, der zweiten Generation der RAF angehörig, waren angetreten, die erste aus dem Gefängnis herauszupressen. Das Kidnapping Hanns Martin Schleyers und die Flugzeugentführung nach Mogadischu waren erfolglos geblieben, die führenden Köpfe in Stammheim hatten sich umgebracht, der Vietnamkrieg war beendet. Wofür jetzt noch RAF? Auch der Kleinkrieg, die Guerilla, hinterlässt Invaliden. Einer der Untergetauchten hatte Schmerzmittel gebraucht. Peter-Jürgen Boock, von Andreas Baader aus einem Erziehungsheim geholt und für die RAF rekrutiert, war drogensüchtig in Saddam Husseins Bagdad gestrandet. Das Irak des Schlächters war neben Honeckers DDR für die vermeintlichen Freiheitskämpfer ein Rückzugsgebiet. Die mit gefälschten Rezepten zu besorgenden Medikamente sollten Boock beim Entzug helfen. Neben dem Schweinesystem galt es also noch den *turkey* des Chefs zu bekämpfen; dafür waren die beiden nach Europa geschickt worden. Dort war zuerst Gert und ein paar Monate später Tine festgenommen worden. Er hatte zehn Jahre seines Lebens durch den Knastaufenthalt verloren, sie gar sechzehn.

Susanne erzählte, was sie wusste, und sie flocht manchen Dialektausdruck in ihren Bericht ein. Der Gert war ihr *'es Gerdsche* geblieben. Den Mann erinnerte dies an die Vorliebe ihrer Schwester, der toten Adele, für das Diminutiv. Wer von Adele gemocht wurde, der hatte sich die Verkleinerungsform gefallen zu lassen.

– „Wie das Gerdsche den Knast wohl überstanden hat", fragte sich Susanne.

- „Ich hab' ihn im Bochumer Hochsicherheitstrakt einmal besucht, da schien er mir unverändert."

- „Unverändert schmal wie früher?"

- „Schmal wie früher, witzig wie früher."

- „Witzig? Stell ich mir schwer vor im Knast."

Der Mann schilderte seinen Knastbesuch. Das hinter einer sich hoch auftürmenden Mauer liegende, einem Großklinikum ohne Fenster ähnelnde Gebäude in der Nähe des Ruhrstadions; das Rauf und Runter in einem Labyrinth von Gängen und Treppen; das ständige Auf- und Abschließen von vergitterten Türen; der Besuchsraum mit den zwei Plastikstühlen, auf denen er und der Vollzugsbeamte Platz nahmen; die dicke, an einen Bankschalter erinnernde Trennscheibe; das von Gert und ihm zu benutzende Mikro; das Gespräch, das keins war, weil das Mikro jedem Satz den Charakter eines Statements gab. Gert habe sich ganz unbefangen zu geben versucht, um die Befangenheit seines Besuchers zu kompensieren. Der VfL Bochum habe zum Smalltalk herhalten müssen; dem an Fußball völlig desinteressierten Gert sei die Fußball-Begeisterung seines Besuchers wohl in Erinnerung geblieben. Seine Mitgefangenen und er seien über jedes geschossene Tor sofort informiert; der Torschrei aus tausenden von Kehlen, unüberhörbar.

Was seinen Gefängnisbesuch damals veranlasst hatte, wollte Susanne wissen. Sympathie für eine Bande, die ihre Geiseln wie die SS per Genickschuss erledigt hatte? Die Hinrichtung von Hanns Martin Schleyer habe ihn angewidert, der entführte Altnazi seine Sympathie erregt. So hilflos der Mann, so zur Schau gestellt. Noch widerlicher sei der Mord an dem GI Pimental gewesen. Susanne erinnerte sich nicht an den jungen GI, den die RAF-Tante in einer Wiesbadener Disco angemacht und mit der Aussicht auf ein erotisches Abenteuer in ein Waldstück gelockt hatte. Warum gerade er, wollte Susanne wissen. Der GI sei der RAF zufällig vor die Flinte gelaufen. Man habe seine Identitätskarte gebraucht, um auf die Frankfurter Air Base zu kommen und mit einer Autobombe noch zwei Menschen umzubringen.

Warum der Mann *'es Gerdsche* im Knast besucht habe, wollte Susanne wissen. Der Besuch sei aus einer Mischung von Neugier, Solidarität und

Geldnot veranlasst gewesen. Einen Hochsicherheitstrakt habe er einmal von innen sehen wollen. Solidarisch wäre er mit dem Genossen aus *K-Town*-Zeiten gewesen, weil der sich öffentlich von seiner kämpfenden Truppe distanziert hatte. Dass er andere zum Absprung hätte bewegen können, sei seine Hoffnung gewesen. Ein Interview mit Gert sei geplant gewesen, ein linkes Stadtmagazin habe dafür bezahlen wollen.

Was den Gert wohl zur RAF gebracht hatte, fragten sich der Mann und Susanne. Er vermutete, es sei ihre gemeinsame Haltung zu Vietnam gewesen: Die *Amis* brächten alle Vietnamesen um, und man müsste ihnen dabei in den Arm fallen, indem man sie im Hinterland angreife. Mit den Anschlägen auf die US-Kasernen sei er, wie viele ihrer Genossen damals, einverstanden gewesen. Sie sei damit keineswegs einverstanden gewesen, so Susanne. „Die Amis hab' ich nicht gekannt. Ich kannte den Bob, den Freund von Adele, und solche einfachen GIs sind doch von der RAF umgebracht worden. Bobs größte Sorge war, wieder nach Vietnam zu müssen."

Der Mann erzählte Susanne, was er vom Werdegang der Frankfurter Großgenossen wusste, denen beide früher begegnet waren. Bonni, alias Pannekoek, gehörte zu den Entführern der Entebbe-Maschine. Mit seiner Kumpanin trennte er die entführten Passagiere mit israelischem Pass und jüdischem Namen von den übrigen, später freigelassenen Geiseln. Eine Geisel zeigte ihm, dem Deutschen, ihre auf den Arm tätowierte KZ-Nummer, worauf Böse ihr entgegnete, er sei kein Nazi, er sei Idealist. Wilfried Böse kam bei der Befreiung der Passagiere ums Leben, ebenso Brigitte Kuhlmann, die so einschüchternd auftrat, als die Provinzheinis von der SW einmal das Rote-Hilfe-Büro in der Frankfurter Unterlindau besuchten.

Weinrich, der schöne Hannes, alias Gorter, gern gesehener Gast in der Lutrinastraße, inszenierte dort seine Besuche, für die er sich regelrecht in Schale warf. Kurzgeschnittene Haare, weißer Trenchcoat, darunter auf Taille geschnittenes Jackett, Hose mit Bügelfalte und blitzblanke Schuhe; der modische Kontrapunkt zu den Parkas und Army-Jacken, die alle trugen. Weinrich mimte den *Eiskalten Engel* Alain Delons, wechselte vom Filmfach ins wirkliche Leben, verübte Anschläge mit mehreren Toten. Die Bombe im *Maison de France* auf dem Kurfürstendamm ging auf sein Konto, auch dort starb ein Mensch.

Auch die dem Mann bekannten Bruchstücke von Reuschs Werdegang teilte er Susanne mit. Mit seinem VW-Bus sei Reusch nach Marokko gefahren, um im großen Stil Haschisch zu kaufen. Die erworbenen Kilos, in einem dem Tank angeschweißten Hohlraum versteckt, habe die Grenzpolizei sofort entdeckt, worauf ihm die spanische Justiz nach bald einem Jahr Untersuchungshaft den Prozess gemacht und ihn zu mehreren Jahren Gefängnis verurteilt habe. Das Gefängnis in Cadiz, die Hitze Südspaniens, Arbeit in einem Steinbruch - die Strafe sei wahrlich drakonisch ausgefallen. Ob und wie Reusch diese Jahre überstanden hatte, wusste er nicht. Den Kontakt mit den alten Genossen habe er mit seinem Weggang aus *K-Town* abgebrochen und nie wieder aufgenommen.

Der Mann kam auf die Kimmel-Bande zu sprechen. Er wollte eine Parallele ziehen: Die Bandenromantik, die Gewaltphantasie. Susanne kannte die Geschichte, aber sie konnte keine Parallele finden. Ob er wisse, wie es mit Kimmel weitergegangen sei? Er verneinte. Es sei weitergegangen, wie es aufgehört habe. Er habe eine lange Haftstrafe verbüßt. Bald ein Medienstar sei er geworden. Filme und Theaterstücke seien über ihn entstanden. Ein berühmter Schriftsteller habe seine Nähe gesucht. Dann sei er rausgekommen, habe eine, diesmal rechtsrheinisch gelegene, Sparkasse überfallen und dabei einen Polizisten getötet. Also wieder rein ins Gefängnis, diesmal lebenslang. Kimmel habe sein Leben verpfuscht, was sie von sich nicht sagen müsse, auch wenn die Zeit in der SW kein Aufenthalt in einem Mädchenpensionat gewesen wäre.

In der Lutrinastraße hatten Susanne und der Mann einen Teil ihrer Jugend verbracht. Von diesem Haus war Böses ausgegangen. Auch Gutes hatte von hier aus seinen Weg gefunden und nicht nur Politisches. In der rechten hinteren Ecke des Hofs hatte es eine Tür zu einem kleinen, gekachelten Kühlraum gegeben. Die nahegelegene Bäckerei hatte dort jede Nacht einen großen Korb mit Brezeln reingestellt. Früh am Morgen war der *Brezeladam* gekommen, hatte dem Raum den Korb entnommen, um damit, ein Lauterer Original, durch die Innenstadt zu laufen, sein Backwerk verkaufend.

Susanne erzählte von Adele. Der Verlust des Vaters, die Zeit im Heim, die lieblose Mutter, die Phase des Heroinkonsums - das alles wog schwer, zu schwer, um die andere Waagschale aufzuwiegen: Adeles schönes Kind, ihr Lebensgefährte, der US-Soldat, ihr Beruf als Schneiderin und Kostümbildnerin beim Pfalztheater. Susanne fürchtete um den Sven, für den sie, solange er minderjährig war, das Sorgerecht ausgeübt hatte. Sven, so sagte sie, würde zum Drogenkonsum und zur Schwermut neigen. Und dass sie sich außerstande fühle, ihm die Mutter zu ersetzen.

Das Gespräch mit Susanne in der Passage nahe Karl-Marx-Straße, nahe Ruhe Almend über früher. Damals war man mit der ganzen Menschheit solidarisch gewesen. Susanne und ihr Sven kamen ihm so alleingelassen vor.

Die DNA-Analyse bei dem Mann und dem jungen Mann ergab keine Übereinstimmung; ihre Allele wiesen zu viele Differenzen auf.

Hombre

Er musste ein erwachsener Mann werden, um zu erfahren, wie unterschiedlich seine beiden Brüder waren. Unterschiedlicher hätten zwei nicht sein können. Der Franz, der ewige Kommunarde in Freiburg, der Werner, der ewige Schuhfabrikant in Rhein-Main. Aber was sich gleichbleibt, wird nur als gleichbleibend wahrgenommen. Dabei ist der ständige Wandel das, was bleibt. Und am Schluss kommt die Verwandlung in tote Materie. So sah das der Franz. Gerne hätte der Mann mit ihm einmal gestritten und zwar richtig, um endlich den Makel des *Ne-Sepp* loszuwerden. Er wollte ihm seinen Lieblingsvorwurf unter die Nase reiben: Das sei schlechte Metaphysik. Er hatte ein Hühnchen mit ihm zu rupfen.

Das Hühnerrupfen fiel aus. Marianne rief ihn an. Franz habe Speiseröhrenkrebs und nur noch wenige Monate zu leben. Der Anruf kam zwei Tage vor Heiligabend. Der Mann hatte für die Feiertage schon eingekauft. Er wollte das Kochen übernehmen, und dabei blieb er auch. Kaum einen Bissen vom Weihnachtskarpfen, den selbstgemachten Nudeln, dem Gulasch auf Karottenpüree brachte er runter. Warum ließ sich der Franz nichts sagen? Warum soff er so viel und rauchte wie ein Schlot? Den Vorwurf hatte der Mann wohlweislich für sich behalten. Er wusste, sein Bruder Franz hasste nichts mehr als gute Ratschläge, wie er sein Leben führen sollte. Sein Lebensentwurf passte für ihn wie eine zweite Haut, wie die Lederjacke, die er auf seiner Toyota Golden Wing anhatte, basta.

Das Motorrad, zwei Paar Stiefel, zwei Paar Hosen, die Lederjacke, ein paar Hemden, Unterwäsche - der Franz brauchte nicht mal einen Schrank. Einmal kam er mit Freundin Eleonore von einer Weltreise zurück und landete in Rhein-Main. Aus dem von der Mutter ererbten Geld war, in Aktien angelegt, mehr Geld geworden, so viel, um sich alle fünf Kontinente anzuschauen. Der Mann holte die beiden am Flughafen ab. Er fuhr mit ihnen erst in seine Wohnung, dann ins Studentenviertel zum Essen und Trinken. Franz examinierte den Mann. Wieso er einen bürgerlichen Beruf ergriffen habe, wozu er Antikmöbel brauche. Die Freundin fragte, ob man bei ihm von einer Karriere sprechen könne. Der Mann fühlte sich verhöhnt; nach Franzens Tod erfuhr er, wie sehr Ele sich gewünscht hatte, Franz würde wieder seinen Beruf ergreifen und als Buchhändler arbeiten.

Es ist der Paul, der den Peter zum Peter macht; das hatte der Mann einmal gelesen. Stand es bei Marx, stand es bei Hegel? Er wusste es nicht mehr. Man müsste beide lesen, das hatte er von seinem großen Bruder, so viel war gewiss. Hatte er den Status des *Ne-Sepp* nie hinter sich gelassen? Demonstrierte er dem Franz einen Gottesbeweis, weil er ihm beweisen wollte, wie sehr er sich von ihm und seinem Atheismus gelöst hatte? Hatte er seinen Beruf gewählt, weil er einen Sinn darin sah, in einer Gewerkschaft zu arbeiten, oder weil er sich nur vom Franz und seinem *Tunix* absetzen wollte? Geschah es also in der Konsequenz einer negativen Fixierung? Auch dass Sigmund Freud zu lesen war, hatte er vom Bruder übernommen. Ging denn nichts ohne diesen verdammten Kerl in seinem Leben ab?

Er fuhr nach Freiburg. Franz lag in der Tumorbiologie; Ele pflegte ihn tagsüber, um am Abend zu ihrem im Sterben liegenden Vater zu fahren. Der Bruder sprach von der „Tubi", ein fast zärtliches Wort, das zum alten Rocker so gar nicht zu passen schien. Franz bekam Sauerstoff; der zuführende Schlauch lag vor dem Krankenbett auf dem Boden. Der Mann, nachdem er geklopft und das Zimmer betreten hatte, schritt forsch auf das Bett zu. Franz schaute ihn richtig erschrocken an. Da machte Ele den Mann auf den Schlauch aufmerksam, auf den er getreten war. Franz nahm die Sauerstoffmaske vom Mund, damit er ein wenig sprechen konnte. Sie unterhielten sich über die Straßenverkehrsordnung. Der Mann war, von der Autobahn kommend, vor der Klinik, dem Hinweisschild folgend, links abgebogen, da kam ihm auf der Kreuzung Verkehr entgegen. Rechts vor links gilt auch, wenn du grün hast und auf keiner abknickenden Vorfahrtstraße bist, belehrte ihn Franz.

In der Tumorbiologie wird so viel gestorben, dass sich ein dem Haus angegliedertes Hotel rentiert, wo die Angehörigen unterkommen. Dort stand der Mann unter der heißen Dusche und wollte sich seinen Nackenschmerz wegduschen. Er heulte Rotz und Wasser, und alles ging den Abfluss runter. In der Nähe, beim Italiener, einsam am Tisch mit einem Teller Spaghetti, fielen ihm die alten Schoten ein. Einmal spielten sie im

Zimmer mit dem Sofa unter der Dachschräge Verstecken. Marianne, noch im Flur, musste suchen. Der Sepp wusste ein tolles Versteck. Er knüpfte den Überzug der Zudecke auf und hieß den Kleinen hineinkrabbeln. Der schlüpfte hinein, und der Sepp knöpfte zu. Dann schrie der *Bimbo* wie am Spieß, weil er glaubte, es gehe mit ihm zu Ende.

Franz lag rücklings auf dem Bett und hatte in Gürtelhöhe einen Beutel um. Das in ihm enthaltene Morphium ließ sich per Kanüle dosieren. Franz lobte den kleinen Apparat und das ihn umsorgende Personal der *Tubi.* An einem Tag fühlte er sich so gut, da beschlossen der Mann und die Schwester mit ihm ein Lokal in Freiburgs Innenstadt aufzusuchen, eine seiner vielen Lieblingskneipen. Er stieg mühsam die Treppen runter, er bestellte sich sein Lieblingsgetränk, Campari Orange, und trank voller Genuss. Seine Geschwister schauten ihm zu. Marianne machte den Mann später auf das abgegebene Bild aufmerksam: der rote Campari und die strahlenden, blauen Augen vom Franz.

Zwei Wochen später Beerdigung, davor Vorbesprechung mit dem Pfarrer. Was der Franz für ein Mensch gewesen sei? Ein *hombre* eben, sagte der Mann. In seinem Chor singen, das hätte der Franz gerne gemacht. Der Chor vom *hombre* sang ihm spanische Lieder.

Die Sozialisten sind schuld

Sein Bruder Werner rief ihn an, ob er mit seiner Frau zum Essen kommen wolle. Er hatte dessen Haus zum letzten Mal betreten, als er fünfzehn war und sich in Werners Schuhfabrik in den Ferien Geld verdiente. Werner galt ihm wenig später als zu meidender Kapitalist, er galt seinem Bruder als dem Hause Schande bereitender Hausbesetzer, so erzählte er ihm später einmal. Das Abendessen bei Werner, der wie Trapattoni ausschaute, sah der Mann als ein Abtasten an, als Erörterung der Frage, ob der andere vielleicht doch genießbar sei. Werners Frau Christina kochte Tafelspitz mit Bouillonkartoffeln und Meerrettichsoße; das Fleisch war zart, die kleingewürfelten Kartoffeln schmackhaft, die Soße hielt die genaue Mitte zwischen zu viel Schärfe und zu viel Sahne. Die Freude am guten Essen hatten die beiden schonmal gemeinsam.

In der Folge dieses ersten Treffens luden sich die Brüder wechselseitig zum Essen nach Frankfurt ein. Werner hatte Vaters Steigerungssucht geerbt; den „besten Italiener, das beste Steakhaus" suchte er aus. Der Mann zeigte ihm, was das verrufene Bahnhofsviertel kulinarisch zu bieten hat, und Werner machte die Exkursion mit Freude mit. Der Mann erlebte seinen Bruder als die Fortsetzung seines Vaters, ja, als dessen gesteigerte Fortsetzung. Statt Suppe und Hauptgericht noch Nachspeise und Espresso. Sich mit „Weißt du noch?" gegenseitig zu unterhalten, wurde den Brüdern zur Gewohnheit. Alle zwei, drei Monate lud einer den anderen ein.

Beim Erzählen kam erst einmal die jüngere Vergangenheit dran. Wie war es jedem der beiden ergangen? Erst mal gar nicht gut, so Werner beim Dionysos. Mit dem Taxi ließ er sich hinfahren, nachdem er seinen Benz im Parkhaus unter dem Goetheplatz geparkt hatte. *Was* sei nicht gut gewesen, fragte der Mann. Der Neuanfang nach dem Krieg sei für ihn, den Fünfzehnjährigen, eine Katastrophe gewesen. Mit der neuen Frau ihres Vaters habe er sich nicht verstanden. Seine Mutter und seine Schwester habe er so sehr vermisst. Aus dem Haus auf dem Spatzenhügel sei er zurück auf den Taubenhof geflüchtet. Mit dem Großvater, dem *Kernfilp*, habe er in einer Dachkammer gelebt, und hier seien ihm jeden Abend die Tränen gelaufen. „Heil' ned, Bu", so hatte ihn der Opa getröstet.

Beim *Servasferdi* sei er als Lehrbube untergekommen. Der habe ihm zwar den Besuch der Schuhfachschule ermöglicht, aber nur bis zur Währungsreform. Danach war Schluss mit der Schule gewesen. Mit achtzehn sei er ohne Abschluss dagestanden. Nicht einmal richtig schreiben habe er gekonnt. Die Wende in seinem Leben sei mit der Schuhmesse in der Kreisstadt und einer Maschine zum Steppen gekommen. Er habe die zeitaufwendige Handarbeit ersetzende Maschine zu bedienen gewusst, und für die Dauer der Messe habe man ihn dazu angestellt. Ein Schweizer Schuhfabrikant, der Chef der großen Firma Bally, sei von dem Apparat und dessen Bediener ganz angetan gewesen. Die Stelle in Solothurn habe er angenommen, aber die Anstellung sei in einem Desaster geendet. Der den Stepp-apparat verkauft hatte, sei ein Betrüger gewesen. Für vier Maschinen habe er Geld kassiert, aber nur eine geliefert. Ihn, den deutschen Maschinenbediener, habe man mit dem betrügerischen deutschen Lieferanten in einen Sack gesteckt. Also sei er seine Anstellung beim Bally wieder losgeworden.

Seine nächste Station war Augsburg gewesen. Ein daniederliegendes Unternehmen habe sich zum aufstrebenden wandeln wollen mit der Idee, neben Puma und Adidas eine dritte Marke für Fußballschuhe zu etablieren. Die Idee sei gut gewesen, mit den Schraubstollen der Dassler-Brüder habe man mithalten können, aber nicht mit deren Werbeetats. Auch auf dieser Stelle, auch in Augsburg, habe ihn nichts gehalten.

Der dritte Versuch sei dann gelungen, nachdem ihm klargeworden war: Für einen anderen als Angestellter arbeiten und dessen Ideen umsetzen, sei für ihn nicht in Frage gekommen. Seine Frau hatte er damals kennengelernt, und ihr Vater habe ihm 30 000 Mark und ein kleines Gebäude im Hinterhof geliehen. Nun sei es ihm möglich gewesen, Maschinen zu kaufen, Leute einzustellen und seine eigenen Ideen zu realisieren. Seine Geschäftsidee: italienisches Design mit *Made in Germany* zu kombinieren. Schuhe machen könne jeder, sagte der Bruder, zwischen Lauf- und Brandsohle ein paar Riemen zu pappen, sei keine Kunst, aber ein interessantes Geflecht mit den jeweils neuesten Farben zu kombinieren, darauf sei es ihm angekommen.

Woher er seine Kenntnis des italienischen Chics genommen habe, wollte der Mann wissen. Bei der Moussaka waren die beiden angekommen, nachdem sie den großen Vorspeisenteller geleert hatten. Auf die Mailänder Schuhmesse sei er gefahren, und habe sich dort umgeschaut. Das Geschaute festzuhalten, dabei hätte ihm eine kleine Minox geholfen. Ob das nicht illegal gewesen sei, wollte der Mann wissen. Werner lachte und fragte zurück, ob es im Leben des Mannes immer ganz legal zugegangen sei.

Schon Mitte der siebziger Jahre sei es immer schwieriger geworden, die Damenschuhe mit den bonbonfarbenen Riemchen und den hohen Absätzen herzustellen. Die ausländische Konkurrenz habe aufgeholt, und die inländischen Löhne seien kaum zu zahlen gewesen. Irgendwann sei das Ende der Fahnenstange gekommen und er habe den Betrieb einstellen müssen. Eigentlich seien die Gewerkschaften, die Sozialisten, schuld gewesen. Der Mann nahm den letzten Satz schmunzelnd auf, wusste er doch längst, wie sein Bruder zu nehmen war. Seine Sticheleien gerieten nie bösartig, sondern galten als Aufforderung, sich lustig ein wenig zu streiten.

Den Konkurs Mitte der achtziger Jahre hatte der Bruder verdaut, obwohl er lange daran zu kauen hatte. Hilfreich war, dass es nach der Insolvenz weiterging. Der Firmenname war noch existent, und auch Ideen waren vorhanden. Warum es nicht wie die Großen machen und Schuhe verkaufen, ohne sich mit einer Schuhfabrik zu belasten? Werners ältester Sohn und seine Tochter griffen die Idee auf. Ihr alter Herr ließ seine Kontakte nach Norditalien spielen, der junge Herr knüpfte welche zu einem Hongkong-Chinesen, der in einer chinesischen Wirtschaftszone seine Fabrik unterhielt. Diversifiziert, wie es im BWL-Lehrbuch steht, ging das neue Geschäftsmodell an den Start: Die Premiummodelle der Tanzschuhe - auf dieses Nischensegment konzentrierte man sich - kamen aus der italienischen, die günstigeren Modelle per Container aus der chinesischen Fabrik. Die Schuhe mit seinem Namen kamen weit herum, selbst bis nach Hollywood und auch bis zu Leonard Cohen, berichtete Werner stolz. Der Bruder war erstaunt, den Namen des geliebten Melancholikers zu hören. Werner kannte Cohen; der immer triumphal auftretende Bruder hörte Trauerballaden? „Was der Kerl fer Musik macht, wäs isch ned, aber er hat Schuhgres zwäeverzisch."

Werner erzählte dem Mann beim Joghurt mit Honig von seinem Neid auf ihn und seine Geschwister, die neuen Kinder des gemeinsamen Vaters. Er habe sich abgeschoben gefühlt. Er habe ihnen die höhere Bildung geneidet. Er habe es ihnen zeigen wollen. Seine großen Autos, der *Diplomat* und der *Kapitän* seien dazu da gewesen, um die ganze Spatzenhügel-Corona auch einmal neidisch zu machen.

Die Kapitalisten sind schuld

Working class heroe is something to be.
John Lennon

Der Bruder des Mannes machte sich gerne über dessen halb-vegetarischen Vorlieben lustig. Also suchte er Lokale aus, wo man den „besten Fisch der Stadt" essen konnte. Der Fisch-Baader belieferte ein Restaurant nahe der Goethestraße. Jahreszeitgemäß stand „Skrei" auf der Speisekarte, ein Fisch, der ja gar kein langweiliger Kabeljau ist. Mit einer schönen Dillsoße schmeckt er wunderbar. Werner kam die paar Meter von der Tiefgarage, in der er wieder geparkt hatte, am Stock gehend. Seinen Achtzigsten hatte man längst gebührend gefeiert, ein Fest, bei dem er dem Mann ins Ohr flüsterte: „Isch hab die Ladd jetzt hoch gelehd. Und du muschd gugge, dass de driwwer kumschd."

Der Mann fing diesmal das Erzählen an: Die Zeit in *K-Town* ließ er wohlweislich aus; er schämte sich vor dem Bruder. Wie hätte der wohl den armen Sven und die tote Adele aufgenommen? Oder den bewaffneten Raubüberfall auf die Kleindealer? Werner ging jeden Sonntag zur Kirche, und sein Kirchgang geschah nicht aus Gewohnheit. Also setzte die Geschichte des Mannes mit seiner Ankunft in Rhein-Main an.

Schon den kurzen Aufenthalt im besetzten Haus sah Werner kritisch.

- „Das Haus hat euch doch gar nicht gehört, das hat doch dem Herrn Bubis gehört."

- „Ja, so war's, aber das Haus stand leer, und in Frankfurt waren Wohnungen knapp, gerade für Studenten. Die SPD hatte das Stadtviertel umgewidmet. Nun durften sich im Westend auch die Banken ansiedeln. Deshalb haben sich der Bubis und die anderen Spekulanten schöne, alte Häuser gekauft und haben die Bewohner rausgedrängt, um dann die Liegenschaft teuer an die Bankhäuser zu verkaufen."

- „Aber das gab euch doch nicht das Recht, sein Haus zu besetzen. Der Bubis war wohl für euch der reische Judd, dem es nicht besser gehört."

Der Mann fragte sich, warum Werner plötzlich in ihren Dialekt verfiel. Wollte er die heroische Hausbesetzung in die Tradition antisemitischen Radaus stellen? Ihm fiel eine stürmische Debatte ein, zu der es damals im Volksbildungsheim gekommen war. Der Vertreter der SPD hatte den Hausbesetzern und ihren Sympathisanten den gleichen Vorwurf gemacht. Darauf entgegnete ihm der Spaßmacher, der Kabarettist der Linksradikalen, es sei nun mal so, die meisten Spekulanten seien halt Juden. Man nehme nur die Realität zur Kenntnis. Die SPD würde bloß von ihrer verfehlten Politik ablenken wollen.

Der Mann erinnerte sich: So hatte auch er gedacht. Gewundert hatte er sich manchmal über die Sympathie der Bevölkerung, die ihnen, den als Chaoten und Politrockern Titulierten, damals zugeflogen war. Bürgerliche, situierte Leute hatten ihn, den tränenüberströmten Demonstranten, in ihre schicke Westendwohnung gerufen und ihn verarztet, nachdem der Wasserwerfer wieder mit der üblichen Reizgasmischung gegen die Protestierenden vorgegangen war.

Diese Erinnerung behielt er für sich. Stattdessen verwies er auf den Folgekonflikt zwölf Jahre später. Im Schauspielhaus hätte Fassbinders *Die Stadt, der Müll und der Tod* dem Frankfurter Antisemitismus die höheren literarischen Weihen verleihen sollen, aber damals habe er gegen die Aufführung des Stücks protestiert.

Die Debatte geriet dem Mann ungemütlich. Er wechselte das Thema. Von seinem schwierigen Neuanfang erzählte er nun. Abi im runtergekommenen Offenbach, Uni im feinen Frankfurter Westend. Dann hilflose Gehversuche als Geisteswissenschaftler, der sich mit Journalismus durchbringen wollte. Das Gehen sei ein einziges Stolpern gewesen. Hätte ihn Sabine, seine spätere Frau, nicht finanziell unterstützt, wäre er ohne Sozialhilfe nicht über die Runden gekommen.

– „Du hättest wirklich Geld vom Staat genommen?“

– „Was hätte ich denn tun sollen?“

– „Wie wäre es denn mit Arbeiten gewesen?“

– „Meinst du, Schreiben ist keine Arbeit?“

Die staatliche Stütze habe er vermieden, indem er jeden Abend zum Frankfurter Hauptbahnhof gedackelt sei und dort Züge ein- und ausgeladen habe, erzählte der Mann. Dieser Teil seiner Geschichte kam beim

Bruder gut an. Sie löffelten die Bayrisch Crème. Danach schilderte der Mann die lange, noch andauernde Wegstrecke, seine Anstellung bei der großen deutschen Gewerkschaft. Werner konnte sich einen solchen Job gar nicht recht vorstellen.

- „Was ist denn deine Aufgabe als politischer Sekretär, als der du dich schimpfst?"

- „Ich muss schauen, dass die Arbeitsplätze in dem von mir betreuten Betrieb sicher sind."

- „Und dass der Unternehmer mit den hohen Löhnen ordentlich bluten muss!"

- „Die Tarifverträge gehen mich nichts an, das ist die Sache der anderen Abteilung."

- „Ich dachte, bei euch geht es nur um mehr Geld."

- „Da hast du falsch gedacht; wir sind aufgefordert, uns einen Kopf zu machen, wie die Leute in fünf bis zehn Jahren noch ihrem Beruf nachgehen können."

- „Aber das ist doch die Sache vom Unternehmer und seinem Management."

- „Schön wär's; aber den fällt immer nur ein, entweder Leute rauszuschmeißen oder den ganzen Laden zu verlagern."

- „Dass die Unternehmer unter Konkurrenzdruck stehen, seht ihr nicht?"

- „Das sehen wir sehr wohl. Deshalb wollen wir, dass sie neue Geschäftsfelder auftun, statt Lohndumping zu betreiben."

Dann kam der Mann auf den internen Druck zu sprechen. Je weniger Leute sich den Gewerkschaften anvertrauten, desto mehr müssten er und seine Kollegen ackern. Mitglieder machen, hieße die Parole, als könne man sich Leute mit Mitgliedsbuch backen. Viele hätten aber Angst, sich einer Gewerkschaft anzuschließen. Die großen und die kleinen Chefs sähen das nämlich gar nicht gerne. „Wir müssen uns immer mehr den Hintern aufreißen, und wer ist schuld? Ihr, die Kapitalisten."

Werner schmunzelte. Ihr Gespräch hatte die richtige Temperatur, wie der von ihnen genossene Wein. Dann erklärte der Mann seinem Bruder, warum ihn seine Arbeit eigentlich zufriedenstellte, und der Ex-Unternehmer verstand. Werner hörte aus dem „eigentlich" eine Einschränkung raus.

- „Und was passt nicht? Zahlen sie dir nicht genug?"

- „Am Geld liegt es nicht, das ist ganz in Ordnung, aber seit die neue Chefin da ist, schmeckt mir die Arbeit nicht mehr."

- „Was schmeckt dir nicht? Dass du eine Frau als Chefin hast? Ich dachte, ihr Gewerkschafts-Fuzzis seid alle für Emanzipation. Und gerade habt ihr doch eine Frau zur Vorsitzenden gemacht."

- „Mich nervt, dass meine Chefin meine Arbeitskraft und die der Sekretärin nutzt, um ihr Image in unserem Laden aufzupolieren. Die ist Ressortleiterin und will unbedingt Abteilungsleiterin werden. Ich soll ihr ständig Broschüren schreiben, mit denen sie glänzen kann. Da kommt aber nichts dabei rum, denn die liest ja kein Mensch."

- „Sekretärin, politischer Sekretär, Ressortleiter, Abteilungsleiter, Vorstand, erste Vorsitzende, zweiter Vorsitzender - ihr habt ja so viele Ränge wie die Soldaten! Und für wen soll denn was rumkommen?"

- „Naja, eine antiautoritäre Basisgruppe sind wir nicht gerade. Der Laden ist kein Selbstzweck, sondern für die Mitglieder da. Aber man kommt gar nicht mehr dazu, seine Leute zu betreuen. Brauche ich eine Dienstreise, wird die immer öfter abgelehnt mit der Begründung, ich solle meiner Arbeit im Haus nachgehen. Für Lustreisen gebe die Organisation kein Geld aus."

Der Mann verdeutlichte seinem Bruder Werner die Kalamität eines Angestellten in einer deutschen Gewerkschaft. Er kam sich dabei wie ein Verräter vor. Schließlich plauderte er aus dem Nähkästchen, und sein Zuhörer musste doch als der Klasse der Kapitalisten zugehörig gelten. Werner nahm Anteil an seiner Not. Dass den Mann in letzter Zeit Sorgen drückten, konnte man seiner Physiognomie ablesen. Schlaflose Nächte bleiben nicht im Schlafanzug hängen. Oder redete der Mann langsam wirres Zeug? Beim Espresso machte er dem Bruder ein Geständnis: Er habe ihn des Öfteren beneidet.

- „Warum?"

- „Weil du als Kapitalist keinen Chef über dir hattest. So gut hätte ich es auch gerne einmal gehabt. Und noch einen Grund gibt es, aber der liegt weit zurück. Du hast unseren Vater als richtigen Vater erlebt, ich habe ihn nur als Schauspieler, als Vater-Darsteller kennengelernt."

Blut ist im Schuh

Sie wollten sich vor der Gaststätte Mutter Ernst trennen, aber der Bruder war noch in Plauderlaune. Der Mann begleitete ihn zum geparkten Benz zurück. Und der Werner erzählte munter weiter. Er hatte den väterlichen Humor und dessen Lust am Erzählen geerbt. Zuerst kamen Vaters alte Witze dran.

- „Kennsche noch dene midm Sinjore im Beichtstuhl?"

Der Mann erinnerte sich dunkel; die Pointe jedenfalls hatte er vergessen.

- „Kummt enner in de Beichtstuhl un fangd ze jammre ah: ‚Sinjore, Sinjore ...'

De Parre saahd: ‚Mein Sohn, sprich, welche Sünden plagen dich?'

- Sinjore, Sinjore ...

- ‚Mein Sohn, beichte nur all deine Sünden, und der Herr wird dir vergeben.'

- Sinjore, Sinjore ...

- ‚Mein Sohn, ich bin nur ein einfacher Landpfarrer und kein Signore. Bekenne nur frei deine Sünden.'

- Herr Parre, es sin Jore her, dass isch nimi beichde wa."

Werners Katholizismus war wie der des Vaters humorverträglich. Auf den kamen die beiden nun zu sprechen.

- „Wäsch de, dass Deidschland weche unserm Vadder de Kriech verlor had?"

- „Erzehl mo!"

Werner erzählte: Vater ging Anfang der dreißiger Jahre mit seiner ersten Frau, Werners Mutter, an den Niederrhein, weil er dort Arbeit in einer einem Holländer gehörenden Schuhfabrik fand. Minheer van Oyen machte den tüchtigen Facharbeiter bald zum Betriebsleiter seiner Fabrik. Man fertigte in Goch Soldatenschuhe, lederne für die Wehrmacht, Leinenschuhe für die Marine. Ein Bataillon war täglich auszurüsten, macht etwa 500 Paar Schuhe am Tag, mehr als Hunderttausend im Jahr. Die

Fabrik beschäftigte meist Holländer, ob als Freiwillige oder als Zwangsarbeiter, das wusste Werner nicht.

Die Aufträge gab das Wehrmacht-Beschaffungsamt aus Berlin. Vater überwachte die ordnungsgemäßen technischen Abläufe: stanzen, steppen, zwicken, bucken, den Schaft über den Leisten ziehen. Seine Funktion als Fabrikleiter bewahrte Vater vor der Front.

Bevor der Auftrag einging, war Vater mit den Fabrikleitern der anderen Unternehmen, der Großkonzerne Bata und Salamander, zum Auftraggeber nach Berlin einbestellt worden. Die großen Feldzüge standen an. Die Soldaten waren auszurüsten, technische Details der Fabrikation zu klären: Welche Größen waren zu fertigen, wie hoch sollte der Schaft sein und wie viele Ösen waren notwendig. Zu klären war die Besohlung. Die Lauf- auf die Zwischensohle mit Holz- oder den teureren Eisenstiften nageln?

Für unsere Soldaten nur das Beste, war die amtliche Vorgabe. Die Nägel hatten runde Köpfe und brachen nicht ab. Der Stiefel war vorne und auf dem Absatz mit Eisenplättchen zu beschlagen. Die sahen wie kleine Hufeisen aus. Die beschlagenen Stiefel ließen das Kopfsteinpflaster so richtig krachen. Die Bewohner der besetzten Dörfer und Städte sollte dies einschüchtern. Das war die Überlegung.

Immer mehr Aufträge aus Berlin kamen. Es wurden immer mehr Jahrgänge eingezogen und immer mehr Länder erobert. Dann gab es kaum mehr Leder. Der Boykott der Alliierten machte zu schaffen. In Francos Spanien war bald die einzige Bezugsquelle außer Landes zu finden. Vater war nun als Einkäufer unterwegs, wusste Werner. Auf der Dienstreise nach Madrid schaute er bei Real vorbei. Real Madrid galt schon als unschlagbar, obwohl Puskás und Di Stéfano noch gar nicht aufgelaufen waren. Auch die in Spanien aufgekauften Lederhäute reichten nicht aus. Die Nachfrage aus Berlin überstieg, was die Fabrik anbieten konnte. Lederersatzstoffe wie Gummi und Krepp mussten her. Diese Ersatzstoffe aus künstlichem Kautschuk hatten die Buna-Werke entwickelt, aber die lieferten nicht.

Dann kam das Schicksalsjahr 1943. Das Wehrmacht-Beschaffungsamt verlangte wieder nach dem Vater und seinen Kollegen. Die erste Reise nach Berlin war noch eine Ehre und ein Abenteuer, die zweite bereits war Vater mit großer Angst angetreten. Er wusste, er war zum Rapport zitiert. Was war passiert? Die deutsche Wehrmacht steckte im russischen Winter fest. Und sie steckte in dem eisenbeschlagenen Schuhwerk fest. Die Füße erfroren, das Eisen war eine Kältebrücke. Väterchen Frost kam über die Brücke und brachte den Landsern den Tod.

Wieso blieben die Stiefel mit Hartgummisohle aus, fragten die Uniformierten vom Beschaffungsamt den Vater und seine Kollegen. Wozu hatten die Buna-Werke den synthetischen Kautschuk zur Serienreife entwickelt, wenn der nicht in Serie ging? Das Amt verlangte die sofortige Verwendung des Lederersatzes. Die Betriebsleiter der Schuhindustrie berieten. Sollten sie dem Beschaffungsamt erklären, dass der Kautschuk gar nicht zu beschaffen war? Dass die Buna-Werke nur Opel, MAN und Mercedes-Benz belieferten? Die Autokonzerne brauchten den ganzen Kautschuk für die Reifen, Kabel, Keilriemen, Schläuche und Dichtungen der Militärfahrzeuge auf. So war nun mal die Hierarchie einer Kriegswirtschaft.

Die Ministerialen in Uniform, erzählte Werner weiter, wollten Lösungen hören, keine Probleme. Vater und seine Kollegen versprachen ihnen, die Eisen- durch Holznägel zu ersetzen. Das war ein altes, erprobtes Verfahren. Die Fachleute wussten um den Engpass beim Leder. Sie wussten auch, dass es Monate brauchen würde, um die neuen Maschinen und Arbeitsabläufe für ein geändertes Vorprodukt zu organisieren. Eine Massenfertigung lässt sich nicht von heute auf morgen umstellen. Und an geregelte Fertigung war sowieso kaum mehr zu denken. Denn die Royal Air Force, die britische RAF, bombardierte doch längst die niederrheinischen Industrieanlagen.

Werner gab die Erzählung vom verlorenen Krieg und den genagelten Stiefeln wieder, wie er sie von Vater gehört hatte. Die beiden trennten sich in der B-Ebene. Werner ging langsam am Stock zu dem geparkten Benz, der Mann nahm die Rolltreppe und fuhr runter zur S6.

Die Sache mit den Wehrmachtstiefeln ließ ihm keine Ruhe. Er las ein Buch über die Schuhindustrie im Nationalsozialismus. Die Autorin hatte das Schuhmacher-Handwerk gelernt, bevor sie Historikerin wurde, war also vom Fach. Was sie über die Geschichte ihres Fachs in der Nazizeit fand, ergänzte, was der Vater dem Bruder verschwiegen hatte:

Als der synthetische Kautschuk von den Buna-Werken entwickelt war, war dessen Tauglichkeit zu prüfen. Die Großkonzerne der Schuhindustrie besaßen auf ihrem Werksgelände eigene Teststrecken, die kleinen Unternehmen waren gehalten, die vom Reichsministerium des Innern ausgedachte Teststrecke zu nutzen. Im Konzentrationslager Sachsenhausen mussten Häftlinge mit Marschgepäck eine tägliche Marathonstrecke bewältigen, in Stiefeln steckend, die mit dem neuen Werkstoff besohlt waren. Schottersteine, Treibsand, Kopfsteinpflaster - die Rundstrecke um den Appellplatz bot verschiedene Bodenbeläge. Täglich starb ein Dutzend der hierher abkommandierten Juden, Kommunisten und Homosexuellen. Wer erschöpft hinfiel, wurde per Genickschuss getötet. Eine hölzerne Schubkarre stand bereit. „Schuhläufer-Kommando" hieß bei den Peinigern die Strafkompanie.

Beim nächsten gemeinsamen Essen kam das Erzählen an den Mann, und er gab wieder, was er bei der Historikerin gelesen hatte. Was Werner hörte, erschütterte ihn.

Die Bombe

Der Italiener gegenüber dem Club Voltaire, Ort des nächsten Zusammentreffens. Der Mann lud ein, an ihm war diesmal das Bezahlen. Werner kannte Enzo, den Besitzer. Was für ein merkwürdiger Zufall. Werners Lieblingsitaliener gegenüber seines Bruders alter Lieblingskneipe, als dieser noch im Kettenhofweg wohnte. Am Tresen vom Club wollten der gewesene Kapitalist und der amtierende Gewerkschafter den Absacker nehmen. Der Mann sackte vorher schon ab.

Wieder der Krieg, diesmal 1944. Vaters erste Frau, Werners Mutter, die schöne Frau Pfundstein, konnte die nächtlichen Bombenangriffe nicht mehr in ihrem stattlichen Haus erleben, zu groß ihre Angst, in dem brennenden Gemäuer ums Leben zu kommen. Dem Vater als dem Fabrikleiter kam das Direktionsrecht zu, also befahl er einem Trupp seiner Leute, im großen Garten einen Stollen zu graben und als Luftschutzraum einzurichten. Was er befohlen hatte, wurde ausgeführt, und die Familie konnte, sobald die Sirenen heulten, hier Zuflucht suchen. So geschehen auch in der Nacht zum 30. September 1944.

Am nächsten Tag stand die Abreise von Frau, Tochter Brigitte und Sohn Werner an; Boppard und die Schwester der Frau warteten schon. In Boppard fielen kaum Bomben, der fehlenden Industrie im engen Rheintal wegen. Neben Vaters Villa ging die Bahnlinie lang, die am Ruhrgebiet vorbei bis ins Rheinland führte, auf deren Gleisen postiert eine Flugabwehrkanone. Ein Flieger der Royal Air Force nahm in dieser Nacht die Flak ins Visier. Er verfehlte sein Ziel, und die Bombe schlug in den zwischen Haus und Bahndamm liegenden Luftschutzraum ein.

Hinten im Schacht saß der weibliche Teil der Familie, vorne der männliche. Die Bombe traf den Unterstand genau in der Mitte. Werners Arm schaute aus dem Schuttberg heraus. Vater, der sich ausbuddeln konnte, packte den Arm und barg seinen Sohn. Seine Frau und seine Gitta konnte er nicht mehr lebend retten: Alle hinten Schutz Suchenden erstickten. Man grub die Toten aus. Vater hielt seine beiden Lieben noch warm in den Armen.

Auch tagsüber gab es Luftangriffe, wenn auch seltener. Bei der Beerdigung heulten wieder die Sirenen. Die Trauergemeinde flüchtete vom Friedhof. Vater und Sohn standen allein vor dem offenen Grab. Werner erinnerte sich an den plötzlich einsetzenden Regen. Er war damals vierzehn. Nach dem Tod von Mutter und Schwester ging Werner mit seinem Vater in ihr Herkunftsdorf zurück. Heulten dort die Sirenen, flüchtete er in den nahegelegenen Wald. In einem Kellerraum konnte er sich bei Alarm nicht mehr aufhalten.

Es endete der Krieg, und sein Vater verheiratete sich wieder. Der Schuhfabrikant des Ortes stellte dem Pfarrer seinen für sich und seinen minderjährigen Sohn eine katholische Frau suchenden Meister vor. Dekan Ackermann wusste von einer, die einem Priesterkollegen bislang den Haushalt geführt hatte, und die nach dessen Tod eine Ehe eingehen wollte. Er sprach bei den Eltern der Frau vor. Kaum ein Jahr später wurde die Ehe geschlossen. Dieser Bund machte den Werner und den Mann zu Brüdern.

Über das Geschehen in Goch hatte Werner bisher kaum gesprochen. Er beschwieg es, wie es ihr gemeinsamer Vater beschwiegen hatte. Es gab eine Fliegerbombe und danach gab es Tote, so lautete die karge Erzählung. Und sowas gab es in jeder zweiten Familie. Die genauen Umstände, die zum Tod der Gitta und der Johanna führte, beließen die beiden im Dunkeln. Selbst seine spätere Frau klärte Werner über das Geschehene lange nicht auf. Als er sie als seine Verlobte der Spatzenhügel-Sippe vorstellte - die Stiefmutter hatte eine festliche Kaffeetafel gedeckt - kam das Gespräch beiläufig auf früher. Plötzlich liefen dem Werner die Tränen und seinem Vater auch, und die Schwiegermutter und die künftige Schwiegertochter schauten sich erschrocken an. Es gibt da ein Geheimnis, dachte sich Werners spätere Frau.

In der auf den Garibaldi-Abend folgenden Nacht konnte der Mann nicht schlafen. Er grübelte über Franz von Sickingens Kausalitätsprinzip nach. Der Vater zeugte ein Kind, weil er sich nochmal verheiratete; er verheiratete sich nochmal, weil er die erste Frau verloren hatte; er hatte die erste Frau verloren, weil eine Bombe fiel; die Bombe fiel, weil Hitler mit England im Krieg war; Hitler konnte England den Krieg aufzwingen, weil er der Reichskanzler war. Verdankte der Mann seine Existenz letztendlich einem Hitler? Und wer hat sich den Führer auserkoren, hat ihn gewählt? Doch Leute wie sein Vater. Zirkelschluss, Kausalitätsprinzip, Schicksal? Der Mann fand keine Lösung.

Brennende Sorge

Es war beim Nobelitaliener in der Taunusstraße, da bekam der Mann von seinem Bruder einen Privatunterricht in Familiengeschichte. Vater gehörte der Nazi-Partei an, das wusste er. Nach seinem Tod hatte der Mann in einem Schuhkarton alte Fotos gefunden, darunter zwei identische Passbilder, mit einem kleinen Unterschied. Das eine zeigte den Vater mit schief gehaltenem Kopf, melancholischem Blick und der Hakenkreuzbinde am Arm, das andere, das nämliche Passfoto, war oberhalb der Binde abgeschnitten, sodass nur Kopf und Hals zu sehen waren. Auch Onkel Emil hatte der NSDAP angehört, und nach Goch, wo er gemeinsam mit Vater bei Minheer van Oyen als Meister tätig war und Stiefel für die Wehrmacht fertigte, traute er sich nicht mehr hin. Werner glaubte den Grund zu wissen; ihr Onkel hätte sich dort keine Freunde gemacht. Vor allem den holländischen Arbeitern habe der Onkel Emil nicht mehr begegnen wollen. Werner erzählte wild durcheinander. Was er früher einmal aufgeschnappt, was er neuerdings aus Dorfchroniken und Festschriften sich angeeignet hatte, floss in die Erzählung ein.

Die Schwester des Vaters, die *Andened,* Tante Antoinette, galt als die Cleverste der Geschwister; „die hanneld wie e Judd", hieß es von ihr im Familienkreis. Antoinettes Handel war der einer Hausiererin. Sie verkaufte an den Türen Garn, Nähnadeln, Knöpfe, Reißverschlüsse. Mit Kurzwaren aus dem Koffer scheffelt man keine Reichtümer. Was sie aber zur Seite legte, reichte offenbar, um ein stattliches, an der Hauptstraße gelegenes zweistöckiges Wohnhaus mit einem Verkaufsraum parterre zu kaufen. In dieses Haus hatten die Nazis unter ihrem Gauleiter Josef Bürckel, einem ehemaligen Volksschullehrer des Dorfs, jüdische Familien eingepfercht. Viele flüchteten zunächst zu Verwandten nach Mannheim, dann wurden sie nach Gurs in Südfrankreich deportiert. Wer dort nicht starb, wurde nach einer erneuten Deportation im Konzentrationslager Auschwitz ermordet.

Wann hatte die Lieblingstante des Mannes das Haus erworben, während oder nach der Nazizeit? Werner wusste es nicht. „Die hanneld wie e Judd“ - die Charakterisierung der Tante ließ beim Mann keinen Zweifel aufkommen: Die *Andened* führte ihren Namen zu Unrecht, sie war gar nicht nett gewesen, und ihrer Zuneigung war er mit der Naivität des Kindes aufgesessen. Wie alles beim Taubenhof also, Lug und Trug. Das Modegeschäft von Antoinettes Tochter Liesl, die Millionen des Enkel Herbert - für all den Reichtum hatte die raffsüchtige Frau den Grundstein gelegt. Sie hatte von der alten Macht profitiert, der Enkel profitierte von der neuen, indem er Häuser aufkaufte, sie renovierte und an *die Amis* vermietete.

Der Mann sah sich in seinem Zorn auf den Herbert bestätigt. Als sie als Kinder miteinander spielten, wollte der Cousin immer der siegreiche Sigurd sein. Das Kind beneidete ihn der vielen Comic-Hefte wegen. Später rührte der Neid von Schlagzeug und Hammondorgel her; im Partykeller des Geschäftshauses spielten *Herbie and Band* auf, der Junge durfte zuhören. Das Glückskind besaß alles Begehrenswerte. Die Mädchen flogen auf ihn, denn er sah aus - ganz der dunkle Typ vom Dauwehof - wie Jason King. Doch auf dem ganzen gescheffelten Reichtum lag offensichtlich kein Segen. Herberts Vater starb früh am so genannten Herzfehler, seine Mutter Liesel kam bei einem Autounfall ums Leben.

Tante *Andeneds* Erziehung, so erinnerte sich der Mann, bestand darin, den Wünschen des Enkels zu Willen zu sein. Der Immobilienbesitzer und mehrfache Millionär entsprach dem Bild, das sich der Mann von der Provinzoberschicht, bestehend aus ehemaligen Schuhfabrikanten, machte. Er besaß eine Villa, einen zugehörigen Teich mit sündhaft teuren Zierfischen namens Kois, ging groß Essen beim Mischler im Cheval Blanc und spielte ebenfalls *driwwe*, im französischen Bitche, seine Golfrunde. Der Mann sah jetzt klar.

Auch über Onkel Hans' Verstrickung in den deutschen Faschismus wusste er nun Bescheid. Der Fiathändler und Besitzer der Autowerkstatt, zu der sich die Scheuer im Hinterhaus von Antoinettes Haus gemausert hatte, brüstete sich bei Familienfeiern gerne damit, bei der Befreiung Mussolinis auf dem Gran Sasso als Fallschirmspringer dabei gewesen zu sein. Werner gab die Story zum Besten. Vielleicht stammte aus dieser Zeit die Liebe von Hans zu den italienischen Autos. Vater nahm seinem klein geratenen Neffen die Geschichte nicht ab, und die Fiatbegeisterung kommentierte er spöttisch: „Bewahre uns vor Schdurm un Wind un Audos, die aus bella idalia sind." Von Italien ließ er nur die „schäne Schuh" gelten.

Auf der Familienseite von Vaters zweiter Frau sah es nicht besser aus. Onkel Karl, Mutters Bruder, machte als Parteigenosse, als PG, eine kleine Karriere. Am schönen Bodensee und unter dem obersten Chef Heinrich Himmler ließ er es sich als Schutzpolizist gut gehen. Nach dem Nazismus ging seine Karriere weiter, und als diese mit seiner Pensionierung endete, bezog er die linke Hälfte des großen Doppelhauses aus dem rotbraunen Sandstein, dessen rechte Hälfte seine Schwester bewohnte.

In der Nazizeit waren alle sechs Wohnungen mit solventen Mietern belegt. Die standen dem Reichsarbeitsdienstlager vor, das vis-à-vis dem Haus lag, dem RAD, dessen Insassen Panzergräben bauen und zerstörte Gleisanlagen reparierten mussten. Man hatte also Bedienstete des SS-Staates als Mieter. Die Wärter mussten nur über die Freiheitsstraße gehen, damit sie zu ihren Gefangenen gelangten. Werner, der Bruder, erzählte von einem jungen Mann, der bettelnd seinen Arm durch den Zaun gehalten hatte. Werner hatte ihm, was verboten war, einen Kanten Brot zugesteckt. Den jungen Russen, den *Panje*, hatte er öfter gesehen; einmal war er von ihm mit einem aus Draht gefertigten und durch den Zaun gereichten Püppchen beschenkt worden. Das Arbeitslager war auf einer Gemarkung gelegen, die auf einer alten Flurkarte als Pfarrwiese verzeichnet war.

Nicht alle aus dem familiären Umfeld hatten sich als Nazis erwiesen. Pfarrer Ackermann traute sich, die 1937 verfasste päpstliche Enzyklika *Mit brennender Sorge* zu verlesen, obwohl ihn SA-Leute daran hindern wollten und sich zwischen Pfarrhaus und Sakristei postiert hatten. Er verließ die Kirche daher den ganzen Tag nicht, schloss zwischen den vier Messen das Schreiben im Tabernakel ein und verlas es allen Kirchgängern, die Folgendes vernahmen: „Wer die biblische Geschichte und die Lehrweisheit des Alten Bundes aus Kirche und Schule verbannt sehen will, lästert das Wort Gottes, lästert den Heilsplan des Allmächtigen, macht enges und beschränktes Menschendenken zum Richter über göttliche Geschichtsplanung." Erst am Ende des Sonntags händigte er die Botschaft Pius des Elften den Hitler-Gefolgsleuten aus. Die mussten dort lesen:

„Wer in sakrilegischer Verkennung der zwischen Gott und Geschöpf, zwischen dem Gottmenschen und den Menschenkindern klaffenden Wesensunterschiede irgendeinen Sterblichen, und wäre er der Größte aller Zeiten, neben Christus zu stellen wagt, oder gar über Ihn und gegen Ihn, der muß sich sagen lassen, daß er ein Wahnprophet ist, auf den das Schriftwort erschütternde Anwendung findet: Der im Himmel wohnt, lachet ihrer." Das Gesicht des hochwürdigen Herrn sei weiß wie die gekalkte Wand gewesen, so die von Werner wiedergegebene Erzählung der Mutter; beim Empfang der Hostie und bei der Segnung der Palmzweige habe sie dies wahrnehmen können.

Wilhelm, den Cousin des Vaters aus der mehr schlecht als recht beleumundeten Ecke, setzte die US-Militärregierung im März 1945 kurzzeitig als Bürgermeister ein, denn der Sozialdemokrat galt als unbelastet, da er sich mit den Nazis nicht eingelassen hatte. Was nicht ganz stimmte, denn er hatte sich mit dem örtlichen Obernationalsozialisten sehr wohl, sogar körperlich, eingelassen. Im tausendjährigen Reich zum Hitlergruß aufgefordert, provozierte er den ortsfremden, von der NSDAP kommissarisch eingesetzten Bürgermeister mit dem vom Vater häufig wiedergegebenen Satz: „So hoch leid bei uns de Schnee." Er fuhr dabei den rechten Arm aus, um die Schneehöhe zu markieren, wobei ihm der NS-Mann regelmäßig mit dem KZ drohte. Das „Bei uns" grenzte den Nazi aus, und der hörte den Zwischenton genau heraus. Nur einmal grüßte Wilhelm korrekt; da waren die tausend Jahre gerade rum. Er begegnete seinem alten Widersacher in der Bahnhofstraße: „Heil Hitler, Herr Anhäuser", grüßte Wilhelm, packte den Parteigenossen unter den Achseln und warf ihn in den Dorfbach.

Onkel Walter, der Comboni-Missionar, der liebste Onkel des Mannes, verschwand sofort nach seiner Priesterweihe in Brixen nach Botswana, weil er unter dem Regime des Heil Hitler partout kein Pfarrer sein wollte. Er ruinierte im afrikanischen Klima seine Gesundheit, indem er seinem Auftrag nachging: In einem Kral mit Hilfe der Einheimischen und dem Geld seines Ordens eine Hütte als Kirche und eine als Schule aufbauen. Hatte er seinen Auftrag erledigt, ging er nach Gaborone zu seinem Bischof, und der schickte ihn ins nächste Dorf mit demselben Auftrag. Kam er abends geschafft nach Hause, beneidete er den verheirateten anglikanischen Pastor in der Nachbarhütte. Dem Werner hatte Walter anvertraut, was er vom Zölibat hielt.

Der beim Krieg gegen die Sowjetunion ums Leben kam, Onkel Paul, hatte gerade sein Abitur geschafft, wollte es seinem älteren Bruder nachmachen und ebenfalls Priester werden. Schon besuchte er das Speyerer Priesterseminar, da kam die Einberufung zur Wehrmacht und er rückte ein. Vom baldigen Endsieg überzeugt, von der Partei, die ihn erringen wollte, als ihr Mitglied ebenso, schien ihm der Weltkrieg eine kleine Episode, nach der er seine Theologie wieder aufnehmen konnte. Aus Stalingrad kam noch Feldpost von ihm. Nach dem Krieg galt er als vermisst. Seine Mutter wollte nicht wahrhaben, dass das Wort nicht hielt, was es versprach. Um sich im Glauben an die Rückkehr ihres Sohnes zu bestärken, richtete sie ihm ein Zimmer ein. Unterm Dachgeschoss stand also ein Zimmer leer, mit Schlafcouch, Nachttisch, Ohrensessel. In der Nachttischschublade lag eine kleine Pistole. Paul, merkwürdig für einen angehenden Priester, galt als Waffennarr.

Paul lebte in der Phantasie der Großmutter und im Haus auf dem Spatzenhügel weiter. Alle Kinder dort hatten Doppelnamen, und mit dem zweiten waren sie in die Kette ihrer Vorfahren eingefügt: Der Franz mit seinem Josef, die Maria mit ihrer Anna, der Peter mit seinem Paul. Der Mann begegnete seinem Paul, wenn die Verlängerung seines Reisepasses anstand.

Der Abend in der *Incantina* dauerte lange. Der verbliebene Kellner schien nahe dran, die Stühle hochzustellen. Werner ließ sich noch eine Flasche des genossenen Montepulcianos auf die Rechnung setzen und einpacken. Sie standen vor dem Lokal und besprachen die Folgeverabredung. Zum *Herrn Franz* in die Ulmenstraße sollte es das nächste Mal gehen. Wo die Frankfurter Rothschilds ihre Pferde hatten füttern und striegeln lassen, wollten es sich die beiden Brüder das nächste Mal gut gehen lassen, war doch der ehemalige Pferdestall zum viel gepriesenen Restaurant geworden, und ob zu Recht, war zu prüfen. Und noch ein Prüfauftrag stand an; der Ältere erteilte ihn dem Jüngeren. Er solle einmal die Nazijahre ihres Dorfs recherchieren. Er wäre doch beinahe Journalist geworden und daher müsste er sowas doch können. „Isch helf der ah“, versprach der Werner. Im Aufträge verteilen sei er gut, sagte der Mann und „allahopp, wann de mer helfe duschd“.

Mir gedenkt noch

Der Verstrickung der Dorf- mit der Nazigeschichte forschte der Mann alleine nach. Von der versprochenen Unterstützung war wenig zu spüren. Gut, der Ältere kannte mehr Namen und mehr Zusammenhang. Von Josef Butz, einem zu den Aufsehern des KZ Auschwitz gehörenden ortsansässigen Metzgermeister, hatte der Jüngeren noch nie gehört. Über Josef Bürckel, den leutseligen Schullehrer aus ihrem Dorf, der seinen Dackel Gassi führte, im Gasthaus *Zum Ochsen* Skat spielte und dem Liederkranz als Chorleiter vorstand, wusste Werner einiges. Der verlangte Eintritt, nachdem er das Zugpferd der NSDAP geworden war und alle ihn reden hören wollten. Der war erst Gauleiter in Wien geworden und damit in die höchste Funktionärsebene der Nazis aufgerückt. Dann hatte er diese Funktion in der sogenannten Westmark, seiner alten Heimat, bekleidet. Nach seiner Rückkehr in die Pfalz hatte er 6504 badische und pfälzische Juden ermorden lassen. Werner hatte ein Buch über den Bürckel gelesen und trug daraus vor. Er sei klein, fett, rüpelhaft, ein Trinker ohne eine Spur von Feingefühl oder Takt gewesen, stand da zu lesen. Dem Mann fiel auf, dass der Gauleiter den gleichen Namen wie sein Jugendfreund, sein alter Kumpel Frieder, trug.

In Wien und als Vorgesetzter von Adolf Eichmann hatte Josef Bürckel den ersten Massentransport von Juden organisiert, gleichsam die Blaupause einer Deportation, und sich dabei gegen Arthur Seyss-Inquart durchgesetzt, einen hochrangigen Konkurrenten aus dem sogenannten Sicherheitsdienst, der ihm das Recht, Juden zu deportieren, streitig machen wollte. Über die „Bürckel-Methode“ schreibt Raul Hilberg in dem Buch *Die Vernichtung der europäischen Juden*. Der Führer war von dem tüchtigen Mann sehr angetan. Sein in den *Tischgesprächen im Führerhauptquartier* festgehaltenes Lob: „Ein brutaler wie Brückel ... der selbst auf die Gefahr, sich unbeliebt zu machen, mit radikaler Konsequenz und nicht mit dem Wiener Gemurksel ans Werk gegangen sei.“ Goebbels, vielleicht neidisch auf einen Konkurrenten, schrieb in sein Tagebuch: „Bürckel macht hier in Wien schwere Fehler. Ein kleiner pfälzischer Schulmeister als Nachfolger der Habsburger. Das ist ein bisschen wenig."

Bürckel hatte für den Reichskanzler erfolgreich den „Anschluss" erst des Saargebiets, dann Österreichs organisiert. Er durfte sich nun Reichsstatthalter nennen. Seine Schüler im Dorf hatten ihn schon immer bewundert. Sie wuchsen zu Erwachsenen heran, und die Bewunderung wuchs mit. Der *Boldekarl*, Vaters Gastgeber beim sonntäglichen Frühschoppen, gehörte zur treuen Anhängerschaft, wusste Werner. Er sei lediglich begeisterter Motorradfahrer gewesen und in die Motor-HJ des kostenlosen Führerscheins wegen eingetreten, erklärte dem Werner der Wirt. An die alte Begeisterung für den Gauleiter konnte er sich nicht mehr erinnern.

Ließ Bürckel sich an alter Wirkungsstätte wieder sehen, freute man sich über den hohen Besuch. Der Schullehrer von einst war einer der ihren geblieben. *Ihr Leid, ihr kennt misch doch, mit mer kann mer doch redde,* sei eine seiner Redewendungen gewesen, erinnerte sich die Mutter. Bürckel sorgte für den *judenfreien* Gau Saarpfalz und verhalf dann wohl der Tante zum spottbilligen Haus in bester Lage des Unterdorfs. Ja, man fühlte sich geehrt und freute sich, wenn der Josef Bürckel wieder einmal die Heimat besuchte. Die Hasentalstraße hieß nun Josef-Bürckel-Straße; man strengte sich an, dem Schöpfer des von Hitler so gelobten Mustergaus ein Musterdorf zu präsentieren, das ihm sein Liebstes sein sollte. Einmal kam er zur Kirchweihe, der Kerwe, und im Peterhof wurde traditionell zum Tanz aufgespielt. Seinen ersten Tanz schenkte Hitlers Statthalter der schönen Frau Pfundstein, damals schon verheiratet mit dem Vater des Mannes. Wie der Vater diese Ehre wohl aufgenommen hatte, fragte sich der Mann, als er die Anekdote zum ersten Mal hörte. Die neunzigjährige Cousine erzählte sie ihm und leitete mit den Worten ein: „Mir gedenkt noch ..." Diese Formulierung hatte der Mann lange nicht mehr gehört. Die Passivkonstruktion gefiel ihm, aber der Satz selbst war nicht stimmig. Der Mann rechnete nach. Die Cousine, wie sein Bruder im Jahr 1930 geboren, konnte dem Kerwe-Tänzchen nicht beigewohnt haben. Vermutlich gehörte die Geschichte zum ewigen Bestand der Taubenhof-Anekdoten.

Die Cousine war ein wandelnder Anekdotenschatz. Sein Vater, so erfuhr der Mann, hatte einen Narren an schönen Krawatten gefressen. Ihre Erzählung rief seine Erinnerung wach. Selbst für den nachmittäglichen Spaziergang im hinterm Haus beginnenden Pfälzer Wald band sich der Vater eine Krawatte um. Er hatte, was man einen *Fimmel* nannte, und in der Verwandtschaft war sein Spleen Gegenstand harmloser Späße. Der Mann sprach die ins Erzählen geratene Cousine auch auf die Judenfamilien des Dorfs an. Doch da verließ sie ihr gutes Gedächtnis. Dabei hatten die Familien Neuberger und Baer-Metzger um die Ecke des Taubenhofs gewohnt. Hatte die Frau Baer, die *Bäre Eicheene,* nicht für ein Original gegolten? War deren Bekleidungsgeschäft nicht für seine große Auswahl an Krawatten bekannt gewesen? Wird der Vater seine Schmuckstücke nicht auch dort gekauft haben?

Cousine Ilses Erinnerungsvermögen funktionierte erst wieder, sobald von Krieg und Bomben die Rede war. Die Erinnerung schwoll dann dermaßen an, dass der Rahmen des privaten Gespräches nicht mehr ausreichte; die Cousine griff zum Mittel des Leserbriefs. Die Lokalzeitung aber wollte Sätze wie den folgenden nicht abdrucken: „Dieser furchtbare entsetzliche Bombenkrieg der Alliierten wie wir ihn erlebt haben, ist für mich ein Kriegsverbrechen! Mehr als 1000 deutsche Städte mit 3-4 Millionen Ziviltoten haben wir zu beklagen." Der Redakteur wandte sich an die Leserbriefschreiberin. Die Zuschrift - er nannte sie „diese Arbeit" - sei „sehr gut", aber sie zu veröffentlichen wäre „im Moment politisch nicht empfehlenswert". Die Cousine fühlte sich enttäuscht und bestätigt zugleich, hatte sie doch geschrieben: „Immer in meinem langen Leben, wenn ich mich über diese meine ‚Heimat-Toten' informieren und reden wollte, baten mich die Angehörigen und Freunde, dies nicht zu tun. Man könnte in eine andere Ecke gestellt werden, riskant dieses Kapitel! Ich schäme mich heute dafür, dass ich als jahrzehntelange Beamtin in meinem Leben keine Zivilcourage und Mut gehabt und geschwiegen habe ..." Unter ihre „Heimat-Toten" zählte die Cousine „eine Tante mit Kindern". Vaters erste Frau war gemeint. Aus einem Kind wurden mehrere; Werner hatte den Bombeneinschlag im Unterstand ja überlebt.

Über den Massenmord in den Konzentrationslagern finden sich folgende Sätze: „Der eigentliche Umfang der schrecklichen Vorkommnisse, die in unserem Namen ausgeführt wurden, war vielen von uns ... nicht bewusst ... Vieles davon traf uns mitten ins Herz, beschämte uns; darunter waren Verbrechen, Kriegsverbrechen. Mit gleichem Recht war der für mich heute noch unfassbare Bombenterror der Alliierten an der Zivilbevölkerung ein Kriegsverbrechen."

Dem Mann lag nichts daran, mit seiner Cousine zu diskutieren. Er wollte das Erinnerungsvermögen seiner ältesten Verwandten anzapfen. Die beiden sprachen über die Prominenz des Dorfs. Josef Bürckels Name war schon gefallen und auch von Heinrich Karch wusste sie zu erzählen, dem ehemaligen Kollegen und Kontrahenten des Reichsstatthalters. Der freute sich nicht, wenn Bürckel in seine alte Gemeinde kam, denn er musste vor ihm zittern. Mit ihm verband Heinrich Karch eine lange, gemeinsame Geschichte. Lehrer Karch, der den Bruder des Mannes später einmal grün und blau prügelte, hatte die Rache des Obernazis zu fürchten. Der jähzornige Karch hatte sich einmal von Bürckel beleidigt gefühlt und ihn geohrfeigt. Damals gehörten die beiden demselben Lehrerkollegium an, waren aber politische Konkurrenten; Karch der Mann der Zentrums-Partei, Bürckel der Anhänger der NSDAP. Die Reibereien der beiden dürften das Kollegium amüsiert haben. Der eine warf dem anderen seine Vergangenheit vor: Karch sei einmal beim Soldatenrat, Bürckel Sozialist und verkappter Separatist gewesen. Die vorgesetzte Behörde war über die Streithähne nicht amüsiert, denn die beiden erwiesen sich als Prozesshansel. Nachdem der aufstrebende Nazi sich in einer Parteizeitung mit dem martialischen Titel *Der Eisenhammer* damit brüstete, jeder Fraternisierung mit den Franzosen stets entgegengetreten zu sein - im Unterschied zu den für den Vaterlandsverrat anfälligen Zentrums-Leuten -, strengten die Geschmähten einen Prozess an, in welchem Karch bezeugen wollte, der Bürckel sei einmal Mitglied der Separatistengruppe Freie Pfalz gewesen.

Dann kam das Jahr 1933 und der Prozess fiel ins Wasser. Bürckel war längst eine große Nummer, und dem kleinen Volksschullehrer ließ er eine deutliche Warnung zukommen. Die Ortsgruppe der NSDAP verhaftete

Karch, steckte ihn in ein Lager und entließ ihn mit der Auflage, jede politische Betätigung künftig zu unterlassen. Über den Ortsgruppenleiter ließ der Gauleiter dem Kollegen noch mitteilen: „Nur den Umständen, dass Ihre Frau sterbenskrank im Krankenhause lag, Sie fünf kleine Kinder haben und Sie sein ehemaliger Studiengenosse gewesen seien, verdanken Sie es, dass Sie nicht nach Dachau gekommen sind."

Streng genommen verstieß Heinrich Karch gegen die von ihm unterschriebene Auflage; denn seine politische Betätigung stellte er keineswegs ein. Der Lehrer hatte seine Lektion gelernt, und die gab er an die Schüler weiter. Seine Klasse ließ er im Pausenhof öfter mal eine Stunde lang strammstehen und den Führergruß üben. Wer ihm auf dem Schulweg begegnete und das korrekte Grüßen vergaß, lief Gefahr, von ihm verprügelt zu werden.

Die Laufbahn der beiden bewegte sich gegensätzlich. Die des einen kam trotz bewiesenem Eifer nicht recht voran (erst Mitte der sechziger Jahre brachte Karch es endlich zum Schulleiter), die des anderen ging steil nach oben. Als Bürckel aus Wien in die Pfalz zurückkehrte, war aus dem Volksschullehrer von einst einer der Mächtigen in Hitlers Reich geworden. Was er in Wien erfolgreich praktiziert hatte, führte er an seiner neuen Wirkungsstätte, die ja seine alte war, fort.

In Folge der von Bürckel organisierten Deportation kollabierte der pfälzische Weinhandel, lag der doch zu einem guten Teil in den Händen jüdischer Weinhändler. Die Nazis halfen dem Handel wieder auf, indem sie die „Deutsche Weinstraße" ins Leben riefen, ein Marketingkonzept mit bis heute durchschlagendem Erfolg. Das die Deutsche Weinstraße eröffnende neoklassizistische „Deutsche Weintor" in Schweigen weihte der Gauleiter persönlich ein. Die Perlenkette, die sich in der Vorderpfalz aufreiht, haben die Nazis zuerst auf Hochglanz poliert. Auf ihre PR geht zurück, wovon Siebeldingen, Edenkoben, Maikammer, Gimmeldingen, Deidesheim, Forst, Burrweiler und Kallstadt bis heute zehren. Lange war man am nördlichen Ende der Weinstraße unglücklich, weil das Pendant zum Monumentaltor in Schweigen fehlte. Sechzig Jahre nach Bürckels Eröffnungsfeier bekam Bockenheim endlich auch seins, und seitdem ist man zufrieden. Der Mann sah jetzt auch die hübschen Weindörfer mit anderen Augen, nicht nur seine Familienangehörigen.

Der zum Gauleiter der Westmark mutierte Dorfschullehrer starb 1944. Sein schweres Amt habe ihn aufgerieben, lautete die offizielle Darstellung. Gerüchte gingen um, er habe sich selbst umgebracht, und der Selbstmord sei ihm befohlen worden. Beim Führer war er in Ungnade gefallen, weil die von ihm verantwortete sogenannte Siegfried-Linie, auch Westwall genannt, erste Zeichen von Verwundbarkeit aufwies. Die Alliierten rückten vor, und Bürckel ließ Metz räumen, was den Zorn Hitlers heraufbeschwor. In den Dokumenten des Nürnberger Kriegsverbrecherprozesses taucht Bürckel wiederholt auf. Die dort angeklagten Seyss-Inquart und von Schirach versuchten, Schuld von sich weg- und auf den toten Gauleiter abzuschieben. Der Pionier der Shoah, so erfährt man, hatte sich in seiner Wiener Zeit auch als Kleinkrimineller betätigt. Aus den Depots des kaiserlichen Hofs hatte er Möbel und Gobelins entwendet, um damit in seiner pfälzischen Heimat ein sogenanntes Kameradschaftshaus auszustatten.

Den Mann beschäftigte die ihm von seinem Bruder geliehene Bürckel'sche Biografie. Dann beschäftigte ihn wieder die Frage, ob sein alter Kumpel Frieder aus der *Hinne-dicht*-Zeit ein Verwandter des Obernazis sei und ihm biografische Details nennen könnte. Er rief den aus den Augen verlorenen Sportsfreund an. Der glaubte erst, es wäre alter, unbeglichener Schulden wegen. Über den entfernten Verwandten wisse er gar nichts und was damals war, interessiere ihn nicht. Und ob er ihn in Sippenhaft nehmen wolle, fragte er noch. Das mit der Sippenhaft sei geschenkt, und das mit den Schulden auch, entgegnete ihm der Mann. Frieder war der Enkel des Gauleiters, entnahm er später der Täterbiografie. Dem Autor der Studie hatte der alte Freund Einblick in das Fotoalbum der Familie Bürckel gewährt.

Biebermühle revisited

Als der Mann noch ein Kind gewesen war, bestand seine ganze Welt aus dem Spatzenhügel, dem Taubenhof, der Biebermühle, dem Bärenfelsen, dem Bruderfelsen, dem Baumbusch, der Kanzel, der Hohl, dem Lindersbach, dem Leiterstal und dem Germerstal. Auf imaginierten Wegweisern standen diese Wörter, existent waren sie nur als gesprochene, im Dialekt. Dann wandelte sich ihm das Dorf seiner Kindheit in das enge Kaff seiner Jugend, und die Wegweiser verblassten, bis auf zwei. Die beiden, der Baumbusch und die Biebermühle, verschmolzen die Heimat mit der Ferne. Mit dem *Bambusch*, wie er im Dialekt hieß, waren Busch, Buschtrommel und Bambusrohr, das geheimnisvolle Asien also, assoziiert. Auch dass der Bruderfelsen aus dem *Bambusch* herausragte, war für den Jungen bedeutsam, erinnerte der Felsen ihn doch an die unverbrüchliche Bruderschaft mit dem zweiten Bruder, dem im fernen Freiburg lebenden Franz.

Hinter der Biebermühle ging es einmal raus in die Welt. Die beiden Wirtshäuser des dem Dorf vorgelagerten Minidorfs, die Historische Biebermühle und die im Bahnhof, waren quasi die Vorboten dieser Welt. Die weite Welt war im Lied vom Hänschen klein besungen: Hänschen klein ging allein in die weite Welt hinein, heißt es da. Im Kinderlied kam ein Wohlgemut vor. An diesem Wohlgemut fehlte es dem Mann, wenn er in sein Heimatdorf zurückkehrte. War er auf Besuch bei der Mutter, gehörte ein abendlicher Gang in eins der beiden Lokale zwingend dazu, des von ihm so geschätzten heimischen Biers, des Parkbräus wegen. Das Kaff seiner Jugend bekam gleichsam einen kleinen Kredit gewährt, den der Mann aber selbst versoff. Der Heimatbesuch fiel meist auf Ostern oder auf Pfingsten und dauerte nie länger als zwei Tage.

Seine Mutter war längst gestorben und sein Bruder Franz ebenso, da las der Mann über die Biebermühle im Internet. Ein „Arbeitskreis Judentum im Wasgau" hatte einen Artikel ins Netz gestellt. Dass es im Nazi-Reich dort ein sogenanntes Eisenbahnlager und ein Durchgangslager, ein

DuLag, gab, stand dort zu lesen. Das DuLag, gebraucht man Dantes Topologie, gehörte demnach zum inneren Höllenkreis, dem das Eisenbahnlager knapp vorgelagert war. Für die Reichsbahn schuften und zerstörte Gleisanlagen reparieren mussten zunächst französische und italienische Kriegsgefangene. Ab 1943 stockte die SS das DuLag mit 300 ukrainischen Arbeitskräften auf. Von der Gestapo, der Geheimen Staatspolizei, ausgebildete Parteigenossen standen dem Lager vor. Einer vergriff sich an den Habseligkeiten der Gefangenen, ein anderer an den jungen Lagerinsassen, wofür er drei Jahre Haft bekam. Die Lagerleitung wechselte ständig, insgesamt sechs Personen versahen diesen Dienst in den vier Jahren, in denen das DuLag bestand.

Wie waren die ukrainischen Männer und Frauen ins hinterste Eck des deutschen Reichs gekommen? Die Lagerdolmetscherin, Frau Vera Matuchina, gab folgenden Bericht: „Wir lagerten, Tausende von Flüchtlingen, einige Tage in der Nähe von Kertsch (Ukraine, Halbinsel Krim) auf freiem Feld, als braun uniformierte Männer über Lautsprecher uns zum Arbeitseinsatz nach Deutschland aufforderten. Viele schöne Dinge wurden uns in Aussicht gestellt. So z. B. guter Lohn, ausreichendes Essen, bessere Kleidung, angemessene Freizeit, Kino und vieles mehr - und wer es wünschte, könne später unter bestimmten Voraussetzungen sogar ein Siedlungshäuschen mit Garten bekommen! Trotz dieser Verlockungen waren nur wenige für den Arbeitseinsatz in Deutschland bereit. Die große Mehrzahl wollte in der Heimat bleiben. Nach wenigen Tagen ist die Sache jedoch ernst geworden. Angeblich sollen Deutsche ermordet worden sein. Dafür wurden wir verantwortlich gemacht und einige unserer Landsleute öffentlich hingerichtet. Daraufhin haben wir uns alle zum Arbeiten in Deutschland bereit erklärt."

Was hat die Ukrainer dann im Gau Westmark erwartet? Zuerst das DuLag, das Durchgangslager, mit seiner Desinfektion und seinem drei Meter hohen Zaun. Aus diesem hinter dem Bahnhof gelegenen, vom Arbeitsamt Pirmasens verwalteten Ort herauszukommen, war aller Ziel. Um dem DuLag zu entkommen, musste man seine Haut zu Markte tragen, und diese musste einen Abnehmer finden. Eine Zeitzeugin schilderte freimütig, wie sie, von örtlichen NS-Größen geschickt, mit dem Fahrrad zur Biebermühle fuhr, um sich von einem neu eingetroffenen Transport die brauchbarsten Arbeiter auszusuchen. Nach dem Bericht von Anatoli Ivanov aus Perm, der sich mit seiner ganzen Familie 1944 im Lager befand, kamen meist Wirte und Bauern, die nach den stärksten Gefangenen Ausschau hielten. Die ukrainischen Männer und Frauen waren Kolchosbauern, Handwerker, Traktoristen oder LKW-Fahrer, also gut zu gebrauchen.

Glück hatte also, wer aus dem DuLag ins Eisenbahnlager kam. Dessen Baracken zogen sich am Waldrand entlang. Die Siedlung war dort entstanden, wo sich später das elektrische Umspannwerk des Dorfs befand. Hier gab es zumindest Heizöfen und Wasserstellen. Das Lager bewachten bloß Männer der Wach- und Schließgesellschaft. Von den Bauern bekamen die Zwangsarbeiter ein paar Kartoffeln oder ein bisschen Getreide. Das Getreide zerrieben sie zwischen Steinen und backten sich Brotfladen, oder sie kochten sich ihren *Kascha*, einen dicken Mehlbrei. Im Lager wurde geboren und gestorben. Die Toten wurden auf dem sogenannten Russenfriedhof oberhalb der Biebermühle begraben.

Mit dem Fortgang des Krieges errichtete die Organisation Todt im benachbarten DuLag immer mehr Baracken. Die Baumeister der Nazis kamen mit dem Barackenbau kaum nach. Über 1000 Menschen sollen sich in den beiden Lagern befunden haben. (Der Ort hatte zu dieser Zeit, zieht man die Wehrpflichtigen ab, etwa 4500 Einwohner.) Und die Hungersnot brach aus: Ab 1944 bekamen die hier Festgehaltenen pro Tag 200 Gramm Brot und eine Wassersuppe. Die Menschen starben vor Hunger. Sie kamen auch durch Fliegerangriffe ums Leben; die Bahnstrecke hinter der Westfront galt den Alliierten als ein strategisches Ziel. Nach einem solchen Bombenangriff wurden die Leichen auf einem LKW zum sogenannten Russenfriedhof gekarrt und dort per Fallklappe in ein Massengrab gekippt. Auf diesem Friedhof liegen 500 ukrainische Tote. In den in die pfälzischen Berge getriebenen Bunkeranlagen konnten die Zwangsarbeiter und ihre Familien keinen Schutz finden; beim Bau dieser Anlagen waren sie gleichwohl eingesetzt worden.

Eine Zeitzeugin wollte von Kannibalismus wissen. Kann man dem Glauben schenken? In Konzentrationslagern hatte es solche Fälle gegeben. Warum nicht auch auf der Biebermühle? Der Hunger war 1944 und 1945 so groß, dass in seinem Heimatort Hunde gebraten wurden, wusste der Mann; seine Eltern hatten es ihm erzählt. Seither heißen die Leute des Dorfs in den Nachbargemeinden die „Hundefresser".

Zehn Jahre davor hat alles hier wunderbar ausgesehen. Die Biebermühle bekam ihren lange schon geplanten neuen Bahnhof. Der lag nun nicht mehr im Winkel zwischen den Gleisen, die links nach Zweibrücken und rechts nach Kaiserslautern führen, sondern, wie es sich gehört, am Rand der Gleisanlage. Das Gebälk des Bahnhofgebäudes sollte das Sägewerk der Gebrüder Samuel liefern, aber die waren den Auftrag gleich los, als die Nazipartei ans Ruder kam. Die NSDAP erfreute die Dorfbewohner zudem mit einem nach dem Vorort benannten Schwimmbad, welches die alte, bloß aus dem gestauten Dorfbach bestehende Badeanstalt am anderen Ende des lang gezogenen Dorfs endlich ablöste. Die Volksgenossinnen und -genossen nahmen das Geschenk der Partei dankbar an. Wer „Kraft durch Freude" tanken wollte, brauchte nicht den weiten Weg an die Ostsee auf sich zu nehmen, die Waldidylle mit Schwimmbad tat es auch.

Als der Mann noch das Kind war, hatte er hier, auf der Biebermühle, das Schwimmen gelernt.

Der Ehrenbürger

Der im Internet aufgenommene Kontakt zu dem „Arbeitskreis“ erwies sich als Glücksfall. Bisher war unser Mann als Barfußhistoriker unterwegs, der sich bloß Blasen lief und nicht recht vorankam. Nun kam er ein großes Stück voran, denn man verwies ihn an Peter Conrad, einen mit dem Schicksal der jüdischen Familien des Dorfs tief vertrauten Herrn, der dem ihm Unbekannten mit völliger Hilfsbereitschaft begegnete, indem er ihm Einblick in seine zwanzig Leitzordner gab. Es handelte sich um die Rodalber Juden betreffende Unterlagen, gefunden und kopiert in kleinen Elsässer und schwäbischen Rathäusern, in Pariser, Lubliner, Karlsruher, Straßburger, Speyerer und Ludwigsburger Archiven, in deutschen NS-Aufklärungsstellen und polnischen Dokumentationszentren. Der Mann konnte die an Peter Conrad adressierten Briefe Überlebender lesen, die in den USA, Israel und Schweden abgeschickt waren. Er sah Fotografien Rodalber Juden, deren Namen er nicht einmal gekannt hatte. Seinen Bruder informierte er über den neuen Kontakt. Dessen Kommentar fiel knapp aus: „Mer han meer Glick als Verschdand.“

Der Mann blieb, die Fundstücke studierend, an dem Namen Samuel hängen. Er vertiefte sich in die biografischen Bruchstücke zweier Brüder. Aus deren Hobel- und Sägewerk sollten die für den Neubau des Bahnhofs Biebermühle notwendigen Hölzer kommen. Rohe Dachbalken, gehobelte Bretter lieferte ihr gut gehendes Geschäft; das heißt, es lief gut, solange die Nazipartei noch nicht an der Macht war. Nach dem Januar 1933 ging das an der Rodalb gelegene Geschäft den Bach runter. Den Dorfnazis galten die Gebrüder als Kapitalisten. Ob sich der von den braunen Chefideologen gemachte Unterschied zwischen raffendem und schaffendem Kapital bis in die Westpfalz rumgesprochen hatte, ist fraglich. Das hätte auch nur Verwirrung gestiftet; denn die beiden mussten als ordentliche Schaffer gelten. Für die NSDAP vor Ort stellten sie eine schwer abzutragende Hypothek da.

Mit den Schriftstücken tauchte die Erinnerung auf. Der dem Samuel'schen Sägewerk in der Bahnhofstraße benachbarte Lagerplatz diente den Dorfkindern als Spielplatz. Einen Herrn Samuel, der sie hätte verscheuchen können, gab es da nicht mehr. Vor dem schwarz gestrichenen, großen Schuppen, darin die kreischende, die Baumstämme in Scheiben schneidende Säge, trockneten die übereinander gestapelten Bretter. Im Zwischenraum der aufgetürmten Holzstapel war man dem Blick der anderen entzogen, denn die gestapelten Bohlen überragten die Köpfe der Kinder. Das schöne, nach Harz duftende Versteck. Dem Mann kam der *Gestiefelte Kater* in den Sinn und das Reden der Väter beim Frühschoppen über *dene reiche Judd*. – „Wem gehört der Wald? – Dem Grafen!"

Wer waren „die Judde", wer war Ludwig Samuel? Vorgeführt bei der Gestapo im vorderpfälzischen Neustadt, gab er Folgendes zu Protokoll:

„Ich bin am 23.5.1885 in Rodalben als Sohn der Holzhändlerseheleute Josef Samuel und Babette geb. Kahn geboren. Die Volksschule besuchte ich bis zur 5. Klasse in Rodalben und anschließend 6 Klassen Realschule in Pirmasens. Nach Absolvierung der Realschule kam ich in Darmstadt in eine Holzhandlung als Lehrling. Im April 1906 rückte ich zum 18. Inf. Reg. Landau ein und machte dort mein Einjähriges. Nach Ableistung der Militärdienstzeit kehrte ich nach Rodalben zurück und betätigte mich in der elterlichen Holzhandlung. In der Zwischenzeit machte ich noch zweimal meine Reserveübungen beim 18. Regiment in Landau/Pfalz. Im Jahre 1913 verheiratete ich mich mit Johanna geb. Plauth und trat gleichzeitig als Teilhaber in das elterliche Geschäft ein.

Am dritten Mobilmachungstage 1914 rückte ich zum 18. Inf. Reg. ein und wurde sofort dem Bay. Reserveinf.Reg. Nr. 5 zugeteilt. Tags darauf kam ich ins Feld. Im September 1914 wurde ich zum Vizefeldwebel befördert und im Juli 1915 zum Leutnant der Landwehr. Während des Krieges wurde ich zweimal verwundet. Den Krieg habe ich bis zum Ende an der Front als Leutnant und Kompanieführer und später als Regimentsnachrichtenführer mitgemacht. An Auszeichnungen habe ich erhalten: E.K.1 und 2, das Bay. Militärverdienstkreuz 3. Klasse, den Bay. Militärverdienstorden 4. Klasse und wegen besonderer Verdienste den Bay. Militärverdienstorden 4. Klasse mit Krone. Außerdem erhielt ich das Verwundetenabzeichen und das Frontkämpferehrenkreuz. Nach dem Kriege betrieb ich vorerst noch mit meinem Vater und dann mit meinem Bruder Gustav das elterliche Geschäft. Vorbestraft bin ich noch nicht."

Der, den die Geheime Staatspolizei als Verbrecher behandelte, gehörte zu den Honoratioren des Dorfs. Er saß dem Synagogenrat vor, sang mit seiner schönen Tenorstimme als der Vorbeter der Gemeinde, war Mäzen und Beirat des Vereins, dem der Ort sein Krankenhaus, das Sankt Elisabeth, zu verdanken hatte. Auf öffentlichen Versammlungen wetterte er gegen die Nazis, in Zeitungsartikeln attackierte er ihren Gauleiter Josef Bürckel. Der ließ den Sägewerksbesitzer mehrmals in Haft nehmen, konnte der ihm doch gefährlich werden. Denn auch Samuel und nicht nur Bürckels Kontrahent im Lehrerkollegium, Karch, behauptete, der Obernazi sei einmal Separatist gewesen. Als Bürckel noch der kleine Schullehrer war, sei er sogar ins Büro des Sägewerks eingebrochen, um dort seine an Samuel gerichtete Korrespondenz zu stehlen, da diese seinen früheren Separatismus belegt hätte. Ludwig Samuels Sohn Fritz gab das ihm vom Vater Erzählte wieder. Der Nationalsozialist der ersten Stunde als gewesener Franzosenfreund? Die Karriere wäre futsch gewesen, bevor sie in Gang hätte kommen können.

Ludwig Samuels Sohn Fritz wanderte nach Palästina aus, und der Vater besuchte ihn dort. Nach Rodalben zurückgekehrt, wird der Vater verhaftet. Nach seiner Rückkehr wird er inhaftiert. Damals entsteht das wiedergegebene Gestapo-Protokoll. Es beginnt so:

„Neustadt a. d. Weinstr., den 14.9.1937
Vorgeführt erscheint:
Samuel, Vorname Ludwig,
Sohn von Josef und Babette geb. Kahn, geb. am 23.5.1885 in Rodalben, verheiratet mit Johanna geb. Plauth, israelische Konfession, Kaufmann und Holzhändler, z. Zt. im Amtsgerichtsgefängnis Pirmasens in Schutzhaft, mit dem Gegenstand seiner Vernehmung bekanntgemacht erklärt."

Ludwig Samuel wird aus dem Gefängnis entlassen. Sein Betrieb gehört nun einem Parteimitglied und einem parteilosen weiteren Gesellschafter. Es sind seine früheren Angestellten. Der eine trägt den harmlosen deutschen Vornamen Bernd als Nachnamen. Er und sein Kompagnon, der

Herr Knecht, haben sich gerade das Säge- und Hobelwerk ihres Chefs unter den Nagel gerissen und nun markieren sie selbst den Chef. Das gesamte Gut der Firma eignen sie sich an, inklusive der Samuel'schen Werbebotschaft. Noch in einer der Heimatgemeinde gewidmeten Festschrift aus den sechziger Jahren konnte der Mann die identische Werbung lesen.

Ludwig geht nach Göppingen, um von dort zu emigrieren. Er wird im Zuge des Novemberpogroms verhaftet und vom 12. bis zum 26. November 1938 in Dachau inhaftiert. Nach seiner Entlassung muss er ins Krankenhaus; ein SS-Mann hatte ihm in die Niere getreten. Dass er mittellos ist, wollen die Schergen nicht glauben. Sie verhaften ihn erneut, im Glauben, er habe noch irgendwo große Gelder versteckt. Endlich gelingt ihm mit Hilfe eines bayrischen Generals, in dessen Regiment er gedient hat, die Flucht nach England. Die Gestapo versucht alles, um seiner noch habhaft zu werden. In einem Schreiben vom 1. April 1939 heißt es: „Ist Samuel bereits ausgereist, so bitte ich die Reisepässe seiner Familienangehörigen, soweit sie solche in Händen haben, vorerst einzuziehen mit der Begründung, dass Samuel ausgereist ist, obwohl er wusste, dass gegen ihn ein Gerichtsverfahren schwebt."

Ludwigs Frau Johanna gelingt es mit Hilfe der Schottischen Kirche und in der sprichwörtlich letzten Minute, aus Deutschland mit einem Zug herauszukommen. In England bleiben die beiden während der ganzen noch verbleibenden Nazizeit. Ludwig wird kurzzeitig auf der *Isle of Man* interniert. Zurück in London findet er Arbeit und trägt Zeitungen aus. Seine Frau steht einem Restaurant vor. 1946 emigrieren die beiden in die USA. Ihr noch vor Kriegsausbruch geflüchteter Sohn Albrecht hat in Indianapolis eine Firma für Möbelrestauration gegründet. Den Vater und gelernten Holzfacharbeiter kann THE SAMUELS' FURNITURE COMPANY INDIANAPOLIS, IND. gut gebrauchen.

Der Vater starb 1951 in New York, die Mutter überlebt ihn um bald dreißig Jahre. Samuel fühlte sich für den Tod seines zweiten Sohnes Manfred in Auschwitz mitverantwortlich. Der Zionist Manfred wollte nach Palästina und bereitete sich erst auf einem serbischen, dann auf einem holländischen Gut für ein Leben als Landwirt vor. In Holland kam er in ein Konzentrationslager, konnte fliehen und fuhr mit dem Fahrrad durch

Frankreich bis zur Schweizer Grenze, wo ihn die Grenzbeamten an die Gestapo auslieferten. Manfred besaß ein amtliches, ihm das Ausreisegesuch nach Palästina genehmigendes Dokument und man hätte ihn vielleicht gehen lassen. Der Versuch auszuwandern unterblieb, vielleicht auch als Folge des Rates, den der Vater dem Sohn einmal gegeben hatte. Gehen oder bleiben? Ludwig Samuel hegte damals die Hoffnung, er könne mit der gesamten Familie nach Neuseeland oder nach Australien auswandern. Deshalb war sein Rat: „Bleib, wo du bist!"

Nach Kriegsende reiste Manfreds Mutter ins britische Mandatsgebiet Palästina, in der Hoffnung, ihren Sohn dort zu finden. Eine Frau hatte Nachricht gegeben; sie wisse, Manfred lebe dort. Die Suche blieb ohne Erfolg. Man schickte die Mutter nach Paris, dort könne man ihr weiterhelfen. Auf einem für die Suche nach Vermissten eingerichteten Amt erklärte ihr ein Jiddisch sprechender Mann, Manfred sei in Auschwitz ermordet worden.

Kurz vor seinem Tod geht Ludwig Samuel noch einmal nach Rodalben. Sein Sohn Fritz spricht von der Verbitterung seines Vaters. Den macht man zum Ehrenbürger des Dorfs, aber sein Eigentum ist unwiderruflich den Herren Bernd und Knecht vermacht.

Der Kampfflieger

Bruder Gustav war von Beruf Polsterer. Mit ihm hatte Ludwig das Unternehmen geführt, aber keineswegs immer harmonisch. Gustav kam hoch dekoriert aus dem Ersten Weltkrieg zurück, bevor er Geschäftsmann wurde. Dem Krieg, in dem er beinahe sein Leben ließ, verdankte er später sein Leben. Seine Verwundungen und seine Auszeichnung als Bordschütze einer Fliegerstaffel waren seine Lebensversicherung. Den ihn verhörenden Gestapobeamten rieb er sein militärisches Engagement förmlich unter die Nase:

„Pirmasens, 28. Nov. 1937

An die Geheime Staatspolizei

Neustadt a. d. Weinstr.

Der Herr Untersuchungs-Richter eröffnete mir gestern Abend, daß die Untersuchung abgeschlossen sei.

Ich gestatte mir höflichst, Sie um die Aufhebung der von Ihnen angeordnete[n] Schutzhaft nachzusuchen.

Ich möchte nicht unerwähnt lassen und bitte Sie hiervon Kenntnis zu nehmen, daß ich einst mit Stolz und Leidenschaft für Deutschland mein Vaterland kämpfte, daß ich für Deutschland mein Blut opferte, daß ich für Deutschland zum Krüppel geschossen wurde.

Geben Sie mir wieder meine Freiheit und lassen Sie mich wieder an mein Tageswerk gehen.

Hochachtungsvoll!

Gustav Samuel

in Schutzhaft

Gefängnis Pirmasens“

Gustav Samuel hatte mit seiner Frau Getrud drei Kinder. Mit seiner Familie gelang ihm die Flucht. Geholfen hat ihm vermutlich sein früherer Vorgesetzter, der zum Ritter geadelte Totschläger der Münchner Räterepublikaner, Franz Xaver Epp. Der galt den Nazis als Idol, und das von ihm für Samuel eingelegte Wort hatte wohl Gewicht. Der ehemalige

Unteroffizier eines bayrischen Regiments konnte in die Vereinigten Staaten fliehen, wiewohl restlos ausgeraubt. Nicht einmal seinen Hausstand hatte man ihm gelassen.

Aus Indianapolis schreibt er in der Hoffnung auf einen Rest an Legalität:

„An den Herrn Oberstaatsanwalt beim Landgericht Zweibruecken.

Die Devisenstelle Koeln teilte mir mit, dass das Umzugsgut meiner Familie und meiner Schwiegermutter nicht versandt werden kann, da das Landgericht in Zweibruecken es wegen einem Strafverfahren nicht freigegeben habe.

Es ist mir vollstaendig unerklaerlich, wie solches moeglich ist.

Ich habe vier Jahre in vorderster Linie an der Deutschen Front gestanden, ich trage sechs Kriegsauszeichnungen. Ich wurde am 23. August 1918 bei einer dritten Verwundung schwerverwundet von den Englaendern aufgefunden, ich kam [im] November 1919 aus englischer Gefangenschaft zurueck. Ich wurde im Maerz 1920 ungeheilt aus dem Lazarett entlassen. Ich bin seit 1928 nach 12 Operationen, teils monatelangen Krankenlagern, geheilt.

Wie Ihnen bekannt, wurde im November 1937 mein Betrieb in arische Haende ueberfuehrt, in welcher Weise duerfte Ihnen bekannt sein. Damals hat man uns eine Tarnung[s]sache vorgehalten und in dieser Sache ein Strafverfahren eingeleitet. In einem durch unsern Vertreter Herrn Rechtsanwalt Dr. Tuteur eingereichten Schriftsatz haben wir bewiesen, dass wir uns nie und in keiner Weise gegen Recht und Gesetz vergangen hatten und wurde diese Sache gegen uns im September 1938 eingestellt.

Mir blieb von meiner jahrzehntelangen Arbeit nach Abgabe von mehr als RM 20 000 Steuern und Abgaben, sowie Judenabgabe von RM 1800 nur noch mein Haushaltungsgut.

Dasselbe ist eingebrachtes Gut meiner Frau und zum Teil Haushaltungsgut meiner Schwiegermutter.

Ich kann mir nicht erklaeren, dass Sie mir diese Sachen, das Einzige was uns geblieben ist, nicht freizugeben vermoegen. Ich moechte Sie an dieser Stelle dringend und aufrichtig darum bitten.

Ich bin hier in einem fremden Lande mit einer 6-koepfigen Familie vollstaendig mittellos und muss als 52-jaehriger deutscher Schwerkriegsbeschaedigter mich durchschlagen, was in einer moebelierten Wohnung kaum moeglich ist, noch bei allem ist es nicht moeglich meine Kriegsrente zu transferieren, die ich zur Behandlung stets benoetigte. Meine Rente betraegt pro Monat RM 70,40 und stehen bereits 4 Monate derselben auf einem Sperrkonto in Koeln. Meine Rente ist mit RM 10 000 bei einer Vermoegenserklaerung im Juni 1938 eingeschaetzt worden.

Welch ungeheure Erschwerung uns durch die Zurueckhaltung unseres Haushaltes geworden ist, koennen Sie daraus ermessen.

Es liegt gewiss nicht in Ihrem Ermessen mich als deutsche[n] Kriegskrueppel hier der Oeffentlichkeit preiszugeben.

Ich bitte Sie darum hoeflichst und dringend das Haushaltungsgut baldmoeglichst freizugeben.

Sollte irgend etwas noch zu erledigen sein, so steht Ihnen meine Rente zur Verfuegung.

Ich lege einen Rueckantwortschein bei und bitte gefl. um Ihre Bestaetigung.

Hochachtend:

Gustav Samuel"

Von einer Rückantwort findet sich nichts in den Unterlagen.

Gustavs Sohn Gerhard zog die US-Armee ein. Er trat also in seines Vaters Fußstapfen, wurde Soldat. Aber seines Vaters Glück im Krieg blieb ihm versagt. Er kam am 13. Mai 1945 bei der Schlacht auf Okinawa ums Leben. „Killed in action", steht in den Unterlagen. Sein Vater konnte all seine Verluste nicht mehr verwinden. Er starb zwei Jahre darauf in Cleveland, Ohio. Auf seinem Grabstein stehen das Geburtsdatum, das Sterbedatum und der Name. „Mein ehrenhafter jüdischer Name", nennt er ihn in einem Brief. Gegen die „Schufte", wie er sie nennt, hat er ihn immer verteidigt.

Von Christen kaufen wir nichts

Der Mann las nun in Dorfchroniken und in Jubiläumsbänden und glich die hier gefundenen Berichte mit den Conrad'schen Archivunterlagen ab. Die Artikel über die Nazizeit, meist Nachdrucke aus der Lokalzeitung, stammten in ihrer Mehrzahl von einem ortsansässigen, nebenbei journalistisch tätigen Mann. Der wohnte gleich unterhalb des Spatzenhügels, ging *schaffe* ins Büro einer Fabrik, war unverheiratet und sehr fromm. So fromm, dass die Mutter den Herrn Heringer dem Sohn immer als vorbildlich anpries, so häufig wie der in die Kirche ging. Herr Heringer schrieb den gleichen Artikel immer wieder, schien es dem Mann. Der Novemberpogrom 1938 habe vor Ort demnach gar nicht richtig stattgefunden. Denn es seien auswärtige SA-Leute gewesen, die den jüdischen Geschäftsleuten die Fensterscheiben eingeworfen hätten, „fremde SA-Männer in Räuberzivil. Von Pirmasens herunter" seien sie gekommen und auch erst in der Nacht auf den 11. November. Der einheimische SA-Sturm sei nur ein laues Lüftchen gewesen; man habe die dorfeigenen Nazis förmlich zum Jagen tragen müssen. Die Synagoge anzuzünden, sei „wohl aus Anständigkeit" unterblieben. Herr Heringer schrieb, das Dorf habe mit den Heil-Hitler-Leuten gefremdelt. Das vom Pfarrer Ackermann vorgelebte Christentum sei ein Segen und ein Immunschutz gewesen.

In Herrn Heringers Kolumne stieß der Mann wiederholt auf den Namen der *Bäre Eicheene*. Ihr und ihrem Mann hatte Tante Antoinettes Haus in der Hauptstraße einmal gehört. Was war aus der Familie Baer-Metzger geworden? In den Dorfchroniken wurde Frau Metzger, geborene Baer, als ein Original gefeiert, aber über ihr Schicksal erfuhr der Leser nichts.

Auf den Bauerndörfern der Pfalz war es üblich, an den Familien- den Vornamen anzuhängen. Und frankophil ging es bei der Namensgebung oft zu; die Töchter Antoinette, Françoise oder Eugénie zu nennen, war verbreitet. Mancher Straßenbauer, manche *bonne* hatte im florierenden

Pariß des 19. Jahrhunderts Arbeit gefunden. Zurück in der Heimat, gab man den Kindern die französischen Namen wohl auch ein wenig aus Nostalgie. Grob ging der Dialekt mit der feinen, französischen Sprache um: *Andened, Fränzel, Eicheene* lautete die Übersetzung.

Die *Bäre Eicheene,* das ist Frau Eugenie Baer, mit Alfred Metzger verheiratet, geboren am 3. Dezember 1881 in Rodalben, ermordet am 23. März 1942 in Riga.

Ihren christlichen Nachbarn galt sie als Frau mit Haaren auf den Zähnen. Mit Zähnen und Klauen rang sie um ihr Gut, aber der Übermacht der von den Nachbarn an die Macht gebrachten Partei war sie nicht gewachsen. Der kleine NSDAP-Bürgermeister stand dem großen Gauleiter bei der Judenverfolgung in nichts nach.

Eugen Willenbacher, Vorläufer des Nazis Anhäußer, hatte sich um den Pfälzerwald-Verein, den FC Homburg und um die Narrenzunft verdient gemacht; so ehrte die Zeitung sein Andenken, als der *Euwi,* wie ihn seine Freunde nannten, 1974 starb. Über seine Nazizeit heißt es: „Er wurde vor dem Kriege als Bürgermeister nach Rodalben berufen, ging dann nach dem Kriege nach Überwindung gewisser Schwierigkeiten zum Homburger Katasteramt, wo er über vierzig Jahre Dienst tat." Vor dem Kriege, nach dem Kriege, die poetische Formulierung gefiel dem Mann.

Eugenie Baer, das vierte von elf Kindern, lebte mit ihrem Mann Alfred Metzger, ihrem Sohn Rudolf (Rudi) und ihrer Tochter Henriette (Henny) von einem gut gehenden Geschäft, in dem es, wie einem Inserat zu entnehmen, Folgendes zu kaufen gab: „Herren-Anzugstoffe, Kleider- und Seidenstoffe, Baumwollwaren, Leib-, Tisch- u. Bettwäsche, Badeanzüge, Bademäntel, Frottierwäsche, Gardinen, abgepaßt und am Stück, Herren-, Damen- und Kinder-Konfektion, Herrenhüte, Klapphüte u. Mützen in großer Auswahl. Alle Kurz- u. Wollwaren, Herren- u. Damenschirme, stets Neuheiten in Krawatten."

Dann kam der 1. April 1933, und die Nachbarn waren mit dem auf das Schaufenster aufgepinselten „Kauft nicht bei Juden!" aufgefordert, Eugenie Baers Wäscheladen zu meiden. Die SA patrouillierte vor dem Geschäft auf dem Bürgersteig. Ihr Anführer, Walter Cronauer, bewaffnet mit einem Fotoapparat, um potentielle Kunden abzuschrecken, sah sich plötzlich selbst attackiert. Frau Baer stürmte mit ihrem Hauptbuch heraus, um dem Nazi-Herrn zu zeigen, was er bei ihr noch an Schulden stehen hatte.

Beim Überfall auf Frau Baers Laden in der Nacht des Novemberpogroms 1938 stahl eine Nachbarin Stoffballen. Beim Einschlagen der Scheibe verletzte sich ein SA-Mann. Polizei kreuzte keine auf, dafür das Rote Kreuz. Die beiden Rot-Kreuz-Leute stellten sich schützend vor das Kind der Eugenie Baer und nahmen es mit sich; vor einem vielleicht drohenden neuerlichen Pogrom wollten sie Henny schützen. Ihre Henriette konnten die Eltern mit einem Kindertransport ins schwedische Ausland schicken. Ihren Sohn Rudi davor zu bewahren, von einer Kindermeute durchs Dorf gejagt zu werden, gelang ihnen nicht. „Judd, Judd, stinkischer Judd", riefen die Kinder, bespuckten Rudi und bewarfen ihn mit Steinen. Eine einzige Erwachsene, eine Frau Brödel, stellte sich ihnen in den Weg. Der kleine Anführer drohte der Frau: „Aldie, geh ninn ins Haus un sei ruhisch, sunscht kumm sche no Dachau, Gras robbe."

Wenige Tage nach dem 1. April trat der Vertreter einer Trikotagen-Firma aus Chemnitz in Frau Baers Laden ein. Ihm beschied sie: „Von einem Christen kaufen wir nichts mehr." Der Vertreter wurde „abgeschickt", wie es in einem Flugblatt der NSDAP-Ortsgruppe hieß. Er klagte sein Leid einer ortsansässigen Geschäftsfrau, die auf einem zweiten Flugblatt erklärte: „Ich bin jederzeit bereit, darüber eidlich zu bekunden. Gez. Anna Germann." Der Ortsgruppenleiter nahm die Abfuhr des Handelsvertreters zum Anlass, um den beim Boykott säumigen Christen zu drohen, „daß wir sie bei nochmaligem Betreten des Judenladens öffentlich als Hundsfotte bezeichnen!"

Die Pogromnacht hinterließ in den Gerichtsakten des nahegelegenen Zweibrücken ihre Spuren. Die Gendarmerie des Ortes war doch noch tätig geworden und erstattete beim Oberstaatsanwalt Anzeige wegen Sachbeschädigung. Der Oberstaatsanwalt teilte ein Jahr später dem Generalstaatsanwalt mit, er habe das Verfahren eingestellt, die Ermittlungen seien ergebnislos verlaufen. Der Vorgesetzte weist ihn an, „die Einstellungsverfügung wie folgt zu fassen: Eingestellt, da die Täter nicht ermittelt werden konnten. Aber selbst wenn sie hätten ermittelt werden können, wäre das Verfahren einzustellen, da sie nach Lage der Umstände der Überzeugung sein konnten, es handle sich um eine legale Aktion und da ihnen unter diesen Umständen das Bewusstsein der Rechtswidrigkeit ihrer Handlungsweise nicht nachgewiesen werden kann. In Vertretung, gez. Dr. Müller."

Die Eheleute Baer-Metzger mussten ihr Haus mit dem Laden an eine Saarpfälzische Vermögensverwertungsgesellschaft mbH verkaufen. SA und SS wollten nicht als Räuberbande erscheinen, sondern als ehrbare Kaufleute. Das zweistöckige Haus mit den Geschäftsräumen, der Mansardenwohnung, Scheuer und Stallungen verscherbelten die geschäftstüchtigen Arier für den Spottpreis von 24 000 Reichsmark an einen Parteigenossen, einen Gastwirt. Dessen Wirtschaft lag, wenn sich der all diese Dokumente lesende Mann recht erinnert, neben dem von Tante Antoinette gekauften Haus, eine schäbige, sich vor dem stattlichen Anwesen förmlich wegduckende Kaschemme.

Die sogenannte Auffanggesellschaft fing Eigentum auf, das niemand freiwillig weggeworfen hatte. Selbst den bescheidenen Kaufpreis blieben die ehrbaren Kaufleute schuldig. Die zu Verwandten ins Schwäbische geflüchteten Juden bekamen die als monatliche Abschlagszahlung zugesagten Gelder nie. Auch ihr Warenlager rissen sich die PGs unter den Nagel. Der Mann konnte die vielen Briefe lesen, die Herr Metzger, Frau Baers Ehemann, an die Amts-Nazis schrieb.

Brief eins:

„Süssen 25. Oktober 1939
An die
Saarpfälzische Vermög. Verwaltungs Gesellschaft
<u>Neustadt</u>

Ich ersuche Sie höfl. die mir von der Devisenstelle Ludwigshafen, für meinen Lebensunterhalt genehmigte monatliche Summe von RM 350,- für den Monat Oktober baldmöglichst zu zusenden, da ich für den Monat Oktober für meinen Lebensunterhalt noch rückständige Verpflichtungen habe. Ferner ersuche Sie anfangs jeden Monat mir die M. 350 zuzusenden und zwar unter der Adresse: Alfred Isr. Metzger bei Louis Lang Süssen (Württemberg).

Hochachtungsvoll
Alfred Israel Metzger"

Brief zwei:

„Süssen 29. Oktober 1939

An die Vermögensverwertungsgesellschaft

Neustadt

Laut erhaltenen Schreibens vom 28.10.1939 der Devisenstelle Ludwigshafen frage ich bei Ihnen höfl an, ob der Betrag von M. 458,11 auf Grund meines Genehmigungsbescheides vom 22.8.1939 Nr 35468 F/B von Herrn Oberfinanzpräsidenten Würzburg Devisenstelle Ludwigshafen an das Bankhaus A. E. Wassermann Berlin überwiesen wurde. Ich habe sofort nach Erhalt des Genehmigungsbescheides meine Genehmigung auf dem Bureau des Kreiswirtschaftsberaters Herrn Stuhlfaut Herrn Bleiching abgegeben und wurde mir dort versprochen, daß die Angelegenheit in den nächsten Tagen erledigt würde. Ich habe mich wiederholt mit der Bitte an den Herrn Kreiswirtschaftsberater Herrn Stuhlfaut gewandt doch diese Angelegenheit zu erledigen, habe jedoch bis heute in dieser Angelegenheit keinen Bescheid erhalten. Es handelt sich nämlich um Schulgeld für meine Tochter die in Schweden in einer Schule ist. Sollte dieser Betrag von M 458,11 noch nicht überwiesen sein, so ersuche ich Sie höfl., dies baldigst erledigen zu lassen, da bei Unterlassung das Verbleiben meiner Tochter in der dortigen Schule in Frage gestellt ist. Sollte die Überweisung des Geldes nicht erledigt sein, so ersuche ich Sie höfl sich mit Herrn Stuhlfaut Kreiswirtschaftsberater in Pirmasens in Verbindung zu setzen, damit endlich einmal diese Angelegenheit seinen Abschluß findet. Dieser Betrag wird dann von Berlin aus nach Schweden weitergeleitet. Ihrem gefl. Bescheid entgegensehend

zeichne

Achtungsvoll

Alfred Israel Metzger.

Meine Adresse ist zur Zeit:

Alfred Israel Metzger Rodalben z./Zt. Süssen b/Göppingen

Württemberg b. Louis Lang Hindenburgstr. 45“

Brief drei:

„Süssen 3. Dezember 1939

An Saarpfälz Vermögensverwertungsgesellschaft

Neustadt.

Ich ersuche Sie nochmals mir mein Guthaben für mein verkauftes Haus abzüglich der Hypothekenschulden bitte sofort auf mein Sperrkonto auf die Devisenbank Bankhaus Gebr. Martin Göppingen zu überweisen; da ich mit meiner Familie nichts zu leben habe und das Geld dringend benötige. Von der Devisenstelle Stuttgart wurde mir der Betrag von M 250 monatlich genehmigt, doch muß das Geld zuerst von Ihnen nach Göppingen überwiesen werden.

Hochachtungsvoll

Alfred Israel Baer."

Auf dem Schreiben am unteren Rande notiert: „Welcher Jude?"

Brief vier:

„Süssen 7. Novbr 1939

Ans Saarpfälz. Vermögensverwertungs Gesellschaft

Neustadt

Okt. Z. U / Bä No 26.

Antwortlich Ihres Schreibens vom 4.11.39 Ihnen zur Kenntnis, daß ich meine Angaben betreffs Miete Ihnen genau und richtig angegeben habe.

Ich vermiete an Herrn Moritz Isr. Neuberger 2 Mansardenzimmer zum Preise je Monat M. 20, ferner 1 Zimmer mit Küchenbenutzung an Herrn Hch Isr. Koch zum monatl. Preis von Mk 15; dieselben haben Ihrer Aufforderung gemäß sofort an Hier bezahlt. Ferner setzte mir das Bürgermeisteramt Rodalben ohne meine Einwilligung einen Oberfeldmeister mit Familie in meinen 2. Stock, Miete erhielt ich von denselben nicht, dieselbe wurde an Bürgermeisteramt Rodalben abgeführt, welche den 2. Stock ohne mein Wissen renovieren ließ und ein Bad einrichten ließ. Das Bürgermeisteramt Rodalben schickte mir eine Rechnung von M. 550 mit dem Bemerken, daß Sie sich an der Miete des Oberfeldmeisters schadlos halten bis die 550 Mk getilgt sind und der zukünftige Besitzer die restliche Schuld mit übernehmen müsse. Mietverträge wurden keine abgeschlossen. Meine Geschäftsräume vermietete Herr Stuhlfaut an die Firma Wadle Rodalben zum monatl Preis von Mk. 100 seit 1.4.39; an wen die Miete abgeführt wird ist mir unbekannt. Sie schreiben mir, daß Sie mir für mein Haus noch nicht 1 Mk senden können, da Sie es noch nicht veräußert haben; seinerzeit waren bei mir und soviel mir bewußt auch bei Herrn Stuhlfaut: Herrn Karl Scheidt Ortsbauernführer [?] Rodalben welcher mir, sowie Herrn Stuhlfaut ein Angebot von M. 40000 bis 45000 machte. Außerdem waren weitere Interessenten welche ernsthafte Liebhaber für das Anwesen waren bei mir. Da ich seit meiner Abwanderung mit meiner Familie in Süssen wohne, vollständig mittellos bin, mit meinem Lebensunterhalt in Rückstand bin, ersuche ich Sie, mir von den M 17000, aus Erlös meines Warenlagers welches Herr Stuhlfaut verkaufte und bar bezahlt wurde, die von der Devisenstelle Ludwigshafen genehmigten Beträge baldmöglichst an mich und den angegebenen Adressen abzuführen. Ich ersuche Sie höfl die Mk 17000 (Geld für mein Warenlager) an die Devisenbank Gebr. Martin Göppingen (Württemberg) auf ein Sperrkonto zu überweisen, da Neustadt und Süssen zu weit abgelegen.

Alfred Israel Metzger
b/Louis Lang Süssen"

Während Herr Metzger sich für nicht erhaltene Mietzahlung rechtfertigen muss, erfreut sich der mit dem Metzger'schen Haus bedachte Parteigenosse folgenden Interieurs:

„1 compl. Schlafzimmer (ohne Matrazen und Bettzeug)
bestehend aus 2 Betten 2 Nachttischen
1 Frisiertoilette 1 Kleiderschrank
4 Zimmerlampen
2 Bilder
1 Couche
2 Sessel
2 Sofakissen
1 Nähmaschine
1 Blumenständer
1 Ausziehtisch
1 runder Tisch

4 Stühle
1 Holzkiste
2 Kleiderhacken“

Diese Auflistung (mit Schreibfehlern) erhält das Bürgermeisteramt im Dezember 1945. Wofür die Liste erstellt wurde, ist nicht mehr zu rekonstruieren.

Eugen Willenbacher hat im Übrigen nicht nur für einzelne Parteigenossen segensreich gehandelt, sondern für die ganze Partei. Für ein Schnäppchen (10 500 RM) erwirbt er die örtliche Synagoge, führt sie Parteizwecken zu und beantragt dafür Steuerbefreiung. Sein Vertragspartner: Ludwig Samuel, erster Vorsitzender des Synagogenrates, der die Beraubung dann später am eigenen Leib erlebt.

„Gemeindearchiv Rodalben, Sachakte 659: Entzogenes Vermögen jetzt: Rodalben, Gemeinde früher: Israel. Kultusgemeinde, Rodalben:

St. G Rodalben Bd. K Bl. 437 Pl. Nr. 242 Schulhaus m. Wohnung Hauptstr. 8 zu 0.0180 ha

243 Synagoge m. Vorplatz ebenda zu 0.0200 ha.

Jüdischer Vorbesitzer:

Synagogengemeinde Rodalben.

Hauptstr. 161

Die bezeichneten Grundstücke wurden von der israelitischen Kultusgemeinde, vertreten durch den 1.Vorsitzenden des Synagogenrates, Ludwig Samuel, an die Gemeinde Rodalben verkauft.

Kaufpreis: 10500.-- RM.

Heute, den sechsundzwanzigsten August neunzehnhundert acht und dreissig 26. August 1938 zu Pirmasens in den Amtsräumen, Schlossstrasse 26

vor Theodor Daumenlang, Notariatsassessor in Pirmasens als bestelltem Vertreter von Justizrat Otto Leiling, Notar in Pirmasens, erschienen:

1. Für die israelitische Kultusgemeinde Rodalben:

Herr Ludwig S a m u e l, Kaufmann in Rodalben wohnhaft, handelnd in seiner Eigenschaft als erster Vorsitzender des Synagogenrates Rodalben.

2. Für die politische Gemeinde Rodalben:

Herr Eugen W i l l e n b a c h e r, erster Bürgermeister der politischen Gemeinde Rodalben.

[…]

Die in dem Anwesen Pl. Nr. 242 bisher von dem israelitischen Lehrer bewohnten und benützten Teile und Räume dürfen von diesem bis spätestens ersten Dezember neunzehnhundert acht und dreissig weiter bewohnt und benützt werden ohne irgendwelche Entschädigung. […]

Käuferin erwirbt den Grundbesitz zu Zwecken der NSV und zu Parteizwecken.

Es wird deshalb Befreiung von Gebühren und Steuern nach Maßgabe der Gesetze beantragt.

Gez. Unterschrift“

Der Mann schaute im Internet nach. Wofür steht das Kürzel NSV? Der „Nationalsozialistischen Volkswohlfahrt“ führte der *Euwi* die Räume der Synagoge zu.

Der Fritz und der Eugen

Die Familie Metzger, erst ihres Eigentums beraubt, verlor danach noch jedes Aufenthaltsrecht. Die aus dem pfälzischen Dorf nach Süßen Geflüchteten wollte der dortige Bürgermeister Saalmüller wieder loswerden. Mit seinem pfälzischen NSDAP-Amtsbruder Willenbacher geriet er in Streit; der Briefwechsel der beiden ist ebenfalls dokumentiert. Der Mann konnte ihn lesen.

Brief Eugen Willenbacher:
„Der Bürgermeister der Gemeinde Rodalben (Saarpfalz)
Fernruf Nr. 882 Amt Pirmasens
Rodalben, den 14. November 1939.

An das Einwohnermeldeamt
Göppingen
Württemberg

Betreff: Aufenthalt des Alfred Israel Metzger.

Ich bitte um gefl. Mitteilung, ob sich der Kaufmann Alfred Israel Metzger, früher in Rodalben, dort aufhält. Gegebenfalls bitte ich um Angabe der genauen Adresse.

Heil Hitler!
Der Bürgermeister
Willenbacher
Erster Bürgermeister."

Brief Fritz Saalmüller:
„An die
Ortspolizeibehörde
Rodalben

Betr.: Jüdische Flüchtlinge
o Beil.

Verschiedene jüdische Flüchtlinge aus Rodalben sind zu ihren hier lebenden Verwandten gezogen. Nachdem Sie 2 davon wegen Übertretung der Reichsmeldeordnung angezeigt haben, würde es mich doch interessieren, wie es mit der Räumung von Rodalben steht. Sind ihre Einwohner alle wieder zurückgekehrt, ähnlich wie es die Bewohner vieler Orte des Kreises Rastatt gemacht haben? Ich erbitte mir darüber einen baldgefl. Bescheid, damit ich mich in dieser Sache mit dem Landratsamt und der Kreisleitung in Verbindung setzen kann.

Ist es richtig, dass der Händler Alfred Israel Bär von dort die amerikan. Staatsangehörigkeit besitzt?

Saalmüller
22. Dezember 1939."

Brief Eugen Willenbacher:
„An den Herrn Bürgermeister der Gemeinde
Süßen
bei Göppingen Wrttbg.

Betreff: Jüdische Abwanderer.
(Zum Schreiben vom 18.12.1939.)

Die beiden jüdischen Familien Baer und Metzger sind, wie alle Juden, die hier ansässig waren, unaufgefordert und ohne sich polizeilich abzumelden, zurückgewandert. Eine Rückkehr der Juden in die grüne Zone kann aus spionagepolitischen Gründen nicht gestattet werden, wenigstens kann ich dafür die Verantwortung nicht übernehmen. Die Wohnungen der Juden sind anderweitig belegt, sodaß eine Rückkehr ganz unmöglich ist.

Wenn der Jude Alfred Israel Bär angab, die amerikanische Staatsangehörigkeit zu besitzen, dann ist das eine ‚Lüge'. Es dürfte angebracht erscheinen, den Juden Baer wegen diesen falschen Angaben, zu maßregeln und Strafanzeige zu erstatten.

Der Bürgermeister
Wi.
Erster Bürgermeister"

Brief Fritz Saalmüller:
„Der Bürgermeister der Gemeinde Süßen
Süßen, den 27. Februar 1940
An den
Herrn Bürgermeister
in Rodalben
(Saarpfalz)

Eilt sehr!
Auf Ihr Schreiben vom 22.12.1939
Betreff: Jüdische Rückwanderer
1 Beil.

Ihr nebengen. Schreiben, mit dem ich keinesfalls einig gehe, habe ich sr. Zeit. höheren Orts zur Entscheidung vorgelegt. Wie letztere ausfiel, ersehen Sie aus der Anlage. Ich brauche ihr nichts hinzufügen.

Nachdem die hier bei ihren Verwandten sich vorübergehend aufhaltenden Juden ihren Wohnsitz also nachwievor in Rodalben haben, ist es Ihre Aufgabe - und nicht die meinige - Ihren Juden nunmehr raschestens dort wieder eine Unterkunft zu verschaffen, vollends nachdem Sie ihnen die seitherige entzogen haben. Jedenfalls verträgt es sich mit Anstand und Recht nicht, wenn Sie, was ich aus Ihrem Schreiben schliesse, etwa glauben, Sie könnten gerade unter den derzeitigen Verhältnissen Ihren jüdisch durchsetzten Ort auf Kosten anderer Gemeinden säubern. Das geht nicht und ich werde es aus begreiflichen Gründen auch nie dulden, wenigstens soweit es meine Gemeinde betrifft.

Schliesslich mache ich Sie vorsorglich auch noch darauf aufmerksam, dass Sie auch weiterhin endgültig verpflichteter Fürsorgeverband bleiben (für den Fall, dass Räumungs-FU. nicht in Frage kommt) und dass es sich in vorwiegenden Fällen um eine glatte Abschiebung i. S. der Reichsfürsorgeverordnung handelt, wenn Sie mir nicht raschestens gegenteilige Beweise erbringen.

Ferner ersuche ich Sie - zum Teil wiederholt - noch um Beantwortung folgender Fragen:

War Rodalben im letzten Jahr auf Grund einer behördlichen Anordnung zu räumen, bejahendenfalls ab wann und von wem wurde die Räumung verfügt?

Wurde Ihre Gemeinde gem. § 20 Reichsleistungsgesetz vom 1. September 1939 RGBl. 1645 in Anspruch genommen?

Ist nach Ihrem Dafürhalten im Falle Bär und Metzger der Tatbestand des § 1 Räumungs-FUV. vom 1.9.1939 RGBl. I S. 1761 erfüllt?

Haben die nach Kriegsausbruch von Rodalben weggegangenen arischen Flüchtlinge sich jeweils abgemeldet und dann an ihrem neuen Aufenthaltsort Räumungsfamilien-Unterhalt bezogen?

Sind die unter Ziff. 4 gen. Personen grösstenteils den Winter über wieder nach Rodalben zurückgekehrt, ähnlich wie es die Bewohner fast aller Orte des Kreises Rastatt gemacht haben?

Wer verfügte die Wegnahme der Wohnungen der jüdischen Familien Bär und Metzger? Wurden die Verfügungen schriftlich niedergelegt?

Können die jüdischen Familien Bär und Metzger von Ihnen aus jederzeit nach Rodalben zurückkehren?

Ich ersuche um Ihre Stellungnahme binnen acht Tagen.
Bürgermeister
Saalmüller“

Saalmüller will sich bei der vorgesetzten Behörde rückversichern; hier sein Brief an den württembergischen Innenminister:

„9. Januar 1940.

II A II.

An den

Herrn Württ. Innenminister,

Stuttgart - S.

Betreff: Freimachung im Westen; hier:

jüdische Rückwanderer.

1 Anl.

Der am 11.10.1880 in Kirchheimbolanden geb., zuletzt in Rodalben / Krs. Pirmasens, Hauptstr. Nr. 103, wohnhafte Jude Alfred Israel Metzger und der am 14.9.1875 in Rodalben Krs. Pirmasens geb., zuletzt Friedhofstr. 7, wohnhafte Jude Alfred Israel Baer sind anfangs September 1939 im Zuge der Rückwanderung mit ihren Ehefrauen von Rodalben nach Süssen/Krs. Göppingen zu jüdischen Verwandten verzogen.

Da anscheinend Rodalben nicht geräumt worden und eine Räumung vorläufig auch nicht in Aussicht genommen ist, wollen die beiden jüdischen Familien wieder nach Rodalben zurückkehren. Auf eine entsprechende Anfrage des Bürgermeisters in Süssen beim Bürgermeister der Gemeinde Rodalben hat der letzte in einem Schreiben vom 22.12.1939 ausgeführt, dass eine Rückkehr der Juden aus spionagepolizeilichen Gründen nicht gestattet werden könne und auch wegen der anderweitigen Belegung der den Juden gehörenden Wohnungen nicht möglich sei (Vgl. Anl.). Demgegenüber legt der Bürgermeister in Süssen verständlicherweise grossen Wert auf eine baldige Rückkehr der beiden jüdischen Familien nach Rodalben.

Ich bitte um Mitteilung, ob ein allgemeiner Grundsatz besteht, wonach sich Juden im Grenzgebiet nicht aufhalten dürfen. Verneinendenfalls bitte ich um weitere Veranlassung.

I.V.

Der Bürgermeister der Gemeinde Süßen“

Brief Eugen Willenbacher:
„29. Februar 1940.
An den Herrn Bürgermeister der Gemeinde
Süßen.

Betreff: Die jüdische Familien Baer und Metzger.
(Zum Schreiben vom 27. Februar 1940.)

Die beiden jüdischen Familien Baer und Metzger sind freiwillig und unaufgefordert von Rodalben verzogen und haben sich in Süßen niedergelassen. Die Häuser, in denen die beiden Familien in Rodalben gewohnt haben, sind inzwischen von der Saarpfälzischen Vermögensverwertungsgesellschaft G.m.b.H. in Neustadt an der Weinstraße veräußert worden. Die Wohnungen sind anderweitig besetzt. Keineswegs werde ich dafür sorgen, daß die beiden Familien wieder hier unterkommen. Ich habe Sie nicht veranlaßt, daß Sie die Familien aufnehmen. Ich halte mich deshalb auch nicht für verpflichtet, Schritte zu unternehmen, daß Sie die beiden Familien wieder loswerden. Die Unterbringung der beiden Familien lehne ich aus den Ihnen mitgeteilten Gründen nach wie vor ab.

Nach meiner Auffassung steht der Familie Baer und Metzger ein Räumungs-FU. nicht zu. Eine behördliche Anordnung zur Räumung des Ortes Rodalben ist nicht ergangen.

Die beiden Familien haben, wie gesagt, den Ort freiwillig verlassen. Von einer Abschiebung i. S. der Reichsfürsorgeverordnung kann keine Rede sein. Die Entscheidung der Frage, ob Rodalben weiterhin endgültig verpflichteter Fürsorgeverband bleibt, steht Ihnen nicht zu. Sie wird gegebenenfalls von einer anderen Stelle getroffen werden müssen.

Sämtliche Familien, die bei Kriegsausbruch von hier weggegangen sind, waren auf Grund der Reichsmeldeordnung verpflichtet, sich polizeilich abzumelden. Denn es handelte sich hier nicht um eine Räumung aus militärischen Gründen sondern um einen freiwilligen Wegzug. Verschiedene Personen, die die Meldepflicht verletzt haben, mußten beanzeigt werden.

Ob andere Familien, die bei Kriegsausbruch Rodalben verlassen haben, am neuen Aufenthaltsort Räumungsfamilienunterhalt beziehen, entzieht sich meiner Kenntnis. Bis jetzt bin ich in keinem Falle darüber benachrichtigt worden.

Für die beiden jüdischen Familien besteht hier keine Unterbringungsmöglichkeit. Eine Rückkehr ist völlig ausgeschlossen. Sämtliche Wohnungen und Räume sind vom Militär in Anspruch genommen.

Ihren Hinweis, daß sich meine Handlungsweise nicht mit Anstand und Recht verträgt, können Sie sich sparen. Auf jeden Fall weiß ich, nach welchen Grundsätzen ich zu verfahren habe.

Der Bürgermeister
Wi
Erster Bürgermeister“

Willenbacher will sich bei der vorgesetzten Parteigliederung rückversichern; hier der Brief:

„1.II.40.
An die Kreisverwaltung der NSDAP Pirmasens

Betrifft: Rückkehr jüdischer Familien.

In der Nacht vom 26. auf 27.VIII.39 verschwanden die restlichen in Rodalben noch wohnhaften jüdischen Familien, darunter die Angehörigen der Juden Metzger Alfred Israel und Bär Alfred Israel. Diese ließen sich in Süßen, Kreis Göppingen nieder. Ein Befehl zur Räumung des Ortes Rodalben war nicht erteilt und ist auch bis heute noch nicht erfolgt. Ebenso wurde nicht der geringste Druck ausgeübt, daß gerade die Juden mit ihren Familien den Ort Rodalben verlassen sollten. Es handelt sich also um einen vollkommen freiwilligen und unaufgeforderten Wegzug der Juden, der sich von einem normalen Umzug in nichts unterscheidet. Nachdem die Juden sich nicht nach den Vorschriften der Reichsmeldeordnung abgemeldet hatten, forschte ich einige Zeit vergeblich nach ihrem jetzigen Aufenthalt, um sie der Bestrafung wegen Übertretung der Reichsmeldeordnung zuführen zu können. Schließlich stellte ich fest, daß sich die beiden Familien in Süßen niedergelassen hatten. Heute nach 6 Monaten versucht nun der Bürgermeister des Ortes Süßen die in Frage kommenden Juden wieder nach Rodalben abzuschieben, weil er annimmt, die in Frage kommenden Juden wären von mir in Anbetracht der Kriegsgefahr mit Gewalt von Rodalben vertrieben worden. Ich lehnte dieses Ansuchen ab, da ich nach den gegebenen Voraussetzungen in keinerlei Hinsicht dazu verpflichtet bin. Dann war es mir in spionagepolizeilicher Hinsicht vollkommen klar, daß Staatsfeinde unmittelbar hinter der HKL und in einem Ort, der die Protzenstellungen von 3 Batterien schwerer Artillerie und Feuerstellungen von Eisenbahngeschützbatterien beherbergt, nichts zu suchen haben. Zumal nach Anordnung des Armeeoberkommandos, Chef der Zivilverwaltung, in Wiesbaden vom 5.XII.39 der Zuzug in die grüne Zone verboten ist. (§3)"

Der Bürgermeister in Süßen wandte sich nun über den Landrat in Göppingen und den Württembergischen Innenminister an den Chef der Zivilverwaltung in Wiesbaden. Von dort erhielt das Württembergische Innenministerium folgenden Bescheide:

„Armeeoberkommando 1
CdZ.-I 4 Nr. 351/40
Wiesbaden, den 8.II.40
Fernruf 59 791.

An
den Herrn Württembergischen
Innenminister
Stuttgart

Betreff: Jüdische Rückwanderer
Vorgang: Dortiger Erlaß vom 29.I.1940
Nr. III A 247/1 Metzger Alfred Israel.
1 Anl.

Auf den obigen Erlaß berichte ich, dass gegen die Rückkehr der angeführten jüdischen Familien von hier aus keine Bedenken bestehen.

Die Anlage Ihres Erlasses ist wieder beigefügt.
Für den Chef der Zivilverwaltung:
I.A. gez. Unterschrift“

Willenbacher war nicht gesonnen, klein beizugeben:

„Ich bemerke, daß das von den Juden innegehabte Eigentum an Gebäuden und Grundstücken inzwischen von der Grundstücksverwertungsgesellschaft für das jüdische Vermögen G.m.b.H. in Neustadt an der Weinstraße an deutsche Volksgenossen übereignet und von diesen in Besitz genommen wurde. Es besteht also schon rein technisch keine Möglichkeit die Juden wieder unterzubringen. Im Übrigen wird deutschen Volksgenossen, die politisch einwandfrei dastehen, vom Chef der Zivilverwaltung in Wiesbaden der Zuzug nach Rodalben verboten und, falls sie sich schon hier aufhalten die Weisung erteilt in kürzester Frist den Ort zu verlassen. Ich darf annehmen, daß bei Juden erst recht dieser scharfe Maßstab angenommen werden muß.

Ich mache deshalb in dieser Angelegenheit vorsorglich Mitteilung und erkläre, dass ich mich nach wie vor aus Gründen der Staatssicherheit weigern werde, die in Frage kommenden Juden während der Dauer des Krieges hier aufzunehmen.

Heil Hitler!
Wi.
Ortsgruppenleiter der NSDAP
und 1. Bürgermeister.“

Der Briefwechsel geht in die letzte Runde; Brief Fritz Saalmüller:

„Der Bürgermeister der Gemeinde Süßen
Süßen, den 14. März 1940
An den Herrn Bürgermeister
in R o d a l b e n
(Saarpfalz)

Betreff: Jüdische Rückwanderer
O. Beil.

Mit Ihrem Schreiben vom 29. Februar 1940 gehe ich in keiner Weise einig. Vermöge meiner Einberufung bin ich nun nicht in der Lage, nochmals eingehend dazu Stellung zu nehmen. Vorsorglicherweise kann ich Ihnen aber nur sagen, dass Ihr Vorgehen von allen staatlichen Stellen, mit denen ich über diese Sache gesprochen habe, schärfstens missbilligt wird. Von einer Dienstaufsichtsbeschwerde über Sie sehe ich daher auch nur vorläufig ab.

Saalmüller“

Diesen Briefwechsel fand der Mann in Herrn Conrads Archiv. Der Bürgermeister ihres Dorfs hatte es also nicht leicht gehabt. Wie kam es nun zur Lösung seines Problems? Die Partei wusste Rat. Sie veranlasste die Deportation der Familien Metzger-Baer von Süßen nach Riga. Auf dem dortigen Jungfernhof wurden ermordet: Alfred, Eugenie, Rudolf Metzger und Alfred Baer mit seiner Ehefrau Hermine und den Kindern Werner und Siegfried. Nur die Tochter Henriette Metzger überlebte, ihre letzte Adresse ist Haifa. Wie schrieb sich die Familie ihrer Mutter eigentlich, Baer oder Bär? Der Mann gab in der Datenbank von Yad Vashem den Ortsnamen Rodalben ein. In der Datenbank tauchte mit Ber die dritte Namensversion auf. Und Yad Vashem listete 78 ermordete Juden aus dem Heimatdorf des Mannes auf.

Ein Leid, ein Glück

In dem aus einem Haus bestehenden Judenghetto des Ortes, dem Haus mit dem Laden der *Bäre Eicheene*, wohnte auch die Familie Neuberger, die *Neiberjers,* wie sie im Dorf hießen. Moritz Neuberger und seine Frau Toni ermordeten die Nazis im KZ Belzec oder in Sobibor, so genau weiß man es nicht. Den Sohn Fritz, den Siebzehnjährigen, ermordeten sie in Majdanek. Die Kinder Anneliese und Werner hatten Glück, sie entgingen der Gaskammer.

Über Werner Neuberger sollte es einen Vortrag in seinem Geburtsort geben, die Schwester des Mannes informierte ihn. Er fuhr hin, Herr Conrad trug vor. Der Mann hatte mit dem Herrn bisher nur per E-Mail kommuniziert. Nun stand er ihm zum ersten Mal gegenüber. Sein Eindruck: ein Althippie, dieser Kerl mit seinem langen Bart und den vielen Haaren. Wenn aber dieser andere Peter als Althippie durchgeht, als was würde er selbst dann durchgehen, überlegte er, bart- und haarlos wie er war? Als ein auf den *Grateful Dead* hoffender Ü-80-Hippie?

Der Vortragende ließ all seine Quellen sprudeln. Seine wichtigste: Ein vom United States Holocaust Memorial Museum aufgezeichnetes und von ihm übersetztes Interview. Herr Conrad sprach ein leicht pfälzisch gefärbtes Hochdeutsch. Etwa fünfzig meist ältere Leute hörten ihm konzentriert zu. Die Kirche Maria Geburt im alten Dorfkern, innen barock, außen romanisch, kein verkehrter Ort, um über Antisemitismus und Antijudaismus zu referieren.

Hier war der Mann, sechzig Jahre ist es her, dem Onkel Walter als Messdiener zur Hand gegangen. Auf dem groben, roten, über eine Stufe laufenden Sisalteppich schritten die beiden zum Hochaltar vor. Den Sisal gibt's nicht mehr. Zu besichtigen sind noch die vierzehn die beiden Längswände zierenden Stationen des Kreuzwegs, eine Holzschnitzarbeit von 1893. Die Hohepriester mit ihren langen Nasen, die Pharisäer, verhöhnen den Jesus. Ein Pharisäer, ein verstellter, bösartiger Mensch; so hatte es das Kind einmal gelernt.

Werner Neubergers Passionsweg ging über elf Stationen, und er endete untypisch für einen deutschen Juden des 20. Jahrhunderts, denn er endete gut, in den Vereinigten Staaten.

Der zehnjährige Werner muss die erste Station bewältigen. Seine Spielkameraden spielen nicht mehr mit ihm und beschimpfen ihn als dreckigen Juden, derweil die Väter der kleinen Antisemiten in ihren braunen Uniformen durch die Straßen laufen, der Hakenkreuzfahne hinterher. Die Jahre davor hat der Junge noch eine glückliche Kindheit verlebt. Doch die ist jetzt vorbei. Noch als alter Mann erinnert sich Werner Neuberger an den Großvater, der ihn jeden Morgen mit einem Glas warmer Milch weckte.

Zweite Station. Der Zwölfjährige durchlebt die Pogromnacht des 9. November 1938. Im unter der elterlichen Wohnung liegenden Laden fliegen morgens in aller Frühe die Scheiben ein. Der Mob tobt sich aus und grölt in den Straßen.

Dritte Station. Das Kind muss noch im gleichen Jahr seine Eltern und Geschwister verlassen. Es tritt mit anderen jüdischen Kindern eine Reise ins Ungewisse an. In Frankreich, in La Guette, einem Jagdschloss bei Paris, wo er seine Eltern vermisst, wo er kein Wort versteht, kümmert sich die Baronin Germaine Rothschild mit einem Stab von Erziehern um die verschüchterten deutschen und österreichischen Kinder. Seine Beschützerin erscheint ihm wie die gute Fee aus dem Märchen und er nennt sie mit den anderen Tante Germaine.

Vierte Station. Nach nur einem Jahr müssen die Kinder mit ihren Lehrern La Guette verlassen. Der Norden Frankreichs, von den Nazis besetzt: kein sicherer Ort mehr. Die Flucht geht weiter, in die noch unbesetzte Zone im Süden. Germaine Rothschild hat im französischen Zentralmassiv ein Haus gemietet. Es ist inmitten einer mit Vulkankegeln gespickten Landschaft gelegen, aber die schöne Natur kann keinen Schutz vor den Nachstellungen bieten; die Flucht muss weitergehen, bevor die Häscher zugreifen.

Fünfte Station. Werner kommt auf einem dem Baron gehörenden Bauernhof an, lernt melken und ackern, und dort, im Departement Dordogne, scheint er sicher. Der Schein trügt. Er ist jetzt siebzehn, als ihn französische Polizisten festnehmen und ihn an die Deutschen ausliefern. Er kommt nach Paris, wird dort ins Gefängnis geworfen. Er fühlt sich wie ein eingesperrtes Tier.

Sechste Station. Die Nazis verbringen ihn ins Konzentrationslager Aldernay, eine Kanalinsel, Außenstelle von Neuengamme. Mit tausend Häftlingen muss der Achtzehnjährige unter der Aufsicht der SS Bunker bauen und im Steinbruch arbeiten. Jeder zehnte Arbeitssklave stirbt an Erschöpfung und Unterernährung.

Siebte Station. Die Herren über die Sklaven erwarten eine Invasion, lassen das Lager demontieren und nach Boulogne in der Normandie verlegen. Der Junge muss jeden Morgen um vier Uhr aufstehen, er bekommt eine Schnitte Brot oder eine Suppe, dann raus aus dem Lager, Zementsäcke abladen, Eisenbahnschienen schleppen, Bunker und Panzersperren an der Küste bauen. Das geht bis sechs Uhr abends. Seine Füße stecken in Schuhen, die sind ihm zu groß. Er stopft sie mit Zeitungspapier aus, damit sie nicht schlappen. Wenigstens hat er ein Paar Schuhe. Viele der Verschleppten haben keines. An fehlenden Schuhen kann man sterben; eine eiternde Entzündung, der Dreck, das fehlende Medikament. Im SS-Staat ist das Leder knapp, da werden keine KZ-Häftlinge mit Schuhwerk ausgestattet.

Achte Station. Abmarsch aus dem Lager zur Eisenbahnstation, Einsteigen in Güterwaggons, die Häscher wollen mit ihren Gefangenen heim ins Reich. Der D-Day, die Landung der Alliierten, zeigt Wirkung. Die SS sperrt pro Waggon 120 Gefangene ein und lässt abfahren. Der Zug fährt und stoppt, er fährt und stoppt. Jeden Morgen geht die Tür auf, und ein Laib Brot wird hineingeworfen. Rausgeworfen werden einmal zwei Tote. Es ist Juni, es ist Hitze, die Eingeschlossenen haben nichts zu trinken, können sich nicht waschen. Sie fahren eine Woche, der Zug kommt nicht voran. Sie wissen nicht, wo sie sind. Sie bohren ein kleines Loch durch die Holzwand und schreien raus.

Eines Nachts hören sie, wie der Waggon neben ihnen geöffnet wird, dann das Rattern der Maschinengewehre. Die SS-Mannschaft bringt nun alle um; es scheint gewiss. Dann wird die Tür aufgerissen, Leute rufen, die Eingepferchten sollen rauskommen. Niemand geht raus. Die Leute rufen wieder: kommt raus. Erst als die Gefangenen die Rot-Kreuz-Armbinde von Frauen sehen, trauen sie sich, auszusteigen. Sie fragen die Leute: „Wer seid ihr?“ Die Leute: „Wir sind vom belgischen Untergrund. Wir sprengen die Eisenbahnschienen, damit die Deutschen nicht weiterfahren können. Ihr müsst euch verstecken, die Deutschen sind noch nicht abgezogen. Wir helfen euch.“

Die Leute vom Untergrund bringen Gebäck und Kaffee und Klamotten. Dann gehen sie mit den Befreiten in die nahegelegene Stadt. Die Menschen hängen am Fenster, aber es sind keine Gaffer. „Ich nehme einen, ich nehme vier, ich nehme zwei.“ Werner Neuberger wird mit zwei Leidensgenossen von einer Familie im Keller versteckt. „Bitte, kommt nicht heraus“, sagen die Belgier, „die Besatzer sind noch immer hier.“ Jede Nacht bringt einer vom Untergrund etwas zu essen und erkundigt sich, wie es den Dreien geht.

Sie sind in Diksmuide und hören die Wehrmacht mit ihrem Tross, den Pferden, Lastwagen und Geschützen, abziehen. Hier, in dem belgischen Ort, erlebt Werner Neuberger seine Befreiung. Er sieht die Soldaten in britischer Uniform, rennt auf die Straße und weint. Mit ihm werden 286 Gefangene befreit, hauptsächlich belgische und französische Juden. Der belgische Widerstand hat den später so genannten Zug in die Hölle gestoppt. Mit der Hölle ist das KZ Neuengamme bezeichnet, dorthin sollte es gehen.

Neunte Station. Statt nach Neuengamme per Anhalter nach *Pariß*. Wieder nehmen die Rothschilds ihn auf. Der Baron Édouard de Rothschild behandelt ihn wie seinen eigenen Sohn. Werner Neuberger ist kein Kind mehr, sondern ein junger Mann von neunzehn Jahren. Er erfährt den Namen der Organisation, der er sein Überleben verdankt: *Comité Israélite pour les enfants venant d'Allemagne et d'Europe Centrale*. Der pfälzische junge Mann schaut sich die Stadt an, geht ab und an in die Bank seines Beschützers, wartet nun auf ein Visum für die Vereinigten Staaten. Seiner Schwester gelang die Flucht dorthin; sie soll das Affidavit besorgen. Nach einem Jahr trifft es ein.

Zehnte Station. Am 11. Dezember 1946 kommt Werner Neuberger mit der Île de France in New Yorks Hafen an. Er hat Liberty Island passiert und die Freiheitsstatue gesehen, das Geschenk der französischen an die US-amerikanische Regierung. Er geht auf die Abendschule, Englisch lernen. Erst eine Import-Export-Firma aus der Wall Street, dann eine Rollcontainer produzierende Fabrik können den Einwanderer gut gebrauchen.

Elfte Station. Herr Neuberger ist stolzer US-Soldat, Uncle Sam zieht ihn ein. Bevor es nach Korea geht, Zwischenlandung in Deutschland. Die Offiziere kennen die Geschichte des Immigranten, erlauben ihm, sein Dorf zu besuchen. Der Heimkehrer ist noch keine zwei Minuten dort, da geht es wie ein Lauffeuer rum: „De Neiberjer Werner isch widder do." Der Heimkehrer will aber gleich wieder weg. Die Leute fragen ihn, wie es ihm und seiner Familie ergangen sei. Er verweigert die Antwort, will sie nicht Menschen geben, die ihn dreckiger Jude genannt haben.

Das war der Kreuzweg des Werner Neuberger aus Rodalben/Pfalz. Die Passion eines jungen Juden der Nazizeit mit der Passion des Juden Jesus in der Römerzeit zu vergleichen – da stößt man schnell an Grenzen. Nach seinem Tod am Kreuz kamen für Jesus die Grablegung, die Auferstehung und die Himmelfahrt. Gräber bekamen die Juden keine. Die Himmelfahrt, das war der Rauch über den Krematorien. Werner Neubergers Schicksal ist völlig atypisch. Das jiddische Wort für Schicksal: Purim. Das Fest der Errettung war ihm vergönnt. Und ist bei den Sprüchen Salomons nicht zu lesen, ein Leid komme selten allein, ein Glück komme selten allein? Chanuta also, die Hochzeit. Das Schicksal hat für den jungen Mann die Nancy vorgesehen. Auch sie gehört zu den Juden, auch sie eine Immigrantin, auch ihr gewährt der *melting pot* Aufnahme. Die beiden heiraten nahe Mexiko City, bei Nancys Eltern. Sieben Mal muss der Bräutigam Werner um die Braut Nancy herumlaufen. So will es der Brauch, denn es steht in den fünf Büchern Mose: „So diente Jakob um Rahel sieben Jahre, und es kam ihm vor, als wären's einzelne Tage, so lieb hatte er sie."

Le Struthof

„In der Heimat, in der Heimat, da gibt's ein Wiedersehen" - das Lied klang dem Mann immer mehr wie eine Drohung in den Ohren. Er wollte seine Heimat eigentlich nicht mehr wiedersehen. Fuhr er aus seiner geliebten Bourgogne nach Rhein-Main zurück, wählte er meist den Weg über Lothringen und das Elsass. So mied er den Grenzübergang bei Forbach. Denn nach Forbach kommen die Saar und der Bogen, in dem Saarbrücken liegt, Landstuhl mit seiner Burg auf der Sickinger Höhe, der Talkessel, mit *K-Town* mittendrin, die Berg- und Talfahrt durch den Pfälzer Wald und gleich hinter Hettenleidenheim der Schuss runter ins Rheintal, an den Weinbergen vorbei. Die Pfalz mit ihren bösen Dörfern könne ihm gestohlen bleiben, erklärte er seiner Frau. Die wollte aber wissen, wozu sie jetzt durchs reizlose Lothringen ins Elsass führen, wo sie doch in gut zwei Stunden endgültig zu Hause wären. Es sei des Sauerkrauts, der Schlachtplatte, der Schwarzwälder und des Edelzwickers wegen, sagte der Mann, und das deftige Essen lag ihm wohl schwer im Magen. Die Nacht im Elsass verbrachte er regelmäßig ohne Schlaf.

Das Taubengurren zu Hause, in seiner Stadt, machte ihn abends schläfrig. Der Ruf der Wachteln im Elsässer Dorf vor Einbruch der Nacht machte ihn nervös. Eine Wachtel „schlägt an", das wusste er noch von seinem Vater. Das Kind hatte das *Widbewid* vom Hilschberg her oft gehört, jetzt vernahm der Erwachsene den Anschlag des Vogels wieder.

Einmal übernachtete er mit seiner Frau in Niederbronn-les-Bains; ihre Unterkunft eine Pension, das Hotel Muller in der Avenue de la Libération ausgebucht. Der kommende Tag, der letzte des Urlaubs, sollte den Vogesen gehören. Der Mann wollte ein wenig angeben: Schau mal, woher meine Großmutter kommt. Er hörte das Elsassdütsch so gerne. „De Muli isch de Muh ihr Maa." Seine Großmutter hatte den Dialekt, in dem sie aufgewachsen war, gerne parodiert. Jetzt parodierte der Mann, und seine Frau lachte über die Übersetzung: Der Muli ist der Mann der Eselin.

Die Wirtin der Pension bot schon zum Frühstück auf, was *d'Alsace* zu bieten hat: den Munster, den Schwartenmagen, den *Bibbeleskäs,* den Landjäger, der hier Gendarm heißt und wie der Gendarm drüben, im Pfälzischen, auf der ersten Silbe betont wird. Selbst der Gugelhupf fehlte nicht. Als die beiden jungen Deutschen beratschlagten, wohin es heute gehen sollte, machte die Dame des Hauses Vorschläge. Den letzten machte sie sichtlich verlegen: „Ihr müsst einmal nach Natzweiler fahren, damit ihr seht, was die Deutschen getan haben."

Natzwiller, Rieschwiller, Igelshard, Schindhard, die Käffer in Les Vosges und im Wasgau klingen alle gleich. Der Mann und seine Frau fuhren nach Natzweiler an einem Sommertag, der so richtig Lust auf Sommerfrische machte. Und dieser Lust kam die Landschaft entgegen, so grün, wie sie sich bot. Um zu dem über dem Ort gelegenen Struthof zu kommen, ging es ein paar Serpentinen hoch, und es wurde immer noch frischer, noch belebender. Eichenwald, Tannenwald, Buchenwald, dazwischen immer wieder ein offener Blick ins Tal und auf einen mäandernden Bach. „Dich mein stilles Tal, grüß ich tausendmal", das Lied von Vatis Liederkranz kam dem Mann in den Sinn. Sicher gab es hier oben irgendwo einen ordentlichen Gasthof mit Garten, um die Idylle bei einer Weißweinschorle zu genießen.

Der Struthof war ein Gasthof und ein Hotel, bevor er dem in seiner Nähe gelegenen Konzentrationslager seinen Namen gab. Die Häftlinge des KZs mussten in den umliegenden Steinbrüchen den seltenen roten Granit abbauen. Den Granit brauchte Albert Speer für die Monumentalbauten der Reichshauptstadt. Die SS unter Heinrich Himmler ließ das Konzentrationslager von Häftlingen errichten; 4000 Gefangene hatten für einen Baumaterial liefernden SS-Konzern zu arbeiten. Es war härteste, für viele Häftlinge tödliche Arbeit. Die Wärter mussten auf die Arbeitskraft der Gefangenen keine Rücksicht nehmen; an Nachschub mangelte es nicht. Im Lager vegetierten am Ende 7000 Menschen.

Der Struthof liegt auf 800 Meter Höhe. Die KZ-Häftlinge hausten in vierzehn Baracken, die Nr. 3 bis 8 belegten Kranke. In der Baracke Nr. 5 stand ein mit einer Abflussrinne versehener Seziertisch; hier experimentierte ein Prof. Haagen von der Reichsuniversität Straßburg. In dem danebenliegenden, von den Häftlingen so genannten Piekzimmer verabreichte er Petroleum- und Benzinspritzen. Auch Versuche mit Typhus unternahm er. Das Gebäude für die Experimente mit Gas befand sich außerhalb des Lagers, in einem Nachbargebäude des ehemaligen Hotels. Verschiedene Gassorten wurden ausprobiert, darunter Blausäure. Die Experimente dienten zudem der Suche nach einem Gegengift für Phosgen. Für den Krieg mit chemischen Waffen wollten die Nazis gewappnet sein. Die Leichen kamen in die Anatomie nach Straßburg.

Neben der Vernichtung durch die im Steinbruch zu leistende Arbeit und den von Professor Haagen herbeigeführten Tod gab es noch die Todesarten durch Selbstmord, durch Erhängen, durch Genickschuss. Jede Nacht brachten sich durchschnittlich drei Gefangene um. Mit Genickschuss tötete die SS festgenommene, in der Umgebung des KZs agierende Widerständler; es waren über hundert. Die beiden Galgen wiederum standen auf dem topografischen Zentrum des Lagers, dem wie ein Amphitheater angeordneten Appellplatz. Das Sterben am Galgen kannte Unterarten. Langsames Erdrosseln durch ein kurzes Seil, schnelles Ersticken durch den abrupten, freien, das Genick brechenden Fall des Körpers, unter dem sich die Bodenklappe öffnete. Auf dem Podium neben dem Galgengerüst kommentierte der Kommandant Josef Kramer mit der Zigarre im Mund: „Mir würde es gar nichts ausmachen, euch einen nach dem anderen aufzuhängen, wie den da."

Der „grausame Kramer" wohnte in einer in Natzweiler gelegenen kleinen Villa mit Schwimmbad. Die Macht über die Sklaven hatte er im Lagerinneren an die Kapos abgegeben, die Kameraden-Polizisten, die als Vorabeiter und Gruppenführer ihm in Grausamkeit nicht nachstanden. Die Kapos rekrutierte er aus meist deutschen, den grünen Dreieckswinkel tragenden Schwerverbrechern. Die Kapos machten die ihnen Ausgelieferten fertig; die von ihnen Gequälten waren bald nicht mehr als „ein Verdauungsschlauch, ein Hampelmann mit knöchernen Gliedern ... kachektisch, herumirrend, verstört, mit Wahnvorstellungen".

All das lasen der Mann und seine Frau in einer ausgelegten Schrift. Den ganzen Nachmittag hatten sie auf dem kahlen, abgeholzten, hohen Berg verbracht. Sie fuhren nach Hause, nach Rhein-Main zurück, froh, der Elsässer Pensionswirtin nicht mehr begegnen zu müssen. Es dunkelte schon; eine Wachtel schlug an.

Der Mann saß am Steuer, die rechtsrheinische Autobahn hatte er hinter der Kehler Rheinbrücke erreicht. Seine Frau schlief. Es fiel ihm ein, was er über den Tod im Konzentrationslager Sachsenhausen und das Schuhläuferkommando gelesen hatte. Er dachte an das, was er gerade gesehen hatte. Das Kürzel SS kam ihm in den Sinn, und der Rhythmus von „USA, SA, SS". Und er dachte an die Schallplatte seiner Kindheit, den *Gestiefelten Kater*, dessen Dialoge er immer noch auswendig wusste:

„Was kann ich mit dem Kater anfangen? Ich lass mir ein Paar Pelzhandschuhe aus seinem Fell machen, dann ist's vorbei", sagte der dritte Müllersohn. „Hör, fing der Kater an, der alles verstanden hatte, du brauchst mich nicht zu töten, um ein Paar schlechte Handschuhe aus meinem Pelz zu kriegen; lass mir nur ein Paar Stiefel machen, dass ich ausgehen und mich unter den Leuten sehen lassen kann, dann soll dir bald geholfen sein." War die A-Seite zu Ende, musste die 45er-Polydor-Platte vorsichtig umgedreht und der meist lose, gelochte, dreieckige, auf den Stift des Plattentellers passende Steg wieder eingesetzt werden.

Grimms Märchen ging weiter: „Da kam der Kater an einen prächtigen Wald, da standen mehr als dreihundert Leute, fällten die großen Eichen und machten Holz. ‚Wem ist der Wald, ihr Leute?' – Die Leute im Chor: ‚Dem Zauberer.' – ‚Hört, jetzt wird gleich der König vorbeifahren, wenn er wissen will, wem der Wald gehört, so antwortet: dem Grafen; und wenn ihr das nicht tut, so werdet ihr alle erschlagen.'"

Die Leiter

Wenn der Mann seinen Heimatort und seine Schwester doch einmal besuchte, ging er in das Leiterstal, auf den Friedhof. Ein immergrünes Tal, das in der illegalen pfälzischen Grammatik einem Maskulinum zugeordnet ist: *De Läderschdal.* Dem Kind schon war das Wort bedeutsam. Die *Läder,* das war doch die Leiter und auf der stieg der Jakob hoch in den Himmel. Sollte das *Jaköbl* hier auch mal so hoch hinauskommen? Als das Kind dann ein Mann war und zwanghaft zum Scherz aufgelegt, fiel ihm zum Himmel nur mehr wenig Erbauliches ein: Alle wollen in den Himmel, aber keiner will sterben.

Eigentlich ist nicht auszumachen, ob das Wort *Läderschdal* einen Stall oder ein Tal meint. Links der Hochwald, rechts der Hochwald, dazwischen der sich nach hinten verengende Friedhof mit den Gräberreihen. Über die Pfarrer Ackermann'sche Begräbnisstätte muss ein Besucher förmlich stolpern. Ganz prominent liegt sie in der Mitte des Friedhofs, vom Eingang unten wie vom obigen gleich weit entfernt. Auch befindet sie sich mitten im Gehweg, als hätte man dem beliebten Gemeindepfarrer den Tort nicht antun wollen, ihn in einer Reihe mit gewöhnlichen Sterblichen zu beerdigen. Der Mann passierte die Grabstätte mit dem mächtigen Kreuz aus dem heimatlichen Bundsandstein und kramte jedes Mal von neuem in seinem Gedächtnis: Hatte er als Messdiener an diesem Begräbnis teilgenommen? Hatte die feierliche Beerdigung mit den Posaunen einem ehemaligen Bürgermeister oder dem imposanten Herrn Ackermann gegolten?

Hinter dem Steinkreuz, gleichsam an einer Kreuzung, fangen die Gräber seiner Leute an. Erst das des *Parreungel,* des Pfarrers und Onkels, dessen Unterwäsche einmal der Vater tragen sollte. Was ist ein Geistl. Rat, und wen berät er? Die schon das Kind beschäftigende Frage konnte sich auch der Mann nicht beantworten. Vermutlich einer dieser Titel ohne Mittel, ein bisschen Prestige für den Landpfarrer, dem die Mutter bis zu seinem Tod den Haushalt geführt hatte. Die lateinische Grabinschrift, mit der Fotofunktion des Handys festgehalten, ließ sich zumindest übersetzen: „Du bist mein Priester in Ewigkeit." Rechter Hand, im Querweg, das schmale Rechteck für die erste Ehefrau und die Tochter des Vaters. Brigitte war also neun Jahre alt, als sie starb. Sie ist „durch Bombenangriff umgekommen". So steht es auf dem Grabstein, unter dem die aus dem rheinländischen Goch umgebetteten Toten liegen.

Wo sich die Gräber der Tanten und Onkel, der Agnes, des Emil, der Anna, des Eugen, und der Antoinette befinden, der Mann wusste es nicht. In den siebziger und achtziger Jahren fuhr er auf Demonstrationen, nicht auf Beerdigungen. Er kam bei der Begräbnisstätte der Eltern an. Hier hatten ein Kommen und Gehen stattgefunden. Neu hinzugekommen die Eltern des Schwagers, verschwunden der Großvater und die Großmutter. Kein Hinweis mehr auf die geliebte Oma und ihren Mann, den Namensgeber, den Peter. Die neue Grabplatte verweist nur noch auf den Familiennamen der Großeltern. Geht das Sterben nur die Familie an und nicht ihr Mitglied, fragte sich der Mann, als er zum ersten Mal vor dem restaurierten Grab stand. Steht man vor einem Grab, wird gebetet; das hatte er intus. Aber wie geht das noch mal? Ihm kam ein *joke* in den Sinn: *Lieber Gott, rette meine Seele, wenn es dich gibt, und wenn ich eine habe.* So kann man schlecht beten, und was für die eigene Seele nicht hinhaut, kann wohl kaum den Seelen der anderen helfen, dachte sich der Mann.

Der Mann behalf sich mit einem Vaterunser. Ein Vaterunser hilft immer, das hatte ihn die Oma gelehrt, und er blieb dabei, kommt der Text doch mit erstaunlich wenig Mysterien aus: keine Dreifaltigkeit, keine Gottesmutter, keine Vielzahl von Heiligen. Stattdessen Alltägliches wie Brot, Schuld, Versuchung. Er betete die Oma-Version: „... sondern erlöse uns von dem Übel". Mit der neuen Fassung konnte der Mann sich nicht anfreunden. „Erlöse uns von dem Bösen"; Böse ist alles und nichts. „Bist du mir böse?" Das klingt doch schon halb nach Wiedergutmachung! Auch die Herrlichkeit und die Kraft und das Reich waren nicht nach dem Geschmack des Mannes; den Anhang ließ er einfach weg. Was gestrichen ist, kann nicht durchfallen, und Beten kann auch daneben gehen, wie eine Theaterszene, so seine Überlegung. Ging die revidierte Fassung auf ein Vatikanisches Konzil zurück? Gab es ein neuerliches, von ihm gar nicht wahrgenommenes? Das Zweite Vatikanische Konzil endete für das Kind mit einer Enttäuschung. Jetzt hatte es das lateinische Stufengebet endlich gut gelernt, und nun sowas: alles in Deutsch, alles für die Katz!

Dieses Konzil, wusste der Mann, dauerte drei Jahre. Es endete 1965 mit der ersten in einem offiziellen Dokument festgehaltenen Verurteilung des Antisemitismus, verbunden mit einem Schuldeingeständnis. Die katholische Kirche habe die Katastrophe mit verursacht und sie dürfe nie ihre im Judentum liegenden Wurzel vergessen.

Für die Großmutter gab es nur ein Gebet, das besser war als ein Vaterunser: zwei Vaterunser. Der Mann kam sich schon mit dem einen wie verstellt vor. Mit seiner Frau und seiner Schwester schlenderte er auf dem seitlichen Friedhofsweg zurück. Sie kamen an der mit einer Engelsfigur geschmückten Grabstätte des *Servasferdi* und seiner Frau vorbei. Der Engel in Lebensgröße sah aus wie von Chagall. Dem Relief fehlte nichts; die Chagall'schen Farben ersetzte der helle, vornehme Muschelkalk. Mit dem Ferdinand und der Elisabeth teilte sich der Erhard das Grab, der Freund und Cousin des Bruders Werner.

Der *Läderschdal*-Friedhof hat einen Ausgang zum Clausener Weg. Mit seinen Begleiterinnen hatte der Mann die ins Dorf zurückführende Pforte gerade durchschritten, da kam ihnen der Pfarrer Meckes entgegen. Die Schwester fand noch Gelegenheit, dem Mann den Namen zuzuraunen. Er sah sich im Bilde, Mutters Freund schon aus Kindertagen, der *Ferdi.* Er kannte den Mann im schwarzen Habit mehr aus Erzählungen als aus Begegnungen. Vielleicht hatte er ihm einmal am Altar gedient. Mutter hatte ihn immer als humorvollen Plauderer geschildert, als das fünfte und letzte Kind der Familie. Als es geboren und ein Taufname zu finden war, habe der Vater den Namen Ferdinand vorgeschlagen. Seine Begründung und Ansage: „So, Mudder, jedzd isch ferdi."

Die Schwester stellte ihren Bruder und dessen Frau vor, und der Pfarrer fing das Plaudern an: „Sie sind also der Jüngste. Wissen Sie, wieviel Sorgen Sie ihrer Mutter gemacht haben?" Dem Mann verschlug es die Sprache. Offene Worte sollten unter Leuten gewechselt werden, die in naher Beziehung standen, aber unter wildfremden? Vielleicht gilt diese Regel nur für Leute in Zivil, und Amtsträger der Kirche unterliegen einem anderen Regelwerk, dachte der Mann. Er blieb maulfaul, und das Gespräch verebbte, bevor es begann.

Bei der Fahrt Richtung schwesterliche Kaffeetafel fragte die Schwester den Mann, ob er von der Begegnung des Pfarrer Meckes mit Edith Stein wüsste. Der Mann verneinte. Dass die zum Katholizismus konvertierte Jüdin aus Breslau eine enge Verbindung zur Pfalz hatte, war ihm entgangen. Die Schwester erzählte: Edith Stein, aus dem heutigen Wrocław, war in Bergzabern getauft worden. In der Bischofsstadt Speyer hatten der Domvikar und die Dominikanerinnen zu ihrem Freundeskreis gehört. Vor der Verfolgung durch die Nazis nach Holland geflüchtet, war sie dort ihren Verfolgern in die Hände gefallen. Die hatten sie erst in das Lager Westerbork und dann in die für die Judentransporte üblichen Viehwaggons Richtung Auschwitz gesteckt. Der Zug hatte für kurze Zeit in Schifferstadt gehalten. Auf dem Bahnsteig dort war zufällig zugegen der im nahen Ludwigshafen als Kaplan beschäftigte Ferdinand Meckes.

Der junge Kaplan will nachsehen, wohin der Transport abgehen soll, nähert sich einem Wagen und wird aus der mit Stacheldraht vergitterten Luke eines Waggons angesprochen:

- „Wo halten wir?"

Er antwortet. Darauf gibt es im Wagen eine Bewegung. Eine Frau spricht ihn an:

- „Ich bin Schwester Teresia Benedicta a Cruce, Edith Stein."

- „Ich kenne Sie."

Drei Soldaten aus dem vorderen Zugteil sehen die verbotene Kontaktaufnahme und einer schreit: „Was ist da hinten los?" Meckes dreht sich um, geht zur Mitte des Bahnsteigs, sieht das auf Abfahrt stehende Signal, und dann zieht der Zug langsam an. Die Soldaten steigen wieder ein. Edith Stein ruft ihm noch ein „Hallo, Achtung!" zu und wirft ihm ein Zettelchen heraus, das flatternd neben die Schiene ins Gleisbett fällt. Er stellt sich hart an die Bahnsteigkante und hält das gefaltete Papier im Auge. Trotz der vorbeirollenden Räder bleibt es liegen. Der Güterzug mit etwa fünfzig Wagen rollt vorüber, „gefüllt mit armen Menschen", wie es dem Ferdinand Meckes scheint.

Auf dem Zettel bittet ihn die Karmeliterin, Grüße an den Vikar und die Dominikanerinnen von Sankt Magdalena auszurichten. Ihre Identität bestätigt sie mit der Unterschrift. „So habe ich die Begegnung mit Edith Stein in Erinnerung - gesehen habe ich in der dunklen Luke nur ihre Augen und im Schimmer ihr Gesicht", erinnerte sich der Freund seiner Mutter.

Edith Stein hatte in der frühen Phase der Judenverfolgung an den Papst Pius XI. einen Brief geschrieben, der war lange verschollen und tauchte im Zuge der Öffnung der vatikanischen Geheimarchive Anfang der Nullerjahre wieder auf. Er lautet:

„Heiliger Vater!

Als ein Kind des jüdischen Volkes, das durch Gottes Gnade seit elf Jahren ein Kind der katholischen Kirche ist, wage ich es vor dem Vater der Christenheit auszusprechen, was Millionen von Deutschen bedrückt. Seit Wochen sehen wir in Deutschland Taten geschehen, die jeder Gerechtigkeit und Menschlichkeit - von Nächstenliebe gar nicht zu reden - Hohn sprechen. Jahre hindurch haben die nationalsozialistischen Führer den Judenhaß gepredigt. Nachdem sie jetzt die Regierungsgewalt in ihre Hände gebracht und ihre Anhängerschar - darunter nachweislich verbrecherische Elemente - bewaffnet hatten, ist diese Saat des Hasses aufgegangen ... Ist nicht diese Vergötzung der Rasse und der Staatsgewalt, die täglich durch Rundfunk den Massen eingehämmert wird, eine offene Häresie? Ist nicht der Vernichtungskampf gegen das jüdische Blut eine Schmähung der allerheiligsten Menschheit unseres Erlösers, der allerseligsten Jungfrau und der Apostel ... Wir alle, die wir treue Kinder der Kirche sind und die Verhältnisse in Deutschland mit offenen Augen betrachten, fürchten das Schlimmste für das Ansehen der Kirche, wenn das Schweigen noch länger anhält ...

Zu Füßen Eurer Heiligkeit, um den Apostolischen Segen bittend Dr. Editha Stein"

Den Namen hatte der Mann zum ersten Mal von seiner Mutter gehört. Die hielt sie ihm als eine Gallionsfigur des widerständigen Katholizismus gegen die neuen Heiden vor. Der Mann war jung gewesen, hatte Hochhuths *Stellvertreter* gelesen, und ob es neben dem Pius XII. noch einen XI.

gab, war ihm egal. Als Widerständler galt ihm die rote, nicht die christliche Kapelle, und die Mutter konnte ihm mit ihrem Bischof von Galen aus Münster, dem Albert Schweitzer aus Lambarene und der Benedicta a Cruce aus Auschwitz gestohlen bleiben.

Zum zweiten Mal war er auf den Namen in einem Seminar an der Uni gestoßen. Die katholische Heideggerei war ihm sehr auf die Nerven gegangen. In seiner Seminararbeit hatte er mit ihr ordentlich abgerechnet. In seinen Politzeiten war es ihm wie Heinrich Heine, seinem Schriftstellerliebling, gegangen: „Ich war jung und stolz, und es tat meinem Hochmut wohl, als ich von Hegel erfuhr, daß nicht, wie meine Großmutter meinte, der liebe Gott, der im Himmel residiert, sondern ich selbst hier auf Erden der liebe Gott sei."

Nun also das dritte Mal Edith Stein, ein Bild vermittelt von einem Dorfpfarrer. Eine Frau, eingepfercht wie ein Tier in einem Käfig, und der Käfig steht in der Gluthitze des Rheingrabens. Es ist der 7. August 1942, 13 Uhr, und die Frau weiß um die Schlachtbank, auf die es für sie und ihre Leidensgenossinnen und -genossen geht. Am 9. August endet ihr Leben in Auschwitz-Birkenau.

Werktätige

Die von der Schwester zugesandten Kalenderblätter aus der Lokalzeitung, dem *Gräfensteinboten,* entpuppten sich als Fundgrube für den Mann, der über die Verbandelung des Dorfs mit den Nazis Genaueres wissen wollte. Beim Lesen wurde ihm deutlich: Der Zusammenhang macht sich kenntlich, indem er fehlt. Er blätterte vor, er blätterte zurück. Die Kalenderblätter sparen die zwölf Jahre einfach aus. In seinem Studium hatte der Mann einmal gelernt, auch das Nichts habe ein Sein; es sei vermittelt, es gehe in das Sein über. Wie sind die braunen in die fünfziger und sechziger Jahre übergegangen, fragte er sich. Über das Nichts, über das Nicht-darüber-Reden sind sie übergegangen. Im Heimatkalender, der sich doch so gerne dem örtlichen Brauchtum widmete, kein Wort über den Brauch *de Judd verbrenne*, bei dem die Dorfjugend am Sonntag Laetate eine Strohpuppe verbrannte. Die stand für den Winter und die verhasste Minderheit. Der vierte Fastensonntag fiel 1945 auf den 11. März; bis zu diesem Datum fand die jährliche Gaudi statt.

Die Kelten haben im Heimatkalender allerhand Spuren hinterlassen; Eisenbarren beispielsweise, die ihnen als Schatz und als Zahlungsmittel galten. Über die Hinterlassenschaften der NSDAP ist nichts zu lesen. Stattdessen der Hinweis, die Nazi-Partei sei aus den letzten freien Wahlen nicht als stärkste Kraft hervorgegangen, das Zentrum und die Bayernpartei hätten vor ihnen gelegen. Die Nazis und ihr Emblem tauchen lediglich in manchen Fotos auf. So ist das halbe Dorf aufmarschiert, als sie mit Pomp und Salut die ersten 23 Toten der nahen Westfront beerdigen. Der Zeremonienmeister in Uniform hat sich mit gestrecktem Arm vor der mit Kränzen bedeckten Gräberreihe aufgebaut und die Trauergemeinde im Hintergrund macht den Führergruß nach.

Eine Geschichte des Kalenders handelt von „unserer ältesten Juddeschul“. Im pfälzischen Dialekt galt das Wort von der *Juddeschul* als ein Inbegriff für fehlende Zucht und Ordnung, erinnerte sich der Mann. Nostalgisch und rührend auch die Erzählung über den armen Juden, *Nix-hcid* genannt. Der Lumpensammler kommt jeden Montag zu Fuß die zehn Kilometer von Höheinöd her, und die Bäuerinnen geben ihm ihre alten Putzlappen, Pferdedecken oder Fußabstreifer. Mit dem Ruf „Nix-heid, hanner nix heiid“ kündigt er sich an und fragt zugleich nach dem Begehrten. Seinen Sack trägt der Lumpensammler über der Schulter. Den Kindern des Dorfs macht man Angst vor ihm. Seien sie unartig, würden sie in den Sack gesteckt und mitgenommen. Der dem Juden aus Einöd gewidmete Artikel endete mit dem frommen Bild von Abrahams Schoß; dort möge der *Nix-heid* ruhen.

Falls der Lumpensammler aus Höheinöd in Abrahams Schoß ruht, hat er den Weg über Gurs nehmen müssen. Denn dorthin wurden die pfälzischen Juden deportiert. Die Züge gingen über Mühlhausen, Avignon und Toulouse bis in die Nähe der spanischen Grenze. Als Zeitpunkt der Transporte hatten die Nazis die Tage des Laubhüttenfestes bestimmt, das die Juden an den Auszug aus Ägypten erinnert. In Gurs ging zugrunde: Bär, Leopold, Lumpensammler, geboren am 25. November 1856 in Höheinöd, gestorben am 21. August 1941. Dort starb elend: Reinheimer, Emanuel, Lumpensammler, geboren am 14. Januar 1852 in Wallhalben, verheiratet mit Henriette Straus, Lumpensammlerin aus Höheinöd, gestorben am 11. November 1940, Grabstein Nr. 90. Welcher der beiden der *Nix-heid* war, lässt sich nicht mit Bestimmtheit sagen.

Ein langer Artikel widmet sich dem fünfzigjährigen Jubiläum der Horberg-Siedlung, einem Vorort des Dorfs. Der Text stammt von 1987. Er schildert die Siedlungsgeschichte, hebt mit den späten dreißiger Jahren an. Die Schuhindustrie habe sich prächtig entwickelt, der Bedarf an Wohnraum ebenso, und der Bürgermeister habe sich tatkräftig daran gemacht, die Wohnungsnot zu steuern. (Das Bürgermeisteramt fiel der NSDAP zu, nachdem Mandatsträger der demokratischen Parteien zurückgetreten waren. Dem Rücktritt war eine Verhaftungsaktion vorausgegangen. Sechs Gemeindemitglieder hatten die neuen Herren verhaften lassen, weil sie sich der Anordnung des Staatskommissars widersetzten, der einen ehren-, keinen hauptamtlichen Bürgermeister installiert sehen wollten).

Der Verfasser lobt den damals herrschenden Pioniergeist. Ihm sei es zu verdanken, dass sich einfache Fabrikarbeiter wie der Abel, Michael und der Zwing, Alois ein eigenes Häuschen leisten konnten. „Für zwanzig Familien war ein Traum in Erfüllung gegangen. Jede Familie bekam seine Fahnenstange, so daß bei der feierlichen Übergabe [...] über dem schmucken Neubaugebiet die Reichsfahne dem ersehnten Tag ihr festliches Gepräge gab." Das dem Artikel beigefügte Foto zeigt die Hakenkreuzfahne.

Der von Arbeitslosen des Dorfs erbaute Traum preist der Bürgermeister von damals als „die beste Siedlungsform für die werktätige Bevölkerung" an, „weil sie geeignet ist, den Arbeiter wieder mit dem Heimatboden zu verbinden." Der Artikel zitiert Eugen Willenbachers Grußwort vom 15. Dezember 1937, des Mannes, der den jüdischen Familien Baer und Metzger das Aufenthaltsrecht im Dorf genommen hatte. Der Bürgermeister stellt die praktische Einteilung der Wohnräume heraus, denn sie sei „die Grundlage für die Entwicklung eines gesunden Familienlebens".

Alle Häuser der NSDAP-Mustersiedlung, erfährt der Leser, waren mit einem Garten und einem Stall für die Kleintierzucht ausgestattet. Ihrem Besitzer war beim Siedlungsbau viel Eigenleistung abverlangt. Als die Häuser erbaut waren, bekam jeder Hausbesitzer ein Schwein, eine Ziege und fünf Hühner. Die Kinder waren gehalten, die Ziegenherde zu hüten. Dazu mussten die Tiere jeden Tag durch den Wald getrieben werden, um zum Grünbühl, der Weide, zu kommen. Das neue Heim kostete 4500 Reichsmark. Die erbrachte Eigenleistung wurde angerechnet. Monatliche Beträge von fünfzig Pfennig waren zu leisten. In den Kriegsjahren ermäßigte sich der Abtrag auf dreißig Pfennig.

Was der Mann auf den Kalenderblättern las, rief seine Erinnerungen an schon einmal Gelesenes wach. Sich mit dem Pfarrer gut zu stellen, war nach dem Faschismus, der Zeit, die „nom Kriech" hieß (vor 1933 lebte man „in de ame Zeit"), ein Gebot der Klugheit. Denn den Pfarrer Ackermann fragte die US-Behörde nach dem Grad der Verstrickung seiner Schäfchen. Für manches verbürgte er sich und immer mit der gleichen Begründung: „Der had doch Kinner." Herr Karch mit seinen fünf brauchte vom Herrn Pfarrer also nichts zu fürchten, zumal er nun auch noch eifrig die Messe besuchte. Jetzt ging es auch mit seiner Laufbahn wieder voran, denn er schaffte es doch noch zum Schulleiter.

Die erlebten Bombardements und der ausgefallene Endsieg machten die Kirchen der Nachkriegszeit voll. Sankt Josef erwies sich als zu klein. Der Pfarrer betrieb daher den Bau eines Mehrzweckgebäudes in der Horberg-Siedlung: Gotteshaus, Kindergarten und Gemeindezentrum unter einem Dach. Als der Messdiener, der der Mann damals war, früh morgens in Sankt Pius seinen Dienst versah, nahmen drei, vier alte Mütterchen an der Messe teil. Fürs Hochamt sonntags in Sankt Josef langte dagegen der Platz nicht mehr aus. Ein Sehen und Gesehen-Werden sei das, schimpfte die Oma, und „unserm Herrgott" würde das gar nicht gefallen.

Das letzte Mal

Die Kalenderblätter erwähnten den Gauleiter und gewesenen Schullehrer, Josef Bürckel, nie. Es wurde auch nicht des Julius Moses gedacht, eines Arztes und deutschen Zionisten. Okay, mit einem Gauleiter lässt sich nicht renommieren. Aber warum bekam der Moses kein Kalenderblatt gewidmet? Man war doch erpicht auf Prominenz, dachte der Mann, als er die biografischen Notizen des nach Palästina emigrierten Moses las. Der 1869 geborene Arzt schrieb eine Dissertation über psychische Störungen im Kindesalter; da war er gerade mal 23 Jahre alt. Was eine Psyche ist, dass Kinder sowas schon haben, das unbekannte Ding Schaden nehmen kann und der Heilung bedarf, nahmen seine Landsleute wohl nicht zur Kenntnis. Je mehr seine Sympathie für Julius Moses wuchs, desto heftiger wütete der Mann gegen die von ihm als ignorant Bezeichneten.

Vier Jahre praktizierte Moses in Rodalben, bis ihn der Bann des Pfarrers traf. Es gehöre sich für gute Katholiken nicht, einen jüdischen Arzt aufzusuchen, befand der geistliche Herr. Moses musste sein Heimatdorf verlassen und siedelte um ins beinahe großstädtische Mannheim. Dort machte er sich als Heilpädagoge einen Namen. Er schloss sich dem Zionismus an und rückte in dessen Führungsriege auf. Theodor Herzl schätzte ihn sehr. Dem Herrn Dr. med. Moses schickte er in schönster Schrift gemalte „Zionsgrüße" aus Konstantinopel. Auf dem 5. Zionistischen Weltkongress in Basel hielt Moses ein Referat mit dem Titel *Über die wirtschaftliche Hebung.* Auf einem Folgekongress in Zürich lernte er Chaim Weizmann kennen, den ersten israelischen Staatspräsidenten. Es gelang ihm, von Mannheim ins britische Mandatsgebiet zu emigrieren. Auf ihn geht die erste Fürsorgestelle für Einwanderer in Erez Israel zurück. Als deren Vorsitzender verfasste er Gutachten, nötig, um über Anträge auf Unterstützung zu befinden. Die Staatsgründung Israels erlebte er nicht mehr, denn er starb 1945.

Moses war bis zur Sentimentalität heimatverbunden. In einem jüdischen Lokalblatt schildert der Heimatvertriebene sein Rodalben:

„Als Kinder haben wir uns gern damit vergnügt, dem Gleiten eines Baches zuzuschauen, wir ergötzten uns an dem Spiel der Wellen, die an Klippen anschlugen, über Felsen hüpften, sich überstürzten, um dann ruhig weiter zu strömen. Und es war eine fröhliche Unterhaltung, Steine in das Wasser zu werfen und zu beobachten, wie sich rings um die Treffstelle konzentrische Kreise aufwarfen."

Angekommen in Erez Israel, schreibt er aus Tel Aviv an seine Schwester:

„Für uns Kinder gibt es ausser den Gräbern, von denen man nicht weiss, wie lange sie bestehen werden, keine Stätte der Heimat mehr. Alles ist zerstört, und wie in Rodalben Schulhaus und Synagoge an die Nazis überging, wird in Landau die Synagoge zerstört. Meine Wohnung in der Rheinstrasse in Mannheim ist längst ein Naziheim, wohin man denkt, ist alles weggefegt."

Er schreibt einen unveröffentlichten Text mit dem Titel *Mein zionistischer Weg*. Über seine Herkunft steht dort:

„Die religiöse Auffassung in meinem Elternhaus kam zum Ausdruck in Erfüllung der Gebote und Verbote, jedoch ohne den Charakter eines religiösen Hauses zu haben [...] Im Kult der Synagoge fühlte man eine ordentliche Richtung. Es ist möglich, dass im religiösen Leben Widersprüche waren, jedoch fühlte ich diese nicht. Ich fühlte die Schönheit der Gebräuche, der Gebete, der Lieder und die Heiligkeit die über sämtlichen Handlungen, die mit der Herausnahme der Tora aus dem hl. Schrank und das Lesen aus der Tora, schwebte [...] Vergnügen bereiteten mir die Familienfeiern an Freitagabend und Schabathot und der ganzjährige religiöse Ablauf, der angenehme Veränderungen brachte [...] Jeden Samstagnachmittag spazierten wir in der bewaldeten Gegend unseres Dorfes: Vater, der Gemeindevorsitzende, sein Sohn und ich. Einmal erzählte der Gemeindevorsitzende, während des Spaziergangs, dass man ihm eine neue Zeitung schickte die Propaganda für die Rückkehr der Juden nach Eretz-Israel machte. Er hatte sich über diesen Gedanken lustig gemacht. Ich lauschte und schwieg, jedoch in meiner Phantasie rollte das Bild zukünftigen Lebens in unserer Ursprungsheimat [...] Jeder der die Seele des Menschen kennt weiß, dass eine kleine Begebenheit wie diese, die blitzartig vorüber geht, tiefer in die Seele ein[zu] dringen vermag als man es annimmt."

Seine Schwester Ida schreibt ihm zum letzten Mal aus ihrem gemeinsamen Dorf:

„Palästina

Herrn Prof. Dr. Moses

Tel-Aviv

Gordonstr. 4

13.6.35 M. L. Heute bin ich hier vielleicht zum letzten Mal in dem Ort, wo wir so viel Schönes u. ebenso viel Schmerzliches erlebt haben. Ich bin heute so ergriffen, weil es jedenfalls das letzte Mal ist, daß ich hier bin. Ihr fehlt mir dieses Mal auf der Reise sehr ... Herzlichst Eure Ida."

Julius Moses und seine Familie seligen Nichtgedenkens, das ging dem Mann durch den Kopf, als er in dem von seinem Mitstreiter angelegten Archiv stöbern durfte. Dem war es gelungen, Nachkommen der Rodalber Moses-Familie in Israel ausfindig zu machen. Ihm vertrauten sie diesen Briefwechsel an.

Die Hoffnung stirbt

In den Annalen des Dorfs findet sich auch von David Bloch keine Spur, dafür aber eine in Stein gemeißelte – auf dem Friedhof, dem jüdischen *Läderschdall.* Auf einer Friedhofsführung des Herrn Conrad hörte der Mann zum ersten Mal diesen Namen, in dessen Leitzordnern erfuhr er mehr: Der mit Julius Moses befreundete Bloch sollte Rabbiner werden. Ein 1867 geborener Jude stirbt eines natürlichen Todes und bekommt eine ordentliche Grabstätte, nicht wie seine in Majdanek oder in Auschwitz ermordeten Glaubensgenossen? David Blochs früher Tod hatte ihn von der Gaskammer bewahrt. Er war die Hoffnung seiner Eltern und der örtlichen Judengemeinde, ja des ganzen sich zum religiösen Judentum bekennenden pfälzischen Rayons.

In der örtlichen jüdischen Volksschule wird er vom Vater seines Freundes unterrichtet. Danach besucht er die Lateinschule in Zweibrücken und betreibt unter Anleitung des Bezirksrabbiners dabei noch hebräische und talmudische Studien. Das Studium der Philosophie und der Literaturgeschichte in Berlin und Breslau folgt. Eine Universität zu besuchen, ist einem Juden im Kaiserreich schon erlaubt, aber die für David Bloch passende religiöse Fakultät gibt es nicht. Dafür gibt es außeruniversitäre Rabbinerseminare und einen wachsenden innerakademischen Antisemitismus. Der richtet sich gegen die oft mit glänzenden Abschlüssen hervortretenden Konkurrenten. In Würzburg schreibt Bloch seine philosophische Doktorarbeit. Herder als Ästhetiker ist der Gegenstand, und der berühmte Kantianer und Sozialist Hermann Cohen findet die Dissertation erwähnenswert. Eine große Karriere, sei es als Wissenschaftler, sei es als praktizierender Theologe, liegt vor ihm.

Seine stolzen Eltern besuchen ihn in Berlin. An die in Rodalben zurückgebliebene Familie schreibt der Vater:

„Berlin, den 28. Mai 1896

Liebe Kinder!

Ich bestätige den Empfang der Karte des l. Berthold, und teile Euch mit, daß wir gestern Abend 11 Uhr wohlbehalten hier angekommen sind. Die l. Mama hat mit bewunderungswürdiger Ausdauer die Reise welche nicht ohne Anstrengung überwältigt, und hat sich schnell an das Berlinerleben gewöhnt. Wir wohnen in derselben Straße wie David [...], haben ein sehr schönes Zimmer gut eingerichtet mit zwei Betten und kostet pro Tag nur zwei Mark. In der Ausstellung waren wir noch nicht. Heute morgen haben wir uns ein bißchen Berlin angesehen und kann Euch versichern daß es mindestens soviel bietet wie Pirmasens, wenn nicht mehr.

Es ist hier eine tragische Hitze, deshalb gehen wir erst heute Nachmittag 4 Uhr oder besser gesagt fahren wir in die Ausstellung [...]

Ich habe euch sonst heute nichts besonderes mitzutheilen [...] und bin mit Kuß Gruß [...]

Euer Vater

L. Bloch"

Den väterlichen Brief versieht David mit seinen Anmerkungen:

„Liebe Geschwister!

Holdrio! Meine Hoffnung die lieben Eltern hier zu haben hat sich endlich verwirklicht. Ich freue mich, daß die lieben Eltern wohlbehalten und wohlgelaunt angekommen sind, daß die Reis[e]anstrengungen ihre gute Meinung nicht gestört haben. [...]"

Vier Monate später kommt im Elternhaus die folgende Postkarte aus Frankfurt an der Oder an:

„Meine Lieben

Konnte gestern leider zur rechten Zeit keine Karte mehr erhalten, muß deshalb heute durch andere schreiben lassen. Ich bestätige euer Thelegramm von gestern. Aus dem Manöver brachte ich eine schwere Erkältung mit, die im hiesigen Garnison-Lazarett, wo ich mich jetzt befinde, ausgeheilt werden muß. Eher werde ich nicht entlassen, es wird wohl einige Zeit dauern, aber Grund zu Befürchtungen liegt wohl nicht vor. Der lieben Emma Pech geht mir sehr nah.

Herzliche Grüße

Euer David"

Was ist passiert? David Blochs Rabbinatsprüfungen an der Lehranstalt für die Wissenschaft des Judenthums laufen gerade, da steht ein Militärdienst an. Der Reservist wird zu den jährlichen Manövern einberufen. Das Wetter ist widrig, die Belastung im Feld für die Konstitution des an Hörsaal und Bibliothek gewöhnten Studenten zu groß. Schwer erkrankt wird er am 5. Oktober 1896 ins Lazarett eingeliefert. Es ist der Versöhnungstag, Jom Kippur, und sieben Wochen später ist David Bloch tot.

Den Sterbenden hat sein Vater noch aufgesucht. An die Familie schreibt er:

„Frankfurt Oder d 4 Novber 1896

Meine Lieben, und ganz besonders liebe Frau!

Die schmerzliche Nachricht von dem Hinscheiden des lieben David hat Euch schon erreicht und kommt mir nur noch zu Euch meine Lieben seine letzten Grüße zu bestellen. Sein Hinscheiden war heute früh 8 ½ Uhr ein sanftes und schmerzloses. [...] Wir wollen nicht den frühen Ferngang beklagen sondern unsere Kraft darin finden daß wir ihn so lange besessen haben. [...]

Lieber Berthold lasse Davids letzte Ruhestätte neben den der l. Großeltern machen, auch lasse gleich das Fundament zum Grabstein ausmauern.

Die Beerdigung ist Freitag Nachmittag wann wir ankommen werdet ihr per Telegraf unterrichtet.

Mit Küssen bin ich Euer

L. Bloch“

Der Frankeschoh

Einem Prominenten des Dorfs blieb das Schicksal des Vergessenwerdens erspart, Johann Peter Frank. Und sehr zu Recht, befand der Mann, der sich in der Rolle gefiel, den Daumen zu heben und zu senken. Er befasste sich nun mit einem ihm ausnehmend gut gefallenden Personenkreis, den Akademikern. Ihnen fühlte er sich doch zugehörig und nicht dem Bauernmilieu vom Taubenhof und vom Spatzenhügel.

Prof. Dr. Johann Peter Frank hatte sich im revolutionären 18. Jahrhundert auf die Seite der Republikaner geschlagen und wollte den absolutistischen Königshäusern eine vom Staat zu verantwortende Krankenfürsorge abringen. Er war der Leibarzt des Zaren gewesen, hatte in Wien Beethoven und den in Schönbrunn daniederliegenden Napoleon behandelt. Von ihm stammt das erste theoretische Werk über Hygiene, und nach seiner eigenen Theorie hatte er erfolgreich praktiziert. Sein *System einer vollständigen medizinischen Polizey* handelt von der Wiege und von der Bahre. Die Geburtshygiene der Wöchnerinnen ist ebenso Gegenstand wie die abseits des Grundwassers anzulegenden Begräbnisplätze. Der Sozialethiker Frank will mehr Licht, Luft und Sauberkeit in den Krankensälen, mehr Parks in den großen Städten und weniger lange Arbeitstage. Er fordert die Fürsten dazu auf, eine geordnete Müllentsorgung zu organisieren, und die Beseitigung der Kinderarbeit fordert er auch.

Es lässt sich nicht leugnen, schreibt Frank, dass „das Elend des Volkes die furchtbarste Mutter der Krankheiten ist". Dieser Satz aus seiner Antrittsvorlesung, gehalten 1790 in Pavia, hallt in der ganzen europäischen Medizinerwelt nach.

Über Johann Peter Frank wollte der Mann Genaueres wissen. Was hatte der Reformer Frank mit dem Nazi Bürckel, dem Vertreter der „Rassehygiene" zu tun? Der wollte ihn als Vorläufer der braunen Bewegung verstanden wissen. In der Nationalbibliothek seiner Stadt gab es ein Buch mit dem Titel *Johann Peter Frank, der Gesundheits- und Rassenpolitiker des*

18. Jahrhunderts. Mit einem Geleitwort des Gauleiters war das Buch versehen. Davon machte er sich eine Kopie:

„Zum Geleit

Dem genialen Menschen, der in Taten und Gedanken seiner Zeit vorauseilt, wird häufig das tragische Schicksal zuteil, daß ihn seine Zeitgenossen nicht verstehen und sein Werk ablehnen. In vielen Fällen wird erst die Nachwelt dem Wollen und Schaffen der vom Zeitgeist verkannten großen Männer gerecht und schöpft produktive Anregungen aus ihrem Gedankengut.

Dieses Schicksal teilte auch Johann Peter Frank, der Sohn der Westmark, den sein Weg in einem glänzenden Aufstieg auf Umwegen nach Wien führte. Hier in der Ostmark gelang es ihm durch sein vielseitiges Können und rastlose Arbeit, die früher berühmte Wiener Medizinschule zu neuer Blüte zu bringen.

Gleich groß als Naturforscher, Rassehygieniker und Bevölkerungspolitiker, als Kliniker, Lehrer und Reformator des öffentlichen Gesundheitswesens muß dieser schöpferische Tatmensch als der fanatische Vorkämpfer auf dem Gebiete der Gesundheitsführung, wie sie heute der Nationalsozialismus zu verwirklichen bestrebt ist, gewertet werden.

Der Gedanke, die Erinnerung an diesen großen deutschen Arzt und Wissenschaftler wieder zu erwecken, erscheint mir fruchtbar und wertvoll.

Bürckel,
Gauleiter der Gaue Saarpfalz und Wien
der NSDAP“

Der Johann Peter Frank hatte im Heiligenkalender seines Vaters immer einen prominenten Platz eingenommen. Ob der Vater auch den Tatmenschen, „Rassehygieniker“ und fanatischen Vorkämpfer bewunderte? Der Sohn erwog die Hypothese; es sei der Humor gewesen, der seinen Vater mit dem *Frankeschoh* verband. „Denjenigen, welche zu künftigen Weltbürgern bestimmt sind, rate ich im Ernste, sich von kraftvollen, zu denken fähigen und gutartigen Eltern, zu welchem Stande sie auch immer gehören mögen, erzeugen zu lassen“, heißt es in Franks Autobiografie.

Die hatte der Vater sicherlich nicht gelesen (er kannte bloß die eines gewissen Cassius Clay). Im Frank'schen schönen Fachwerkhaus war er geboren worden, und vielleicht spukte hier die humorige Aura herum. Oder war es vielleicht der auratische Humor? *Beis Franke* hatte der Großvater, der *Kernfilp,* zur Miete gewohnt, bis er es sich hatte leisten können, ein eigenes Häuschen auf dem Taubenhof zu erwerben.

Das Auge blau

War es nicht sein Bruder gewesen, der dem Mann versprochen hatte, ihn bei seiner Recherche nach den alten Antisemiten des Dorfs zu unterstützen? Der gewesene Fabrikant hatte sich vom Schuhgeschäft auf den Golfplatz zurückgezogen, und dieser Rückzug, dieser Spaziergang von Loch eins bis zum Loch achtzehn, ließ ihm wohl für nichts mehr Zeit. Auf dem Golfplatz angekommen, schaltete Werner regelmäßig sein Handy aus. „Du bist schwerer zu kriegen als der Papst", sprach ihm der Mann auf die Mailbox, wenn er den Bruder wieder einmal vergeblich anrief. „Benutzt du deinen Spazierstock wieder verkehrt rum?", fragte er noch und bat um Rückruf. Der kam dann zuverlässig und war von der regelmäßigen Rückfrage begleitet: „Wann geh mer mohl widder enner bloose?" Der Mann, mit dem Dialekt seiner Heimat nicht mehr recht vertraut, geriet in eine ziemliche Verwirrung, als er am Beginn der erneuerten Bruderschaft auf diese Frage reagieren sollte. Einen blasen, die derbe Formulierung, passte doch gar nicht zu seinem katholischen Bruder. Und ins Bahnhofsviertel ging man doch der guten Lokale wegen. Irgendwann fiel ihm der Wortsinn ein: Werner wollte wissen, wann mal wieder ein ihr gemeinsames Essen begleitendes ordentliches Trinken stattfinden sollte.

Wenn es dann zur Verabredung kam, brachte er vielleicht eine als Ansichtskarte verwendete Luftaufnahme mit, die ihr kleines Dorf wie in eine Lichtung des Waldes eingepflanzt zeigte und den Spatzenhügel noch als unbebautes Ackerland. Oder er hatte ein im Fotostudio Matheis aufgenommenes Hochzeitsfoto gefunden, darauf die schöne Frau Pfundstein mit einem haubenartigen, zurückgeschlagenen Schleier und der Vater mit einem Zylinder, den er lässig in Kniehöhe hielt, als hätte er ihn gerade abgenommen. Einmal erinnerte er den Mann an den rituellen Gruß, mit dem man sich früher nach Silvester begrüßt hatte: „Prost Neijohr, e Brezel wie e Scheierdor." Jedoch zu ihrem gemeinsamen Thema trug der Werner nichts bei.

Von der Schwester, der *Maijan*, kam Material, das der Mann eigentlich von ihm erwartet hatte. So ein zugefaxtes, auf den 7. September 1875 datiertes Faksimile der *Zweibrücker Zeitung*, ein Nachdruck des lokalen *Gräfensteinbotens* und folgenden Inhalts:

„Am Nachmittage des 12. Juni abhin hatte der Ackerer Anton Geenen von Rodalben dem Bäcker Matheis allda eine Wagenladung Ziegeln beigefahren; als er vor dessen Haus sein Pferd anspannte, um es nach Hause zu führen, rief ihm von den vor der nahen Wohnung des Kaufmannes Schohl zahlreich versammelten Israeliten der Handelsmann Lazarus Bloch von Rodalben zu, er solle in Zukunft nicht mehr so rasch fahren wie gestern, sonst werde er ihm ein Protokoll machen lassen. Dieser Zuruf geschah mit Rücksicht darauf, daß Geenen Tags vorher im Orte Rodalben in scharfem Trabe um eine Straßenecke gefahren war, während das 2-jährige Knäbchen des Lazarus Bloch an dieser Ecke unmittelbar neben der Straße gestanden, so daß ein gewisser Friedrich Bähr sich veranlaßt gefühlt hatte, aus seinem Hause zu springen und das Kind rasch zurückzureißen, um es vor der wirklichen oder vermeintlichen Gefahr des Überfahrenwerdens zu retten. Auf den Anruf des Bloch drehte sich Geenen nach ihm um und schleuderte ihm in höhnischer Weise eine Bemerkung entgegen, die eine für Bloch sehr beleidigende Anspielung enthielt. Dies brachte den Letzteren so in die Hitze, daß er auf Geenen zusprang, ihn am Halse packte und durch mehrere mit großer Kraft geführte Faustschläge auf den Kopf und in's Gesicht mißhandelte. Nach dem ärztlichen Fundberichte und Gutachten war namentlich durch einen Schlag auf das linke Auge eine Sugillation des Augapfels entstanden und vorübergehend die Sehkraft an demselben geschwächt. Die Arbeitsunfähigkeit des Mißhandelten betrug im Ganzen 9 Tage. Wenn auch Letzterer nicht gut auf Bloch zu sprechen ist und ihm kein rühmliches Zeugnis ausstellt - er gab als Zeuge auf Befragen an, daß Bloch ein ‚spöttischer' Mensch sei, am Sabbathe die Bauern von Rodalben gern ‚utze' und sich für den ‚Napoleon' in Rodalben halte, - so bescheinigte doch die Ortsbehörde, daß Bloch sich des besten Leumunds erfreue. Mit Rücksicht hierauf, sowie auf den durch die Bemerkung des Geenen hervorgerufenen gereizten Zustand des Beschuldigten Bloch erkannte das Gericht gegen ihn auf eine Geldstrafe im Betrage von zehn Thalern, umgewandelt für den Nichteinbringlichkeitsfall in zehn Tage Gefängniß."

Im 19. Jahrhundert hatte es schon Rowdytum im Straßenverkehr gegeben und waren selbst die Gerichtsreporter eines Provinzblattes noch Stilisten gewesen, dachte der Mann zuerst, als er den in Fraktur gesetzten Artikel über den Vorfahren las. Es war also Lazarus Bloch gewesen, mit dem sich der Vorfahre angelegt hatte. Und Anton Geenen ging auch gar nicht als Sieger vom Platz, wie in Vaters Erzählung vom legendären, nur mit Clay gegen Liston vergleichbaren Rodalber Boxkampf, sondern als verprügelter Antisemit. Die alte Geschichte war dem Kind einmal so lieb gewesen, dass es sie immer wieder hören wollte. Der Mann wünschte nun, sie wäre nie passiert.

Er schaute in der Datenbank von Yad Vashem nach, ob es zu den Blochs aus Rodalben einen Eintrag gab. Dieses Nachschauen war ihm zur Gewohnheit geworden. Das vor dem Überfahrenwerden gerettete Kind war Davids Bruder Berthold Bloch. Vor der Shoah konnte ihn niemand in Sicherheit bringen. Siebzigjährig wurde er in Theresienstadt umgebracht. Die auf Davids Postkarte erwähnte Schwester Emma („Der lieben Emma Pech geht mir nah.“) verlor ihr Leben am selben Ort. Berthold Blochs jüngste Tochter Marianne wurde in Auschwitz ermordet, da war sie gerade 23 Jahre alt. Seine Frau Ella hatte die Shoah überlebt und mit ihr die ältere Tochter Luise. Der erwähnte Kaufmann Schohl hatte einen Sohn namens Wilhelm, und der wurde ebenfalls ermordet.

Die Weihwasser-Lydia

Einmal schickte die Marianne dem Mann ein gescanntes Kalenderblatt, das im Ton einer Nachricht Folgendes schilderte:

Amerikanischen Truppen marschieren am 23. März 1945, von der Biebermühle kommend, in das Dorf ein. Sie nehmen die hier verbliebenen deutschen Soldaten fest. Der Sammelplatz für die Gefangenen ist der Hof des Geenen-Anwesens. Sobald der sich gefüllt hat, geht es zur großen Sammelstelle, dem Fußballplatz des FC 06. Ein GI stöbert zwei Wehrmachtssoldaten in einem Kellerloch auf. Ihre Waffen legen sie ab und ergeben sich. Der amerikanische Soldat schaut in die Gesichter zweier zu Tode Geängstigter. Ihnen dürfte eigentlich nichts passieren außer der Gefangennahme, haben die USA doch die Haager Landkriegsordnung unterzeichnet. Die schließt die Erschießung von Gefangenen aus. Der GI sieht die Todesangst der beiden und will sie ihnen nehmen. Er bietet ihnen eine Zigarette und Feuer an. Rauchend erreichen die Wehrmachtssoldaten den Geenen-Hof. Die dortige Wachmannschaft macht sich wohl ein verkehrtes Bild. Die beiden Gefangenen sind plötzlich beschuldigt, sie hätten der US-Armee Zigaretten gestohlen. Der Kommandant ordnet die sofortige Erschießung an. Die Beteuerungen der Verurteilten helfen nicht. Ihr Wohltäter ist mit seinem Truppenteil längst Richtung Münchweiler abgezogen.

Hinter dem Hof der Sammelstelle liegt der Garten der Lydia Frenzel, der *Frenzelsliddie*. Dort sollen Exekution und Beerdigung stattfinden. Der Kommandant fordert die beiden auf, ihr eigenes Grab zu schaufeln. Sie sollen Maß nehmen und das gegrabene Loch ihrer Körperlänge anpassen. Die sich anbahnende Tragödie sieht, wie viele Schaulustige, die hinter ihren Gardinen stehende *Frenzelsliddie*. Sie will für das fehlende Kirchenritual Ersatz leisten. In ihrem katholischen Haushalt hängt, wie es sich gehört, an der Wand ein kleines Weihwasser-Becken und zwischen den Armen des Gekreuzigten ein am Palmsonntag gesegneter Buchszweig. Damit verlässt sie das Haus und geht auf das geschaufelte Loch zu. Sie taucht den Zweig ins Wasser und besprengt das ausgehobene Grab.

Mit der Lydia und den Nachbarn ist die Dorfjugend Zeuge der Szene. Die Jugendlichen sind empört, und sie halten es noch mit dem Führer. Seinen Werwölfen hat der Führer befohlen, den Feind aus dem Hinterhalt zu bekämpfen, wenn nötig aber auch mit offenem Visier. Die für den Kampf nötige Handgranate aus dem Versteck zu holen, sind die Jungen schon unterwegs. Dem Exekutionskommando wollen sie die Granate vor die Füße werfen. Bevor die kampfbereite Jungschar wieder zurück ist, hat der Offizier das Kommando jedoch zurückgenommen. Die angedrohte standrechtliche Erschießung ein Spektakel zur Abschreckung, eine erteilte Lektion?

Der in der Dorfchronik lesende Mann zieht eine Luftspiegelung in Betracht. Eine Szene in einem von der deutschen Wehrmacht heimgesuchten russischen Dorf spiegelt sich unvollständig und verwackelt im Hinterhof der Frau Frenzel ab. Der Mann hatte einmal eine Wanderausstellung gesehen; die dort gezeigten Fotos waren ihm in Erinnerung geblieben.

Der Heimatkalender verzeichnet eine wunderbare Errettung; die „christliche Gesinnung der Weihwasserfrau“ bekommt ein Denkmal gesetzt.

Missbräuchliche Benutzung wird bestraft

Vom Vater bewahrte der Mann zwei Dinge auf, ein ledernes, leicht beschädigtes Brillenetui und den Wehrpass mit dem Passfoto des etwa vierzigjährigen Erzeugers. Die beiden Dinge begleiteten ihn seit Vater tot und er von zu Hause ausgezogen war. Das Leder des Etuis roch nach dem Inneren von Vaters Nachttisch. Darin verborgen Spuren eines Lebens, das der Vater früher einmal geführt hatte. Eine elegante silberne Zigarettenbox und das dazu passende Benzinfeuerzeug, eine Tabakspfeife mit schwarzem Kopf und bernsteinfarbenem Mundstück, ein Rechenschieber, den zu handhaben der Alte dem Jungen vergeblich beizubringen versuchte. Die Rauchutensilien hatten ihren Niederschlag im Leder des Brillenmäppchens hinterlassen, ein dem Mann wertvoller, ihn mit seiner Kindheit verbindender Geruch.

Im Nachttisch hatte auch der Wehrpass gelegen, das Wort noch mit scharfem „s" geschrieben. Der Pass wies seinen Inhaber als Schuhmacher („erlernter Beruf"), Betriebsleiter („ausgeübter Beruf"), Führerscheininhaber Klasse 1 („Berufliche, techn. oder sportl. Befähigungsnachweise"), Wehrtauglichen („Tauglichkeitsgrad") und Reservisten („Wehrdienstverhältnis") aus. Das in einer niederrheinischen Stadt ausgestellte Dokument, Schrifttyp Fraktur, hatte Vater mit einem feinen Füllfederhalter zweimal unterschrieben, auf dem Passfoto und in der schraffierten Fläche darunter. Das „F" vom Franz, ein geschwungenes Wunderwerk aus drei Bögen, das „K" vom Kern ein einziger, energischer Strich, von einem Halbkreis gefolgt. Ein sorgfältig mit Krawatte, weißem Hemd und Jackett gekleideter Mann mit länglicher Nase, großem Ohr und nach hinten gekämmtem, vollem Haar schaut mit weichem, geschlossenem Mund und einem etwas spöttischen Blick aus dem Foto heraus.

Laut Wehrpass nahm sein Inhaber an einer Reserveübung am 1. Juni 1942 teil, die der „Belehrung über Spionage, Spionageabwehr, Sabotage,

Landesverrat und Wahrung des Dienstgeheimnisses" gedient hatte. Die gegenüberliegende Seite „Reichsarbeitsdienst" weist keine Eintragungen auf. Die Spalte „Auf den Führer vereidigt am ..." ist leer. In den Rubriken „Beförderungen und Ernennungen (auch im Kriege) und Orden und Ehrenzeichen (auch im Kriege)" ist nichts verzeichnet. Für „Im Kriege mitgemachte Gefechte, Schlachten, Unternehmungen" sieht der Pass 26 Felder vor; 26-mal ist Vati dem Feld der Ehre ferngeblieben. Halb so viele Querspalten weist die unbeschriftet gebliebene Seite „Verwundungen und ernste Krankheiten" aus. Die 13, eine Unglückszahl, aber nicht für den Vater. Die Blutgruppe des Passinhabers fehlt, ebenso wie Größenangaben für Stiefel, Mütze, Gasmaske und Stahlhelm. Auf der letzten Seite steht unter siebtens: „Der Wehrpaß ist zeitlebens vom Inhaber aufzubewahren."

Als Wehrpflichtiger besaß der Vater kein anderes Ausweispapier als dieses graue, kleine Heft, darauf der Reichsadler mit Hakenkreuz im Siegerkranz. Vater verwendete den Pass nach dem Mai 1945 solange weiter, bis er einen neuen bekam. Das Dritte Reich gab es nicht mehr und die Bundesrepublik Deutschland gab es noch nicht. Als praktischer Mensch und mit Hilfe der Meldebehörde wusste Vater sich zu helfen. Mit einem Papierschnipsel sind Adler und Hakenkreuz überklebt. Der Schnipsel verdeckt das inkriminierte Kreuz nicht völlig; hebt man ihn etwas an, lässt es sich wieder sehen. Der Kopf des Adlers ist dagegen ganz verschwunden, nur die ausgebreiteten Schwingen ragen rechts und links heraus. Der mit der Zeit ganz braun gewordene Fitzel ist abgestempelt. Der Stempel mit Datum 7. September 1945 drückt sich auf dem braunen Papier und dem Grau des Wehrpasses ab. Auf der hinteren Umschlagsseite ist noch die Warnung zu lesen: „Fälschung und mißbräuchliche Benutzung dieses Wehrpasses werden nach §§ 267–70 RStGB bestraft."

Nach Vaters Tod hatte der Mann das Dokument an sich genommen, und seither liegt es in seinem Stehpult, wo sich das für ein Leben Wichtige ansammelt: Reisepass, Impfausweis, Ersatzbrille, Sparbuch, Handy-Aufladekabel und Rentenversicherungsnachweis.

Der Schlägermeister

Seine Lust am pädagogischen Prügeln wäre dem in den Archivunterlagen immer mal wieder auftauchenden Heinrich Karch nach 1945 beinahe noch zum Verhängnis geworden. Einer seiner ehemaligen Schüler gab eine eidesstattliche Erklärung ab. Karch bekam also, was man damals „Schwierigkeiten“ nannte. Vielleicht dauerte es deshalb so lange, bis er es endlich, Mitte der sechziger Jahre, zum Schulleiter brachte:

„Eidesstattliche Erklärung

Ich erkläre hiermit, dass ich damals selbst mit dabei war, als der heute noch stark mit Nazi-Ideologie durchsetzte Hauptlehrer Herr Heinrich Karch, am 20. November 1939 in der Vollblüte des Nazi Regimes sich sehr stark fühlte die Schüler K.G., S.J. und K.E., kaufm. Angestellter, auf dem Heimwege aus der Kirche vor dem Schulhause, wegen nicht Ausführung des Nazi-Grusses verprügelt hat. Herr K a r c h wollte wahrscheinlich in Begleitung des R.A.D. Unterfeldmeisters seine Männlichkeit und Stärke beweisen, was ihm auch damals an Schülern der 6. Volksschulklasse gegenüber restlos gelungen ist. K. wurde dabei am meisten getroffen, während ich mich noch im letzten Augenblick zurückziehen konnte.

Ich erkläre hiermit meine Angaben wahrheitsgetreu gemacht zu haben.

Rodalben, den 10. April 1946“

Wertvolle Einblicke in den Alltag einer Volksschule unter der Herrschaft der braunen Pädagogik boten die Unterlagen, und Heinrich Karch war kein Einzelfall. Im Lehrerkollegium der zwei darauffolgenden Jahrzehnte war dieser Typus noch stilbildend. Der Mann und sein Bruder Franz hatten den Stil ja noch am eigenen Leib erlebt, während dem Werner die Karch'sche Prügelpädagogik im fernen niederrheinischen Goch erspart geblieben war. Ihr gemeinsamer Vater war auf die Schullehrer gar nicht gut zu sprechen, obwohl er nicht einmal fünf Jahre zur Schule gegangen war, seine Schulzeit mit dem Beginn des Ersten Weltkriegs geendet hatte und sein Lehrer der gemütliche *Wiehnebabbe* gewesen war. So hatte das ganze Dorf den Herrn Wiehn genannt. Der hatte am Beginn der großen

Ferien sämtliche Topfpflanzen der Schule an die Schüler verteilt, und wem es gelungen war, seinen Gummibaum heil zum Schulbeginn wieder mitzubringen, war mit der Erlaubnis belohnt worden, sich auf die *Scheslong* im Hause Wiehn setzen zu dürfen. Der Vater erzählte seinen Kindern, er sei nie in diesen Genuss gekommen.

Dafür war ihm der gestrenge Schullehrer erspart geblieben, den als *Babbe* zu bezeichnen keinem eingefallen wäre. Die eidesstattliche Erklärung geht weiter:

„In der Sache Karch habe ich folgendes zu sagen.

Karch hat wegen nicht Ausführung des Nazi-Grusses mehrmals das Züchtigungsrecht an Schülern überschritten.

Regelmässige Übung des Nazi-Grusses in der Turnstunde.

In der Turnstunde wurde jedes Mal der deutsche Gruss geübt, ein Zeichen dafür, dass Karch doch einen geschätzten Wert auf den Nazi-Gruss legte. Wir mussten meistens aufmarschieren und der Gruss begann sechs Schritte vorher und endete drei Schritte danach. Waren einige dabei, die in der Haltung Karch nicht zusagten, mussten sie meist 5-6-mal den ganzen Schwindel wiederholen, und sich noch mit einigen Ohrfeigen begnügen.

Gruss während der Unterrichtszeit.

Bei betreten einer Lehrperson des Klassenraumes, musste derjenige Schüler der im Blickfeld saß, Achtung rufen, und die ganze Klasse musste sich von ihren Plätzen erheben und mit dem schrecklichsten aller Grüsse, nämlich mit Heil Hitler den Gruss erwidern.

Wehe dem, wenn nicht alles klappte.

Propaganda für militaristische Jugenderziehung.

Karch hat meines Erachtens an der Jugend ein Verbrechen begangen. Jeden Montag war das erste Wort von H. Karch ‚Musterung' wobei wir uns, d. h. die ganze Klasse auf die Bänke stellen mussten, wobei er tatsächlich seine Musterung durchführte. Er bezog sich dann immer auf seine früheren Schüler, die alle so stramme Soldaten geworden sind. Auf Veranlassung desselben, hatte auch damals ein Schüler seiner früheren Klasse, der damals als Ob.Feldw. bei der der Luftwaffe diente, einen Vortrag halten müssen, über seine Aufgaben und Funktion. So wurde von allerhand gesprochen und zum Schluss auch noch über Werbung von Freiwillig-Meldungen.

Täglich Vorlesung aus dem Wehrmachtsbericht.

Es mussten darüber meist Aufsätze geschrieben werden, ein Zeichen dafür, dass er sehr, sogar mit Vorliebe an der Geschichte des dritten Reiches hing, denn er erzählte uns nicht immer von Cimbern und Teutonen, und von der Schlacht im Teutoburger Wald.

Bei Veranstaltungen und bei Beginn der Schulferien, war Karch immer derjenige der auf seinen vielgeliebten Führer ein dreifaches Sieg Heil ausgerufen hat.

So hatte Karch immer in Liedern und Gedichten den Führer verherrlicht.“

Wundschmerz

Christ, werde, was du suchst!
Wo du's nicht selber bist
So kommst du nie zur Ruh
und wird dir alls zu Mist.
Angelus Silesius

Der Mann hätte gerne andere Verwandte und Vorfahren gehabt als die vorfindlichen. „Du suchst wohl nach einem negativen Ariernachweis", kommentierte der Bruder die Bitte, ihm die Tür zum Bürgermeisteramt und zum Rathausarchiv zu öffnen, um dort nach den Vorfahren ihres gemeinsamen Vaters zu forschen. Der Mann lachte; es war ein die Verarschung kommentierendes, langgezogenes „Ha-Ha-Ha". Der Bürgermeister, mit Werner gut bekannt seit gemeinsamen Schultagen, wies seine Sekretärin an, die Ahnen des *Kernfranz* zu eruieren. Der Stammbaum ging bis ins 18. Jahrhundert zurück, und zwischen all den Schmitts und Geenens fanden sich auch aus dem Fränkischen stammende Ehrenreichs. Der Mann betrieb nun in Bamberg und Ansbach intensiv Ahnenforschung, so wie man achtzig Jahre vorher Ahnenforschung betrieben hatte, und die Scham darüber ertrug er heroisch. Groß seine Enttäuschung, als sich all die Ehrenreichs in den katholischen Kirchenbüchern verzeichnet fanden. Ein Distriktwundarzt als Stammvater, die Wunde der verkehrten Herkunft schmerzte ihn sehr.

Beim Aufsuchen des Katasteramts begegnete der Mann seiner Tante aufs Neue. Ja, Antoinette handelte clever, ganz kluge Geschäftsfrau, die sie gewesen war, aber jüdisches Eigentum hatte sie keins ergaunert. Das Haus in der Hauptstraße war zum Spottpreis an einen Gastwirt gegangen, nicht an die Tante. Den verurteilte ein Gericht Anfang der fünfziger Jahre, der überlebenden Henriette Metzger, Tochter von Alfred Metzger und Eugenie Baer, eine Entschädigung zu zahlen. Das Haus, mit DM 22 000

Hypothekenschuld belastet, hing dem Herrn Buchheit wie ein Mühlstein am Hals, von dem ihn die Tante befreite. Im Unterschied zu ihrem Bruder und ihren Schwägern, die alle in der Partei waren, hatte die Tante nicht auf die Nazis gesetzt. Einem jungen jüdischen Schneider hatte sie nach dem Novemberpogrom noch einen Anzug zum Kürzen gebracht, nachts, heimlich.

Man lernt nie aus, dachte der Mann. Das alte *Die hanneld wie e Judd* fiel ihm wieder ein. Und an die sieben Todsünden, die er im katholischen Kommunionsunterricht einmal gelernt hatte, musste er denken, darunter die Nummer sechs, *Invidia,* der Neid.

Ein Nachtrag

Do menne als die Leit
Wer e Buch schreibt, wär gescheit.
Frei nach Paul Münch, *Die pfälzisch Weltgeschicht*

Als der 82. Geburtstag des Bruders anstand, wollte sich der Mann etwas Besonderes ausdenken. Wie wäre es, wenn er ihm die Recherchen über die Nazizeit ihres Dorfs als ein Buch überreichen würde, das ihn, den Jüngeren, das *Jaköbl*, zum Autor hätte? Was würde das für eine Überraschung sorgen, und wie sehr würde es den Rest der Sippe beeindrucken! (*Vana Gloria*, Ruhmsucht, ist von Papst Gregor im sechsten Jahrhundert vom Katalog der Todsünden gestrichen worden). Die Idee hatte nur einen Nachteil, ihre Verwirklichung hakte. Der Mann bot sein Manuskript den Verlagen an, aber von dort kamen nur Absagen. Die variierten wie die Ansagen der Deutschen Bahn: Signalstörung, Stellwerksschaden, erhöhtes Fahrgastaufkommen. Mit dem Satz „Sie haben ein sehr wichtiges Thema behandelt, aber leider ...“ fingen die E-Mails meist an, oder der Satz bildete die Kadenz. Von einem auf dem Buchmarkt erfolgreichen Freund bekam der Mann einen Tipp. Er müsste eine Literaturagentur einschalten. Ohne einen solchen Makler könnte man bei einem Verlag gar nicht landen. Wer Unterkunft in einem Haus begehrte, würde sich doch auch nicht wie ein Einbrecher gebärden. Die angegebene E-Mail-Kontaktadresse also eine zu vermeidende Brechstange! Der Mann folgte dem Rat.

Die Agentin wollte wissen, ob er schon einmal einen Preis für Nachwuchsautoren gewonnen habe. Er nannte sein Alter und den in hohen Jahren noch erfolgreichen Theodor Fontane. Ob er sich mit dem vergleichen wolle, fragte Frau Knebel. Sie las gnädig ein paar Kapitel und bestätigte das Urteil der ersten Instanz: zu sehr Sachbuch und zu wenig *personality story*. Auch zwischen den romanhaften und autobiografischen Teilen herrsche Kuddelmuddel. Außerdem komme ein Buch gegen das von

Spielberg gelieferte ikonografische Bild der Shoah nicht mehr an. Und der Text weise zu viel Personal auf, schrieb sie noch. Da war es also wieder, das erhöhte Fahrgastaufkommen. Der Mann kam ins Grübeln: Was hatten die Heiligenbilder der Ostkatholiken mit *Schindlers Liste* und mit seinem Manuskript zu schaffen? Ihm wurde schmerzlich bewusst, dass er als hoffnungsloser Fall, als Störung im Betriebsablauf rüberkam. Und die Zeit lief ihm davon, der Geburtstag des Bruders war in Anmarsch. *Sommer's almost gone,* Morrisons Song der Vergeblichkeit, ward dem Manuskript gesungen.

Wider Erwarten zeigte doch noch ein Verlag sein Interesse. Der Text lese sich ganz ordentlich, aber die Mittel des Verlagshauses seien begrenzt. Ob der Mann nicht in Vorleistung treten könne? Die Frage verwirrte ihn. Wer schriftstellert, wird nicht bezahlt, sondern muss bezahlen? Eine schöne Erfahrung! Er überlegte, ob er seinen Bruder anpumpen und ihm sagen solle, er brauche Geld, um ihm ein tolles Geschenk zu machen. Sein mit den Gepflogenheiten literarischer Produktion vertrauter Freund riet ihm, sich nach einem Sponsor umzuschauen. Der Mann solle bei Geldinstituten anklopfen, denn die würden mitunter die Künste fördern. Der Autor in Not suchte schon nach Pseudonymen für die in seinem Manuskript genannten Dorfnazis. Der Auschwitz-Aufseher hatte doch sicher Nachkommen, und vielleicht zählten diese zu den Kunden der örtlichen Sparkasse. Wie den Namen Butz so verfremden, dass er nicht identisch mit dem eines Kontoinhabers war? Das gleiche Problem mit den arischen Nutznießern des den Gebrüder Samuel gestohlenen Sägewerks. Zwar gab es den Betrieb nicht mehr, denn die Holzbaracke war abgebrannt, aber deshalb mussten die Bernds und Knechts doch nicht ausgestorben und ohne örtliche Bankverbindung sein. Aus dem *Boldekarl* einen *Noldekarl* machen, um der Kollision mit der weitverzweigten Familie aus dem Weg zu gehen? Den Namen Karch so verändern, dass wenigstens noch ein phonetischer Anklang übrigblieb? Eine alberne, aufs Gesäß anspielende Idee kann ihm in den Sinn. Unseren Mann plagte plötzlich das schlechte Gewissen, fühlte er sich doch vor eine innere Wahrheitskommission gezerrt, die pathetisch befand, die Wahrheit sei dem Menschen zumutbar und kein Buch sei besser als ein dermaßen zensuriertes. Der Brief an die Sparkasse Westpfalz, Geschäftsstelle Rodalben, unterblieb.

Der verhinderte Autor musste der Sache ins Auge sehen: Das Groß-herauskommen des gewesenen *Jaköbl*, seine Verwandlung in einen Jakob, fiel ins Wasser. Vaters Spruch fiel ihm wieder ein: „Mid de große Hund pisse wolle, awer es Bä ned hoch grie." Die Idee mit seinem Buch gab er auf, blieb noch das Buch an sich. Wenn er das eigene nicht als Geschenk überreichen konnte, dann halt ein anderes. Lange suchte er, bis er das Passende fand, einen Bildband über ihr Nest. Werner hängt viel mehr an unserem *dirty old town* und am Dauwehof als er sich eingesteht, dachte er damals, trotz des oft gehörten Satzes: „Isch bin froh, dass isch vun dem langweilische Kaff weg bin." Auf dem Taubenhof hatte „de Kaschee", das Bett des Bruders, einmal gestanden, dort war er vom Großvater, dem *Kernfilp* getröstet worden. „Bu, heil ned", war der Kommentar des Opas Philipp gewesen, immer wenn die Tränen gelaufen waren. Der Verlust der Mutter, die tote Schwester – dem Bruder waren die Tränen immer vorm Einschlafen gekommen.

Den rotbraun-schweinsledernen Folioband hatte der Mann im Internet entdeckt und von einem Antiquariat erworben. Das zur 800-Jahrfeier herausgekommene Buch enthielt alte Aufnahmen vom Taubenhof. Zwar hatte auch der unvermeidliche Dorfhistoriker Heringer wieder zugeschlagen; den konnte der Mann schon als Jugendlicher nicht leiden. Wer mag schon Säulenheilige? Über den Beitrag des Heringer sah der Mann einfach hinweg. Dass der seinen Irrtum eingesehen hatte und die am Pogrom im November 1938 beteiligten Nazis nun nicht mehr als Ortsfremde, als von oben, von Pirmasens Heruntergekommene ausgab, sondern auf die einheimischen, gleichwohl namenlosen SA-Männer verwies, dass Edmund Heringer lange Zeit der Einzige war, den das Verbrechen an den Juden des Dorfs umgetrieben hatte, was ging es den Mann an?

Er blätterte ein wenig in dem als Geburtstagsgeschenk vorgesehenen Prachtband rum und fand das schöne, vormalige Amtshaus abgebildet, dessen dunklen Flur der Vater jeden Sonntagmorgen mit seinem Jüngsten nach dem Hochamt durchschritten hatte, um im Hinterhaus die im Bett liegende kranke Tante zu besuchen. Zuerst der Besuch bei der alten Dame, dann zum Frühschoppen ab ins *Bolde*. Das Aufsuchen der bettlägerigen Tante hatte dem Vater jedes Mal die Gelegenheit gegeben, von dem im

Schrank vor *dene Soldade* versteckten Vorfahren zu erzählen, der durch einen Säbelstich verletzt worden sei und sich nach seiner Genesung *ab no Ameriga* gemacht habe.

Werner, Franz, Marianne, der Mann, alle kannten die Geschichte, wie alle Kinder und Enkel. Solange man Kind war, glaubte man Vaters Geschichten noch; als Heranwachsender zog man sie in Zweifel; als Erwachsener zweifelte man keinen Moment mehr, dass sie erfunden waren. Vater, der Märchenerzähler, der den Grimms Konkurrenz machte. Aber okay, *se non e vero e ben trovato.*

Bevor der Mann den Bildband in Geschenkpapier einpackte, las er den zur Fotografie des Amtshauses gehörigen Text und stieß auf die folgende, mit *Versteck im Schrank* überschriebene und mit einem weiteren Foto versehene Geschichte:

„Schaut man genau hin, sieht man den langen Spalt in der Tür des schönen Möbelstücks. Er stammt von einem Bajonett. Wer geht mit einer Stichwaffe auf einen Schrank los und warum? In dem Möbel hatte sich ein Anhänger der ‚Heckertruppe' (so genannt nach dem aus Baden stammenden Anführer der pfälzischen Revolutionäre) vor dem preußischen Militär versteckt, das die 1848er-Revolution in der Pfalz niederwarf. Als die Preußen unter ihrem ‚Kartäschenprinz' Wilhelm, dem späteren Kaiser Wilhelm I., in unser Dorf einrückten, wird der Freischärler am Ortsausgang verwundet und flüchtet sich ins elterliche Haus, das damalige Amtshaus der Gemeinde. Dorthin lassen sich die Preußen führen, und durchbohren bei der Hausdurchsuchung auch Truhen und Kleiderschränke mit ihren Bajonetten. Dabei verwunden sie den Versteckten noch einmal, und seine Schreie verraten ihn. Nur das kniefällige Bitten seiner Mutter bewahrt den Heranwachsenden vor dem Tod durch Erschießen.

Henri hieß der Junge, und französisch sprach sich der Vornamen aus. Seine Eltern sympathisierten wohl mit unseren Nachbarn, aber diese Sympathie mit den immer wieder rewellisch gewortenen Franseschige, wie sie in unserer Dorfchronik genannt werden, teilten nur wenige aus unserem Dorf. Mit anderen Halbwüchsigen hatte Henri einen Freiheitsbaum nach dem Vorbild der Franzosen in der Ortsmitte aufgestellt. Die Heckertruppe versuchte, den Bürgermeister Franz Matheis abzusetzen, was an der Treue der Bürger zum Adlerwirt scheiterte. Sie wollten die Gemeindekasse entwenden und das Geld für die Revolution verwenden, was ebenfalls scheiterte. Der Steuereinnehmer Franz Kölsch hatte die Kasse rechtzeitig in Sicherheit gebracht.

Ein Augenzeuge, ja ein Akteur des Dramas um den verwundeten Henri, war ein Offizier der preußischen Truppen. Der Gefangene sei als der verdorbenste, übermüthigste und unsittlichste Gesell der ganzen Gemeinde und Rothalben als der Sitz der rothen Republikaner bekannt, schreibt ein gewisser D. Staroste. In dem Tagebuch über die Ereignisse in der Pfalz und in Baden, wenige Jahre nach den 1848er-Ereignissen publiziert, will der Verfasser vom Ortsnamen auf die politische Sympathie unserer Vorfahren schließen, was sicher unzulässig ist.

Zu berichten ist auch von der mutigen Tat einer einfachen Frau, der ortsansässigen Witwe Banz. Ihr ist es zu verdanken, dass der von der Biebermühle heranrückende Staroste mit seiner Truppe den aufgepflanzten Freiheitsbaum glücklicherweise nicht zu sehen bekamen, hatte ihn doch die Witwe mit einer Axt umgehauen und mit Hilfe beherzter Bürger im letzten Moment ins Dillinger Gässchen geschleift und somit den Blicken der einmarschierenden Soldaten entzogen.

Dass das preußische Militär den Henri nicht füsilierte, war ebenfalls ein großes Glück. Den Henri hat es nach seiner Genesung nicht mehr in unserer schönen Heimat gehalten. Mit dem von seiner Mutter erhaltenen Geld verschwand er über die französische Grenze und wanderte nach Amerika aus. In New York kam er mit einem Schiff gleichen Namens an, ein Jahr nachdem der Hitzkopf unser Dorf in größte Gefahr gebracht hatte. Eine Postkarte traf im Amtshaus in der Hauptstraße ein und vermeldete den Eltern die glückliche Ankunft ihres ungeratenen Sohns.

Wo sich der Flüchtling über die Grenze nach Frankreich schlich, ist nicht bekannt. Vielleicht war es auf der Hackmesserseite, in einem der südwestlich unserer Kreisstadt gelegenen Weiler, deren Bewohner für die Französische Republik schwärmten, eine Schwärmerei, die Henri teilte. Mancher heutige Leser wird sich fragen, was das eigenartige Wort bedeutet. Es ist der volkstümliche Ausdruck für die Guillotine gewesen, und die Hackmesserseite umfasste ein halbes Dutzend Dörfer, deren Bewohner sich einmal die freien Franken nannten. Sie eiferten den Ideen von 1789 nach, verweigerten ihrem Landesherrn die Salz- und Holzsteuer, erklärten ihre Schultheißen für abgesetzt und beantragten erfolgreich ihre Aufnahme in die Französische Republik. Diese beschenkte die Rebellen mit einer Guillotine, von der sie, so wird berichtet, eifrig Gebrauch machten. Erst mit Napoleons Niederlage endete dieser Spuk.

Er endete, um 1848 wieder aufzuleben, dieses Mal als Begeisterung großer Teile der Pfalz für die in Frankfurt ausgerufene deutsche Republik. Das preußische Militär machte mit den pfälzischen Revolutionären kurzen Prozess, und nachdem der Aufstand niedergeschlagen war, übte Bayern das Kriegsrecht aus. Das 14. bayrische Infanterieregiment lag in unserem Raum. Der Oberbefehlshaber der bayrischen Truppen, ein Edler von Thurn und Taxis, gab das Motto aus: Lieber 100 unruhige Köpfe erschießen, als 60 000 Seelen durch Nachsicht ins Elend stürzen. Gegen den liberalen Ungeist, wie er es nannte, kannte er keine Nachsicht. Beliebt waren er und seine Soldaten bei uns jedoch nie. Da half auch kein Beistand vom lieben Gott. Bayern und Pfalz, Gott erhalt's, die fromme Parole der Wittelsbacher ging unseren pfälzischen Ohren nicht ein.

Doch zum Henri zurück. Die den Kindern unseres Dorfs erzählte Geschichte wies märchenhafte Züge auf, zumal das beschädigte Möbelstück als verschwunden galt. Der Schrank als Versteck vor dem Eindringling – wer denkt da nicht an die Standuhr und an den Wolf und die sieben Geißlein? Im Umkreis der Familie Geenen kursierte noch eine weitere Version. Die verwandelte den glücklich Davongekommenen in den alterslosen reichen Onkel aus Amerika. Ihm war der Besitz einer Goldmine angedichtet, und er sollte wie der Messias wiederkommen.

Plötzlich war der Schrank wieder da. Im ehemaligen Rathaus war ein Erbfall eingetreten. Das Haus samt Inventar wurde aufgeteilt. Das Möbelstück war gar nicht verschwunden gewesen; es hatte seinen Platz nur im schummrigen Hausflur gefunden. Und wie es mit Dingen so geht, die man immer sieht: Man nimmt sie irgendwann nicht mehr wahr. Der den Schrank per Los bekam, sah in ihm einen alten beschädigten Kasten, aber von historischem Wert. Den realisierte er mit dem Verkauf ans Heimatmuseum unserer nahen Kreisstadt. Dort steht er nun, entzaubert, als ein

Meisterwerk pfälzischer Handwerkskunst. Über seine Geschichte und die der 1848er-Revolution erfährt man leider nichts.

In einem Heimatmuseum soll die Heimat ja besonders zuhause sein. In unserem fehlt ein Stück; der klaffende Spalt in den Intarsien der Schranktür verweist darauf. Außerhalb des Museums fehlt uns die Heimat ja bald gänzlich, dank der breiten Betonschneisen, unter denen die Urwälder der Hinterpfalz verschwunden sind, die ein gewisser Friedrich Engels noch gesehen hatte. Engels war Teilnehmer der Pfälzer Revolution, und hat in dem erstaunlich aufschlussreichen Text ‚Die deutsche Reichsverfassungskampagne' ihren Verlauf beschrieben. Was da zu lesen ist, soll man es schmeichelhaft finden?

‚Wer die Pfalz nur einmal gesehen hat, begreift, daß eine Bewegung in diesem weinreichen und weinseligen Land einen höchst heitern Charakter annehmen musste. Man hatte sich endlich einmal die schwerfälligen, pedantischen altbayrischen Bierseelen vom Halse geschafft und an ihre Stelle fidele pfälzische Schoppenstecher zu Beamten ernannt ... Die Herstellung der Kneipfreiheit war der erste revolutionäre Akt des pfälzischen Volks. Die ganze Pfalz verwandelte sich in eine große Schenke, und die Massen geistigen Tranks, die ‚im Namen des pfälzischen Volkes' während dieser sechs Wochen verzehrt wurden, übersteigt alle Berechnung. Obwohl ... es hier viele reaktionäre Bezirke gab, war doch die ganze Bevölkerung einstimmig in dieser allgemeinen Schoppenstecherei, wurde selbst der reaktionärste Spießbürger und Bauer hineingerissen in die allgemeine Heiterkeit.'

Als spießbürgerlich und versoffen schmäht dieser Engels unsere Vorfahren. Lobende Worte findet der Kommunist natürlich nur für seine Mitkombattanten, die, so heißt es weiter, ‚halbwilden Bauernjungen'. Einer davon war unser Henri Jean Geenen."

Den Beitrag im Bildband nahm der Mann mit Begeisterung auf, obwohl ihm der bedächtige Ton auf den Nerv ging. Halt ein Ignorant, der sich in die Reihe seiner spießigen Vorfahren einfügt, dachte er. Aber jedenfalls nicht nur üble Antisemiten unter den Vorfahren! Und der aufrechte Kämpfer noch beglaubigt vom großen Friedrich Engels. Der stand doch bei unserem Mann ganz hoch auf seinem Podest.

Pfälzisch-hochdeutsche Übersetzungen und Anmerkungen

S. 9 „Kaschee“ - Dialektausdruck für Bett; dem Französischen entlehnt

S. 11 „Parïß“ - pfälzisch für die französische Hauptstadt Paris

„unn saht, des kann net jeder“ - „und sagt, das kann nicht jeder“

„Fällder in de Graawe, fressene die Rawe.“ - „Fällt er in den Graben, fressen ihn die Raben.“

S. 13 „lug“ - locker gebacken

S. 14 „Deichhinger“ - Teufel

S. 15 „Buwe“ - Buben

„Kurt Dehn“ - 1920-2000; früherer sehr populärer pfälzischer Volksmusiker

„Angnes“ - Agnes

S. 16 „Ich liebe zwei Mädchen aus Germany ...“ - Paul-Anka-Song aus den frühen sechziger Jahren

„Du muschd de Lenger ...“ - „Du musst den Lenker immer nach links drehen, immer weiter, immer weiter, bis es nicht mehr geht. Auf einmal geht's rückwärts.“

S. 17 „Schalwes“ - einfältiger Mensch; kommt wohl vom „Schabbesgoj“, einem Nichtjuden, der dem Gläubigen am Schabbat verbotene Arbeiten abnimmt.

„Die Kiechelscher raus“ - Aufforderung zur Herausgabe der Fastnachtskrapfen („Berliner“)

S. 18 „Wo ischn doi Babbe?“ - „Wo ist dein Vater?“

„Der isch noch krank, wesche dem Kriesch, un leid im Bedd.“ - „Der ist noch krank vom Krieg und liegt im Bett.“

„Kumm rinn, Kali, du musch mol e Bach mache.“ - „Komm rein, Kali, du musst mal pinkeln.“

S. 19 „Schneggewiss“ - Schneckenwiese

„Fury“ - beliebte US-amerikanische Kinderserie der späten fünfziger Jahre

S. 21 „Goldbrinnel“ - Goldbrünnlein

S. 22 „Höhlenkinder“ - deutschsprachige Fernsehserie von 1962, welche das Leben zweier im Wald versteckter Kinder schildert, die zwischen die Fronten von SS-Leuten und Partisanen geraten

„Päddel“ - kleiner Pfad

S. 24 „Wenn de Sepp sahd ...“ - „Wenn der Sepp sagt, spring in den Rhein, dann springst du in den Rhein.“

S. 25 „E-Stroß“ - „E-Straße“, weil dort so viele Familien wohnten, deren Nachname mit „E“ anfing

„Mäderidscher" - „Mädchenrutscher", ein Junge, der sich lieber unter Mädchen als Jungen begibt

„Ego te absolvo ..." - „Ich entbinde dich von deinen Sünden." (Freisprechungsformel nach altem katholischem Ritus)

„Fritz Danco" - 1931-2018; Sportreporter des Südwestfunks (SWF)

„gratia plena" - „voll der Gnaden"

S. 26 „Sunkist" (Sun-kissed) - ein orangehaltiges US-Getränk, das es ab Mitte der sechziger Jahre auch in Deutschland gab

S. 27 „Fass dene Zaun net ah, der isch elegdrisch, do krieschd de änner gewischd." - „Fass diesen Zaun nicht an, der ist elektrisch, da bekommst du einen ‚gewischt' (elektrischen Schlag)."

„Sigurd und Falk" - beliebte Comicfiguren der fünfziger und sechziger Jahre

„Du siesch aus wie e Zidronefalder." - „Du siehst aus wie ein Zitronenfalter."

S. 28 „Isch hab dem Herr Parre sej Unnerhosse a." - „Ich habe dem Herrn Pfarrer seine Unterhosen an."

S. 29 „Weise Kees" - weißer Käse (eine Art Quark)

„Soll isch des dem Mann vum Gesundheidsamd saa?" - „Soll ich das dem Mann vom Gesundheitsamt sagen?"

„Jaköbl kumm mid runner, dann griesch de a e Abbel, e groser, e Soldadeabbel."- „Jaköbchen, komm mit herunter, dann bekommst du auch einen Apfel, einen großen, einen Soldatenapfel."

S. 30 „De Roschd runner" - einen Kopf kürzer; von Rosch, hebr. für Anfang; vgl. Rosch Haschanah.

S. 31 „Kuddle" - Kutteln

„schnäkisch" - geschmäcklerisch

„Wie mer schaffd, so essd mer." - „Wie man arbeitet, so isst man."

S. 33 „Bärches" - Berches, jüdisches Segensbrot zum Sabbat

„Schales" - Eintopf aus Kartoffeln und Lauch

„seine dabbische Fies" - „seine dummen Füße"

S. 35 „Wer ischn des ...?" - „Wer ist denn das ...?"

„ame Zeid" - arme Zeit

S. 37 „bumben" - verprügeln

S. 38 „Lumbezeisch" - wörtlich „Lumpenzeug", abfällig für die „unterste" soziale Schicht

„Schaffsd de was ..." - „Arbeitest du etwas, dann hast du etwas, hast du etwas, dann bist du wer."

S. 40 „Bodschamber" - Nachttopf, franz. pot de chambre

„der pilger" - Kirchenblatt der Katholiken des Bistums Speyer, gegründet 1848

„Stadt Gottes" - Illustrierte katholische Zeitschrift der Steyler Missionare, heute „Leben jetzt"

„Willsche die mol halde? Die dud der nix.“ - „Willst du die mal halten, die tut dir nichts.“

S. 41 „Biewel“ - Bübchen

S. 42 „SABA“ - Schwarzwälder Apparate-Bau-Anstalt August Schwer Söhne GmbH, deutscher Rundfunkgerätehersteller, 1986 aufgelöst

S. 44 „Landeck“ - pfälzische Nervenheilanstalt bei Klingenmünster

„Petrus Kanisius“ - 1521-1597; Gegenreformator und Autor des ersten katholischen Katechismus

S. 45 „Weine nicht, wenn der Regen fällt ...“ - Drafi Deutschers Hit von 1965

S. 46 „Faasnaachd“ - Fasching

„Und seine Brüder zeigten das blutige Hemd ...“ - aus 1. Mose 37

„Moje früh isch die Naachd rum.“ - „Morgen früh ist die Nacht vorbei.“

S. 47 „Jeder weiß, was so ein Mai-Käfer für ein Vogel sei.“ - „Fünfter Streich“ aus Wilhelm Buschs „Max und Moritz“

„uzen“ - verulken, veralbern

S. 48 „De Maikäwer schlaad disch halb dood.“ - „Der Maikäfer schlägt dich halb tot.“

„weils de Chef gesaat had“ - „weil es der Chef gesagt hat“

„Nemme du isch gern, isch möschd awer aa han.“ - „Ich nehme gerne, ich möchte aber auch haben (bekommen).“

„Wenn alle Leid arm sinn ...“ - „Wenn alle Leute arm sind, und das, was da ist, allen gehört. Wie bei den Schulschwestern.“

S. 49 „Eschwiller“ - Thaleischweiler, Ort zwischen Pirmasens und Zweibrücken

S. 52 „Rorate“ - katholische Eucharistiefeiern in der Adventszeit

S. 53 „In dem Schrang hat sich de Urongel ...“ - „In diesem Schrank hat sich der Ur-Onkel vor den Soldaten versteckt; die haben mit dem Säbel in die Tür gestochen, und dann war er verletzt und hat geschrien. Das hat ihn verraten. Seine Mutter hat die Soldaten angefleht, ihn nicht zu erschießen. Später ist er nach Amerika ausgewandert. In Amerika hast du also auch Verwandtschaft, einen reichen Onkel.“

S. 54 „Necherferz“ - „Negerfürze“

„Dehäm schderwe die Leid.“ - „Zu Hause sterben die Leute.“

S. 56 „Scheslong“ - von franz. chaise longue, Sofa

S. 57 „Introibo at altare die ...“ - Gebet zum Beginn der alten katholischen Messe nach dem lateinischen Ritus

S. 59 „Dominus vobiscum“ - Fortsetzung des Ritus mit diesen und den folgenden Sermonen

„Fietze“ - Weizenbrötchen mit brauner Kruste und fluffig-hellen Seiten. Es wird nicht wie ein Weck einzeln, sondern aneinandergesetzt und mit Eigelb bestrichen gebacken.

S. 62 „Peterle, hol mol Peterle." - „Peterchen, hol mal Petersilie."

S. 69 „Kallstadter Kobnert" - berühmter Wein der pfälzischen Hardt
„De Woj schmeckt mer so gud, als ded mer e Engelsche uff die Zung pisse." - „Der Wein schmeckt mir so gut, als würde mir ein Engelein auf die Zunge pinkeln."

S. 71 „Alfredo di Stéfano" -1926-2014, spanischer Fußballspieler, fünfmaliger Europapokalsieger mit Real Madrid
„Ferenc Puskás" - 1927-2006, ungarischer Fußballspieler und Superstar der fünfziger und sechziger Jahre
„No de arm Zeit, wie es widder gut ging." - Nach der armen Zeit, als es wieder gut ging."

S. 73 „E Kanoneofe ... hier haw isch meim Vader soi Kieh unnergeschdeld." - „Ein Kanonenofen, hier habe ich die Kühe meines Vaters untergestellt."
„Fünf Kieh, und im Kriech, do sin die Fliecher mit de Bombe kumm." - „Fünf Kühe, und im Krieg, da sind die Flieger mit den Bomben gekommen."

S. 74 „no/vun driwwe" - „nach/von drüben" (also von Frankreich)
„Schigelscher" - schickes weibliches Schuhmodell
„Die hat Merzalwer Fieß un Parißer Schigelscher." - „Sie hat Merzalber Füße und trägt Pariser Schick. (Merzalben: Dorf nahe Rodalben)
„Erlenbach" - Ort in der Pfalz

S. 77 „Stuka von Junkers" - Abkürzung für Sturzkampfbomber, ein Flugzeug der Nationalsozialisten; gebaut von der Junkers AG, heute Airbus

S. 84 „biblioteca pauperis" - Bibliothek für die Armen
„Klaus Matischak" - geb. 1938, Fußballspieler; 1965 Deutscher Meister mit Werder Bremen

S. 85 „Was koschdn des Ding?", „Ensfuffzisch" - „Was kostet das Ding?", „Eins fünfzig".

S. 87 „Helmut Kapitulski" - geb. 1934, Fußballspieler; 1956 und 1957 Deutscher Meister mit Borussia Dortmund
„Du bischt mei beschtes Pferd im Schdall." - „Du bist mein bestes Pferd im Stall."
„SDS" - Sozialistischer Deutscher Studentenbund, ehemals Hochschulverband der SPD, dann aus der Partei ausgeschlossen, u.a. weil er eine Wanderschau organisierte, die die Verstrickung westdeutscher Eliten mit der NSDAP dokumentierte und dabei auf Bildmaterial aus der damaligen DDR zurückgriff.

S. 88 „Ruppertsweiler" - kleines Dorf nahe Pirmasens
„Dahn", „Hinterweidenthal" - Dörfer in der Westpfalz

S. 90 „Ei wer schdeht do uff de Brick mit de Batschkapp im Gnick, midm Meder in de lederne Hose?" - „Ei wer steht da auf der Brücke mit der Batschkapp

im Genick, mit dem Metermaß in der Lederhose?" Das Lied geht auf Mannheimer Hafenarbeiter zurück.
„Isch geb der am Sunnda zwä Maag ..." - Ich gebe dir am Sonntag zwei Mark, dann gehst du einen trinken, und die Mutter lässt du in dem Glauben, du wärst in der Kirche."

S. 94 „Ceterum Censeo" - „übrigens bin ich der Meinung ..."

S. 102 „Hald isch mer e Wutz, oder hald isch mer a Ami?" - „Halte ich mir eine Wutz, oder halte ich mir einen Amerikaner?"

S. 104 „Wingert" - Weinberg

S. 106 „Purple Haze" - Wie der Hit von Jimi Hendrix hieß auch LSD in flüssiger Form damals, im Englischen Acid.

S. 108 „Am Samschtah gehn mer no Zwäbricke, Demonschrande spritze." - Am Samstag gehen wir nach Zweibrücken, Demonstranten nassspritzen."

S. 109 „Du hasch jo kä Ahnung." - „Du hast ja keine Ahnung."
„Grumbeerebrode" - Feuer, in dessen Asche Kartoffeln gegart werden; Bestandteil alter pfälzischer Dorffeste
„De Serfeer is ahrisch krank ..." - „Der Xaver ist arg krank und tut niemandem etwas, außer wenn man ihn ärgert, was ja für viele im Dorf so eine Art Volkssport ist. Wenn er einen epileptischen Anfall hat, irgendwo, und er liegt auf der Straße, lässt man ihn liegen und erzählt, er sei besoffen, dabei trinkt er nie Alkohol. Helfen tut ihm niemand, noch nicht einmal einen Doktor ruft man für ihn. Der Xaver spricht perfekt Französisch und Deutsch, das können nicht viele von sich behaupten. Das kommt daher, weil sein Vater mit ihm in Paris war und an der Entstehung der Metro mitgearbeitet hat."

S. 110 „Schandam" - Gendarm

S. 119 „Ho Chi Minh" - vietnamesischer Revolutionär und Präsident der nordvietnamesischen sozialistischen Republik
„Quod pantera nigrum salit" - „welcher schwarze Panther springt"

S. 120 „Comboni" - katholischer Orden

S. 121 „des Tema bei de Mudder falle losse" - „das Thema vor der Mutter erwähnen"

S, 125 „Wenn er widder abhaud, schießde!" - „Wenn er wieder abhaut, schießt du!"

S. 127 „Schlabbeflicker" - „Schlappen", d. h. Schuhe; spöttischer Name für die Pirmasenser Schuhmacher

S. 130 „Dir stelld mer aa besser es Gesangbuch als die Koschd." - „Dir stellt man besser das Gesangbuch zur Verfügung als das Essen (die Kost)." (Sinngemäß: Du bist nicht günstig zu unterhalten.)

S. 134 „Der eindimensionale Mensch" - bekanntestes Werk von Herbert Marcuse, 1964 in den USA erschienen, 1967 in Deutschland, übersetzt von Alfred Schmidt

„Linksradikalismus, Gewaltkur gegen die Alterskrankheit des Kommunismus" - Buch von Gabriel und Daniel Cohn-Bendit

S. 135 „Die Schuh sinn zum Verkaafe, un ned um drin zu laafe." - „Die Schuhe sind zum Verkaufen da, und nicht um mit ihnen zu laufen."

„Kann Israel noch besiegt werden? oder Die Kommandos kämpfen weiter" - Pamphlet von Gérard Chaliand, veröffentlicht 1971 im Rowohlt Verlag

S. 136 „Soul on ice" - Buch von Eldrige Cleaver; „Revolution in der Revolution" - Buch von Regis Debray

S. 137 „wenn's blank und frisch gebadet riecht" - Liedzeile eines Franz-Josef-Degenhardt-Songs

S. 139 „Ihr Leid, die wühle in de dreckische Unnerwäsch ..." - Ihr Leute, die wühlen in der dreckigen Unterwäsche. Die nehmen die Unterhose aus der roten Woche von der Susanne mit."

S. 143 „Fällder in de Sumpf, machd de Reiter blumbs - do unne leid er." - Fällt er in den Sumpf, macht der Reiter plumps - da unter liegt er. (Kinderreim, siehe Anm. S. 7)

„Männer heile ned" - Männer weinen nicht

S. 144 „Grumbeere von unne ahgugge" - die Kartoffeln von unten anschauen (tot sein)

„Sieh sche, grad enner haw isch gesoff." - „Schau, gerade mal einen habe ich getrunken."

S. 150 „Des Lewe isch so schwer, wie du ders machschd." - „Das Leben ist so schwer, wie du es dir machst."

S. 156 „Heddellem" - Hettenleidenheim, Ort hinter Kaiserslautern

S. 158 „De Vadder war schwer krank ..." - „Der Vater war schwer krank, die Tuberkulose für euch Kinder richtig gefährlich. Ihr musstet weg, das war das Beste. Ihr habt in Pirmasens ja auch nicht lernen wollen. Deshalb habe ich euch ins Internat geschickt. Meinst du, das wäre mir nicht schwer gefallen, dich sonntags nach den Ferien dort hin zu schicken? Hätte ich dich bei mir behalten sollen? Du hättest nicht studieren können. Du hättest in die Fabrik gemusst."

S. 159 „Mei Haus verkaaf'ner ..." - „Mein Haus verkauft ihr. Ich will keinen Streit unter euch. Schaut, dass ich im Sarg ordentlich ausschaue. Danach geht ihr in die Gaststätte Bold."

„Grimmelkuche" - Streuselkuchen

S. 162 „Tine, sa mol Subbeschissel!" - „Tine, sag mal Suppenschüssel!"

S. 168 „Tunix" - Alternativbewegung, die von einem Kongress 1978 ihren Ausgang nahm; Tunix = Tue nichts

S. 171 „Heil' ned, Bu" - „Weine nicht, Bube"

S. 172 „Was der Kerl fer Musik macht, wäs isch ned, aber er hat Schuhgres zwäeverzisch" - „Was der Kerl für Musik macht, weiß ich nicht, aber er hat Schuhgröße zweiundvierzig."

S. 174 „Isch hab die Ladd jetzt hoch gelehd. Und du muschd gugge, dass de driwwer kumschd." - „Ich habe die Latte jetzt hochgelegt. Und du musst schauen, dass du drüber kommst."

S. 178 „Kennsche noch dene midm Sinjore im Beichtstuhl?" - „Kennst du noch den Witz mit dem Signore im Beichtstuhl?"
„Kummt enner in de Beichtstuhl un fangd ze jammre ah: Sinjore, Sinjore ..." - „Kommt einer in den Beichtstuhl und fängt zu jammern an."
„De Parre saahd ..." - „Der Pfarrer sagt ..."
„Herr Parre, es sin Jore her, dass isch nimi beichde wa." - „Herr Pfarrer, es sind Jahre her, seit ich das letzte Mal beichten war."
„Wäsch de, dass Deidschland weche unserm Vadder de Kriech verlor had?" - „Weißt du, dass Deutschland wegen unserem Vater den Krieg verloren hat?"

S. 184 „die hanneld wie e Judd" - „die treibt Handel wie ein Jude"

S. 185 „Bewahre uns ..." - „Bewahre uns vor Sturm und Wind und Autos, die aus bella italia sind."
„Jason King" - englischer Kinostar beliebter Krimiserien

S. 186 „schäne Schuh" - schöne Schuhe

S. 187 „So hoch leid bei uns de Schnee." - „So hoch liegt bei uns der Schnee."

S. 188 „Isch helf der ah ..." - „Ich helfe dir auch ..."
„allahopp, wann de mer helfe duschd" - „Okay, wenn du mir hilfst."

S. 190 „Ihr Leid, ihr kennt misch doch, mit mer kann mer doch redde." - „Ihr Leute, ihr kennt mich doch, mit mir kann man doch reden."

S. 199 „Mer han meer Glick als Verschdand." - „Wir haben mehr Glück als Verstand."

S. 209 „Aldie, geh ninn ins Haus un sei ruhisch, sunscht kumm sche no Dachau, Gras robbe." - „Alte, geh rein ins Haus und sei ruhig, sonst kommst du nach Dachau, zum Gras jäten."

S. 226 „Grateful Dead" - US-amerikanische, 1965 gegründete Hippieband, deren Konzerte für den legalen Drogenkonsum warben und Happening-Charakter hatten.

S. 230 „De Neiberjer Werner isch widder do." - „Der Werner Neuberger ist wieder da."

S. 237 „So, Mudder, jedzd isch ferdi." - „So Mutter, jetzt ist es fertig."

S. 241 „Nix-heid, hanner nix heiid?" - „Nichts heute? Habt ihr nichts heute?"

S. 254 „Prost Neijohr, e Brezel wie e Scheierdor." - „Prost Neujahr, eine Brezel wie ein Scheunentor."

S. 266 „Do menne als die Leit / Wer e Buch schreibt, wär gescheit." - „Da meinen die Leute immer, wer ein Buch schreibt, wär gescheit."

S. 268 „Mid de große Hund pisse wolle, awer es Bä ned hoch grie." - „Mit den großen Hunden pinkeln wollen, aber das Bein nicht hochbekommen."

„Isch bin froh, dass isch vun dem langweilische Kaff weg bin." - Ich bin froh, dass ich von dem langweiligen Dorf weg bin."

„Bu, heil ned!" - „Bub, weine nicht!"

Literatur

Hilberg, Raul: Die Vernichtung der europäischen Juden, Frankfurt am Main, Olten, Wien 1982

Internationaler Militärgerichtshof Nürnberg: Der Nürnberger Prozess gegen die Hauptkriegsverbrecher vom 14. November 1945 - 1. Oktober 1946, fotomechanischer Nachdruck, Delphin-Verlag München 1969

Paul, Roland: Die Pfälzer Juden und ihre Deportation nach Gurs, Kaiserslautern 2017

Prégardier, Elisabeth (Hrsg.): Passion im August. Edith Stein und Gefährtinnen, Annweiler 1998

Sands, Phillipe: Die Rattenlinie. Ein Nazi auf der Flucht, Frankfurt am Main 2020

Sudrow, Anne: Der Schuh im Nationalsozialismus, Göttingen 2010

Wettstein, Lothar: Josef Bürckel. Gauleiter Reichsstatthalter Krisenmanager Adolf Hitlers, Norderstedt 2010